# 金声玉振
# 秋集大成

## 四川大学优秀教案课件选

上册

主　编　党跃武　刘　黎
副主编　胡廉洁　白　伟　谭杰丹
　　　　王　鹏　丁宇飞　王苏宁

## 图书在版编目（CIP）数据

金声玉振　秋集大成：四川大学优秀教案课件选 / 党跃武，刘黎主编. — 成都：四川大学出版社，2024.3
ISBN 978-7-5690-6725-5

Ⅰ．①金… Ⅱ．①党… ②刘… Ⅲ．①高等学校－教案（教育）－汇编－成都②高等学校－多媒体课件－汇编－成都 Ⅳ．① G642.421 ② G436

中国国家版本馆CIP数据核字（2024）第049676号

| | |
|---|---|
| 书　　　名： | 金声玉振 秋集大成：四川大学优秀教案课件选 |
| | Jinshengyuzhen Qiujidacheng: Sichuan Daxue Youxiu Jiao'an Kejian Xuan |
| 著　　　者： | 党跃武　刘　黎 |

选题策划：刘一畅
责任编辑：刘一畅
责任校对：庄　溢
装帧设计：墨创文化
责任印制：王　炜

出版发行：四川大学出版社有限责任公司
　　地址：成都市一环路南一段24号（610065）
　　电话：（028）85408311（发行部）、85400276（总编室）
　　电子邮箱：scupress@vip.163.com
　　网址：https://press.scu.edu.cn
印前制作：成都墨之创文化传播有限公司
印刷装订：四川盛图彩色印刷有限公司

成品尺寸：170 mm×240 mm
印　　张：29
字　　数：520千字

版　　次：2024年3月 第1版
印　　次：2024年3月 第1次印刷
定　　价：188.00元（套装上、下册）

本社图书如有印装质量问题，请联系发行部调换

**版权所有　侵权必究**

扫码获取数字资源

四川大学出版社
微信公众号

## 编委会

主　编／党跃武　刘　黎
副主编／胡廉洁　白　伟　谭杰丹
　　　　王　鹏　丁宇飞　王苏宁

# 序言
PREFACE

教师承载着传播知识、传播思想、传播真理，塑造灵魂、塑造生命、塑造新人的时代重任。

——习近平

课程是人才培养的核心要素，教案是教师对教学过程的思考与设计。本书秉承四川大学"海纳百川，有容乃大"的校训，汇集学校文、理、工、医部分优秀教案与课件，展示教师将抽象的理论知识与实际问题相结合，用生动的案例和形象的比喻引导学生深入思考；运用现代教育技术，将课堂变得更加生动有趣；注重差异化教学，关注学生个体发展，激发学生的学习兴趣和潜能的卓越能力。

新竹高于旧竹枝，全凭老干为扶持。本书是四川大学广大教师对学生成长的投入、对教与学的深度思考和对教育事业的热爱的集中体现，既对四川大学教师教学探索与努力的肯定，也是四川大学教育教学成果与经验的示范。希望本书能够激励和启发更多的教育工作者共同提升课程的高阶性、创新性和挑战度，让四川大学一流本科人才培养站位更高、体系更全、质量更好。

# 上册

目录

现代汉语 -1 / 1

汉语成语与俗语 / 11

百年设计经典作品赏析 / 35

毛泽东思想和中国特色社会主义理论体系概论 / 53

防身自卫科学与实践 / 69

财政学 / 83

# 上册

近代化学基础（Ⅰ）-1／105

物理化学（Ⅰ）-1／123

机械设计／135

华冠丽服：服饰文化与中国精神／157

生物大数据／179

材料生物学／203

# 现代汉语 -1

# 李果

## 教师简介

李果，四川大学文学与新闻学院副教授、硕士生导师、四川省第十四批学术和技术带头人后备人选、四川省教科文卫工会"李果劳模创新工作室"负责人、四川省五一劳动奖章获得者。曾获第四届四川省青年教师教学竞赛文科组一等奖第一名，第四届全国高校青年教师教学竞赛文科组三等奖，四川大学青年教师教学竞赛文科组一等奖第一名，四川大学未来教学名师奖，四川大学教学成果奖二等奖（第一完成人），四川省语言学会优秀成果奖一等奖、二等奖等荣誉。主要研究方向为历时句法学和韵律语法学，从事与古汉语句法有关的教学及科研工作，主持国家社科基金青年项目、教育部社科基金青年项目、四川省社科基金青年项目和国家信访局理论研究项目各1项，在《中国语文》《语言科学》《古汉语研究》《历史语言学研究》等刊物发表论文20篇，专著《上古汉语疑问句韵律句法研究》入选"十三五"国家重点出版物出版规划。2020年入选四川大学"双百人才工程"（B计划）。

# 课程信息

### 1. 课程简介

现代汉语（Modern Chinese）是高等学校汉语言文学专业最重要的基础课和必修课。它全面介绍了现代汉语的各个方面，包括概论、语音、文字、词汇、语法和修辞六大板块，分为大一上学期和大一下学期两个阶段。本课程为大一上学期必修课程，主要介绍和讨论现代汉语的基本面貌，尤其是现代汉语学科体系下的语音学、音系学和文字学等方面的内容。

### 2. 课程类型：必修课

### 3. 学时：64 学时

### 4. 学分：4 学分

### 5. 授课对象：汉语言文学专业大一上学期学生

### 6. 课程教材

黄伯荣, 廖序东. 现代汉语（上册）[M]. 增订 6 版. 北京：高等教育出版社，2017.

### 7. 参考资料

- 冯胜利. 汉语的韵律、词法与句法（修订本）[M]. 北京：北京大学出版社，2009.
- 冯胜利, 施春宏. 汉语韵律语法学纲要 [M]. 北京：商务印书馆，2023.
- 胡裕树. 现代汉语（重订本）[M]. 上海：上海教育出版社，2010.
- 李果. 上古汉语疑问句韵律句法研究 [M]. 北京：北京语言大学出版社，2018.
- 陆宗达, 俞敏. 现代汉语语法 [M]. 北京：中华书局，2016.
- 陆俭明, 沈阳. 汉语和汉语研究十五讲 [M]. 第 2 版. 北京：北京大学出版社，2016.
- 裘锡圭. 文字学概要（修订本）[M]. 北京：商务印书馆，2013.
- 朱德熙. 语法讲义 [M]. 北京：商务印书馆，1980.

### 8. 教学目的及教学要求

（1）教学目的

本课程教学的目的在于使学生对现代汉语语法所关注的对象和理论有基本了解，学会运用基本的语言学理论和前沿技术对现代汉语的各种语法现象进行初步分析，从而了解并掌握现代汉语语法学的基本理论和主要方法。

（2）教学要求

本课程不仅要求学生掌握现代汉语的语音学、音系学、文字学等相关知识，更重要的是培养学生独立研究汉语的能力，引导学生养成重视逻辑推理、重视事实论据的科学精神，以及严谨、求真、务实的学术品格。为了达到这一教学目标，学生不仅要学习现代汉语的知识和研究方法，更要有意识地去观察、思考日常生活中随处可见的语言现象，积极、主动地去实践，变"学语言学"（learn linguistics）为"实践语言学"（do linguistics）。具体应做到以下四点：

一是听思路，学方法——重逻辑；

二是看例子，验结论——重事实；

三是有疑惑，就提问——不怕"丢脸"；

四是变想法，为论证——付诸"行动"。

### 9. 教学重点及难点

（1）教学重点

本课程教学的重点是第二章"语音"部分。具体到各章，教学重点各有不同。例如，第一章"概论"部分的教学重点是第三节"现代汉语形成的历史及其发展"和第四节"现代汉语的特点、地位与推广"；第二章"语音"部分的教学重点是第二节"声母"和第三节"韵母"；第三章"文字"部分的教学重点是第一节"汉字概说"。

（2）教学难点

本课程教学的难点是第二章"语音"部分。具体到各章，教学难点各有不同。例如，第一章"概论"部分的教学难点是第二节"语言的功能、机制与类型"；第二章"语音"部分的教学难点是第一节"语音概说"；第三章"文字"部分的教学难点是第一节"汉字概说"。

## 10. 教学计划

| 序号 | 章（节） | 学时安排 |
| --- | --- | --- |
| 1 | 引言 | 4 |
| | 第一章　概论 | |
| 2 | 第一节　语言符号 | 2 |
| 3 | 第二节　语言的功能、机制与类型 | 2 |
| 4 | 第三节　现代汉语形成的历史及其发展 | 4 |
| 5 | 第四节　现代汉语的特点、地位与推广 | 4 |
| | 第二章　语音 | |
| 6 | 第一节　语音概说 | 6 |
| 7 | 第二节　声母 | 4 |
| 8 | 第三节　韵母 | 6 |
| 9 | 第四节　声调 | 4 |
| 10 | 第五节　音节 | 4 |
| 11 | 第六节　音变和语调 | 6 |
| | 第三章　文字 | |
| 12 | 第一节　汉字概说 | 6 |
| 13 | 第二节　现代汉字的整理、规范与优化 | 4 |
| 14 | 第三节　汉字的运用、查检与正字正音 | 4 |
| 15 | 第四节　汉字的文化蕴含 | 4 |
| | 合计 | 64 |

# 教案展示
## （第三章第四节"汉字的文化蕴含"）

汉字的文化蕴含

| 序号 | 阶段 | 教学过程 | 设计意图 |
|---|---|---|---|
| 1 | 知识回顾 | ①整体上让学生产生一种感觉，即汉字不是孤零零的符号，我们可以通过汉字看到古人鲜活的生活。同时列举杨宽的《西周史》《战国史》以及扬之水的《诗经名物新证》等书籍，引导学生通过探究汉字形成的理据，积累这类知识，提升阅读古籍时的现场感和亲切感。<br>②请学生回顾上节课的内容。给出例子：电视剧《我的前半生》中主角将"怎么这么拽啊"误读为"怎么这么转啊"的现象。<br>③请学生分析上述误读产生的原因。随机抽问并进一步补充。 | ①使学生迅速进入课堂学习的状态。<br>②让学生回顾上节课的内容。<br>③引导学生熟练运用理论知识解决具体问题。 |
| 2 | 教学导入 | 请学生尝试回答"犬"和"狗"两个汉字含义的差别。<br>答：按照《说文解字注》的描述，在中国古代文化中，体型较大的狗才叫"犬"（如萨摩耶犬），体型较小的狗叫"狗"（如柯基犬）。在现代社会已经没有这种区别。 | ①通过古今汉字含义的比较，引入本节课的教学内容，引导学生了解汉字反映的文化。<br>②狗是学生经常接触的动物，以"犬"和"狗"为例可以把古代文化和学生的日常生活紧密联系起来。 |

| 序号 | 阶段 | 教学过程 | 设计意图 |
|---|---|---|---|
| 3 | 本节课教学内容讲解 | （1）教学内容一：汉字与先民的思想状态<br>①以形声字"鲸"为例，引导学生认识"什么是形声字"。<br>（插入板书："汉字的本质不在象形而在表意"）<br>②请学生思考：为什么"法（律）"的偏旁是"水"？<br>答：形声字是形旁加声旁构成的，形旁往往是某一类义的代表符号，具有同一类意义的字往往用同一个形旁。通过形声字的形旁，可以看出先民的生活观。<br>通过《说文解字注》可知"法"从水旁的原因："平之如水，从水。说从水之意"。在先民的思想中，"水"代表水平、公平，所以"法"从水旁。<br>③请学生思考"宰（相）"这个汉字最初的含义。<br>答："宰"，《说文解字》说"罪人在屋下执事者"，陆宗达根据《三体石经》的古文写法，指出"宰"是在屋里负责饮食的。后来扩展为表示在屋里伺候人的。因为辅佐帝王的人都是在其身边的人，所以后来才扩展为今天说的"宰相"。<br>（在课件上展示"宰"的小篆字形、在《三体石经》中的古文字形以及电视剧《宰相刘罗锅》的剧照） | ①让学生把本节课教学内容与第三章第一节"汉字概说"串连起来。<br>②提醒学生留意文献中的证据，培养学生重视证据的科研意识。 |

| 序号 | 阶段 | 教学过程 | 设计意图 |
|---|---|---|---|
| 3 | 本节课教学内容讲解 | ④列举"品、森、众、矗"等字，指出这些例子都反映出先民哲学观"以三为大"，并给出两个例证。<br>例证1："道生一，一生二，二生三，三生万物。"（《老子》）<br>例证2：阿拉伯语、因纽特语中有单数、双数和复数的区别，间接反映超过三以后不再区别数量。 | ③使用两个例子来证明观点，把科学研究重视证据的理念与教学的知识点结合起来。<br>④以阿拉伯语、因纽特语为例，引导学生从世界语言的大视野思考汉语、汉字的特点。 |
| | | （2）教学内容二：汉字与先民的生活状态<br>①以汉字"婚"为例，说明先民在黄昏举行婚礼的习俗，并用今天上海、香港等地区的人仍然在晚上举办婚礼作为例证。<br>②以汉字"娶"为例，分析古人构字意图。"娶"字反映了先民抢婚的习俗,取女，即抢夺女子。<br>按照《说文解字注》的解释，"取"就是杀人之后割下敌人的耳朵作为军功的证明。 | 引导学生将汉字与中国传统文化结合起来，了解古人构字意图。 |
| | | （3）教学内容三：汉字文化与汉字文化圈<br>①请学生思考字谜"刘邦见了乐，刘备见了哭"（谜底是"翠"）。由这个例子引出汉字文化的重要艺术形式——字谜。<br>②介绍"书法"。书法一般指用毛笔书写汉字的方法和规律，包括执笔、运笔、点画、结构、布局（分布、行次、章法）等内容。（在课件上展示我国最早的书法艺术字体——先秦时期的"鸟虫书"） | 选择这个例子的原因是这个字谜既包含了对汉字结构的拆解，也融合了中国传统的历史文化知识，并可以游戏的形式提高学生的参与度和热情。 |

| 序号 | 阶段 | 教学过程 | 设计意图 |
|---|---|---|---|
| 3 | 本节课教学内容讲解 | ③介绍近几十年重要的出土文献，如北京大学藏西汉竹书、清华大学藏战国竹简、马王堆汉墓帛书、安徽大学藏战国竹简、郭店楚墓竹简等。 | 把文字学前沿的重大学术发现和本节教学内容结合起来，提高教学内容的高阶性、创新性和挑战度。 |
| | | ④介绍汉字文化圈，如日本、韩国、朝鲜、南亚及东南亚各国。（在课件上展示越南的喃字） | 提醒学生区分汉字文化圈和汉语文化圈。让学生明白文字是记录语言的符号，文字不等于语言。帮助学生回忆教材概论中提及的语言和文字的区别。 |
| 4 | 教学总结 | 引导学生回顾三个方面的内容：<br>①汉字与先民的思想状态；<br>②汉字与先民的生活状态；<br>③汉字文化与汉字文化圈。<br>将上述知识点归纳为下列顺口溜，方便学生记忆：<br>自然社会哲学，<br>婚丧嫁娶生活，<br>字谜书法外国。 | 高度归纳本课内容，方便学生记忆及抓住要点。 |

# 教学小结

本课程的亮点在于教学过程。教师在教学中综合运用多媒体资源，让学生对古代的汉字字形产生清晰直观的认识。本课程的不足之处在于互动性不强，如果能采用现场请学生用毛笔临摹汉字等活动方式，教学效果会更好。

# 汉语成语与俗语

## 教学团队简介

雷莉,四川大学海外教育学院教授、博士生导师、副院长,国家社科基金同行评审和鉴定专家,教育部学位中心博士学位论文评审专家,国家留学基金管理委员会中外高水平大学联合培养博士研究生项目评审专家,四川省学术和技术带头人,四川省语言学会副会长。从事国际中文教育 30 多年。先后公派到韩国、美国等国家任教,曾任美国犹他大学孔子学院中方院长(2 届)。先后主持 20 多项国家级、省部级课题,在国内外重要期刊发表相关学术论文 60 余篇,出版学术专著 5 部,主编外国留学生教材和教辅 6 部,主编汉语类学习词典 5 部。

# 李月炯

李月炯，四川大学海外教育学院副教授，语言学及应用语言学专业博士，四川省语言学会会员。对外汉语教学经验丰富，先后在韩国又松大学孔子学院、美国犹他大学孔子学院任教。发表论文10余篇，主编留学生教材1部，参与编写留学生教材与工具书多部，合作出版专著3部。

欧翔英,四川大学海外教育学院副教授,文学博士。从事对外汉语教学数载,擅长组织学生进行实用有趣的交际练习。熟练掌握英语,拥有法语基础。发表比较文学及外国文学研究学术论文十余篇,完成北美基金课题成果"米兰·昆德拉研究"系列论文,合作出版《俄苏与东欧文学史》,出版专著《西方当代女权主义乌托邦小说研究》。

欧翔英

——秦晓晔

秦晓晔，四川大学汉语国际教育专业硕士研究生，担任"高级综合汉语""汉语口语""汉语写作""汉语阅读"等课程的助教工作。

侯雨含，四川大学汉语国际教育专业硕士研究生，担任"汉语成语与俗语""中华经典选读""综合汉语"等课程的助教工作。

# 侯雨含

## 课程信息

### 1. 课程简介

"汉语成语与俗语"是面向四川大学本科三、四年级来华留学生和汉语国际教育专业的外籍硕士研究生开设的语言文化类课程。将汉语成语与俗语中蕴含的文化基因和中国传统的价值范式融入语言教学,不仅能为留学生提供一个感受中国多元文化魅力、正确理解现代中国社会现象的重要窗口,而且能润物细无声地让他们正确认识社会主义核心价值观。本课程已入选四川省一流课程,采用基于慕课(后文简称 MOOC)的混合在线教学模式,教师在课上以"讲授+研讨"的形式进行内容讲解、文化内涵扩展和话题延伸,学生在课下通过 MOOC 资源"学成语·知中国"自主学习,形成异步在线学习与同步在线教学的混合式翻转课堂。本课程重视讲练结合,以"线下自主训练+线上互动训练"的方式巩固所学知识,采用涵盖章节动态评估、随堂测验、汇报互评、期末考查的全过程考核方式,以实现价值引领、知识教育、能力培养的育人目标,打造智慧化、可持续的课堂。

### 2. 课程类型:选修课
### 3. 学时:32 学时
### 4. 学分:2 学分
### 5. 授课对象:本、硕来华留学生
### 6. 课程教材:无固定教材
### 7. 参考资料

- 杨文全.现代汉语[M].重庆:重庆大学出版社,2015.
- 莫彭龄.汉语成语与汉文化[M].南京:江苏教育出版社,2001.
- 郝长留.常用俗语词典[M].北京:北京出版社,1992.

### 8. 教学目的及教学要求

(1)教学目的

①在语言上,帮助学生建立对汉语成语及俗语的整体认知。

- 使学生熟练掌握 150 个以上的常用成语及俗语;
- 使学生了解汉语成语及俗语的多种出处;
- 使学生获得对汉语成语及俗语结构特点和整体功能的基本认识;

● 在完成上述目标的基础上引导学生感知汉语的意合性特点、中华民族的整体性思维特征。

②在文化上,激发和强化学生对中华文化的正面认知。

充分利用成语言简义丰、生动形象且易于记忆的特点,展示中华民族的优秀传统和美德,重点展示成语文化中"以和为贵"的价值取向和"讲信修睦"的道德情操。通过知识拓展、成语链接等方式加深学生对中国社会各个方面的了解。

（2）教学要求

①积极参与讨论:学生应积极参与课堂活动,在小组讨论中提供创造性意见,积极回答教师的提问（不用"是"或"不是"这类简单回答来应付）。

②按时完成课外任务:学生每周需要在课外完成MOOC资源"学成语·知中国"的自学,包括观看学习视频、完成单元作业、进行单元测验、提交书面作业、准备课堂活动等。学生不仅需要认真完成书面作业,在规定的时间内把作业交给教师,还要认真准备教师要求的演说练习、角色扮演练习等,并且达到能脱稿完成的程度。

### 9. 教学重点及难点

①教学重点:成语、俗语的含义及用法。

②教学难点:易混淆成语、俗语和相关文化内涵。

### 10. 整体教学过程设计图

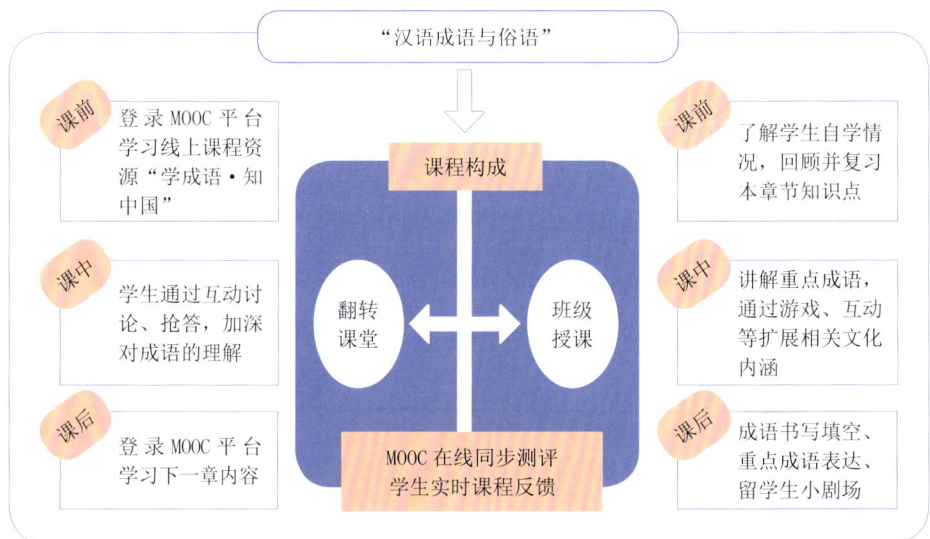

## 11. 教学计划

| 时间<br>（据校历） | 教学内容 |
|---|---|
| 第二周 | 第一章　成语概说 |
| 第三周 | 第二章　日常生活——饮食类 |
| 第四周 | 第二章　日常生活——服饰类 |
| 第五周 | 第二章　日常生活——交通类 |
| 第六周 | 第三章　自然生态——山水类 |
| 第七周 | 第三章　自然生态——动物类 |
| 第八周 | 第三章　自然生态——植物类 |
| 第九周 | 第四章　人物风貌——仪态类 |
| 第十周 | 第四章　人物风貌——动作类 |
| 第十一周 | 第四章　人物风貌——情绪类 |
| 第十二周 | 第五章　思维认知——数字类 |
| 第十三周 | 第五章　思维认知——颜色类 |
| 第十四周 | 第五章　思维认知——方位类 |
| 第十五周 | 第六章　人文艺术——文学类 |
| 第十六周 | 第六章　人文艺术——音乐类 |
| 第十七周 | 第六章　人文艺术——绘画类 |
| 第十八周 | 期末考试 |

# 教案展示

日常生活——饮食类

## （一）第二章"日常生活——饮食类"教案

| 课程概况 | |
|---|---|
| 周次 | 第 3 周第 2 次课 |
| 章节名称 | 第二章　日常生活——饮食类 |
| 授课方式 | 课堂讲授　　　　　　　　　　时长　　　90 分钟 |
| 教学目标 | 知识目标：课前通过 MOOC 学习，基本理解饮食类成语的含义、感情色彩和用法。课中通过教师讲解、师生互动和讨论加深学生对饮食类成语的理解。<br><br>能力目标：让学生熟练掌握饮食类成语的含义、感情色彩和用法，能够准确运用饮食类成语进行表达；通过课堂互动加强学生自主运用饮食类成语的能力。<br><br>价值塑造目标：让学生感受中国的饮食文化，了解现代中国人的饮食习惯，比较中外饮食异同，提高学生的跨文化交际能力。 |
| 学情分析 | 学生具备一定的成语理解和表达能力，尚未完整构建汉语成语知识体系。 |
| 教学内容 | 教师需讲解民以食为天、吃什么、怎么吃、怎么做等四方面的内容以及饮食类成语的含义、感情色彩、用法，并结合中国现代社会饮食文化分析饮食类成语的文化内涵。 |
| 教学重点与难点 | 教学重点：茶余饭后、津津有味、山珍海味、美味佳肴、秀色可餐、回味无穷、细嚼慢咽、狼吞虎咽、茶饭不思、囫囵吞枣、脍炙人口、挑肥拣瘦、庖丁解牛等 13 个成语的含义及用法。<br><br>教学难点：易混淆成语和相关文化内涵，如"狼吞虎咽—饥不择食"。 |

| 课程概况 ||
|---|---|
| 考核方式 | 　　全过程考核。本课程学生的出勤情况、MOOC学习截图、书写作业、表达作业、课堂表现均计入平时成绩，总成绩＝平时成绩（50%）+期末成绩（50%）。<br>　　平时成绩＝考勤（10%）+MOOC自主学习任务完成情况（30%）+线上课表现（10%）。 |
| 参考资料 | 　　线上资源：纪录片《舌尖上的中国》<br>　　参考书目：杨文全.现代汉语[M].重庆：重庆大学出版社，2015. |

| 具体教学设计 |||
|---|---|---|
| 课前环节 | 内容 | 时长 |
| 任务引导 | 　　学生登录MOOC平台，完成"学成语·知中国"第二章"日常生活（上）"的学习，并且思考以下问题：<br>①你知道哪些关于饮食的汉语成语？<br>②在你的国家，有哪些跟饮食有关的成语、俚语？ | 课前一周 |
| MOOC视频学习 | 　　学生观看第二章"日常生活（上）"教学视频（共4个）：民以食为天（时长9分16秒），吃什么（时长7分21秒），怎么吃（时长9分45秒），怎么做（时长7分26秒）。<br>　　（注：学生需将MOOC学习情况截图发给教师，可反复观看） | 35分钟 |

| 具体教学设计 | | |
|---|---|---|
| 课前环节 | 内容 | 时长 |
| MOOC单元测验与扩展学习 | （1）学生完成MOOC单元测验和单元作业<br>单元测验以单选题和判断题为主，考查学生对成语的字形和用法的理解情况；单元作业以客观题为主，考查学生对饮食类成语背后的故事和中国饮食文化内涵的理解情况。<br>（2）扩展学习<br>拓展学习的内容包括相关文化链接、随堂测试和成语新解。相关文化链接包括"黄老之说"等，供学生了解中国文化；随堂测试可帮助学生巩固小节内容；成语新解补充了"病从口入，祸从口出"，教师结合时事说明其时代意义。 | 不限 |
| 课中环节 | 内容 | 时长 |
| | 第一节课 | |
| MOOC线上互动讨论 | （1）师生讨论<br>教师根据视频内容，在每小节后提出问题，学生进行回答。如，你喜欢的中国菜是什么？你知道秀色可餐的用法吗？"天府之国"指的是哪里？<br>（2）学生讨论<br>学生可以评论其他同学的回答，就其回答内容进行补充和修正。 | 贯穿整个课程 |
| 回顾本章成语 | 通过教师提问学生抢答的方式，让学生回顾本章饮食类成语的内容，检查学生学习的情况。教师提问如下。<br>①说出以下成语的意思：茶饭不思、回味无穷、津津有味、秀色可餐。<br>②饮食类成语里，有哪些成语可以形容吃东西的样子？（预设答案：狼吞虎咽、细嚼慢咽） | 5分钟 |

汉语成语与俗语

| 具体教学设计 | | |
|---|---|---|
| 课前环节 | 内容 | 时长 |
| 内容讲解 | ①借助课件，重点讲解茶余饭后、津津有味、山珍海味、美味佳肴、回味无穷、秀色可餐、细嚼慢咽、狼吞虎咽、茶饭不思、囫囵吞枣、脍炙人口、挑肥拣瘦、庖丁解牛等13个成语的含义、感情色彩和在具体语境中的用法。<br>②教师提供例句，展示成语用法的同时，揭示成语蕴含的饮食文化基因和中国人民传统的饮食习惯及价值观念。如：<br>民以食为天的观念反映了中国几千年文明史与农业密切的关系；<br>随着成都"公园城市"建设的不断推进，各个环境优美的公园成了人们茶余饭后散步的好地方；<br>熊猫吃东西的样子很可爱，它大口大口地吃，吃得津津有味；<br>《西游记》是一部脍炙人口的小说，深受大家喜爱；<br>参加劳动的同学，每个人都要完成各自的任务，谁也不能挑肥拣瘦。<br>③教师提供图片提示，引导学生进行表达。<br>A. 你认为山珍海味有哪些？<br>B. 囫囵吞枣和庖丁解牛的历史故事分别是什么？（播放囫囵吞枣、庖丁解牛故事小视频） | 30分钟 |
| 文化延伸 | ①教师提问，组织学生讨论：你们国家的主食是什么？你知道中国南北方饮食的差异吗？教师向学生讲解中国南北方饮食差异，介绍四川火锅的起源及特色，对中国饮食习惯、饮食文化进行延伸。<br>②教师提问："在你的国家，有哪些山珍海味？什么时候吃山珍海味？"以此促进各国学生针对饮食类文化的跨文化探讨。 | 10分钟 |

| 具体教学设计 |||
|---|---|---|
| 课前环节 | 内容 | 时长 |
| | 课间休息10分钟 ||
| | 第二节课 ||
| 情景演练 | 教师给出参考成语，学生根据参考成语分组进行情景演练。具体教学步骤如下。<br>①教师给出参考成语，如茶饭不思、细嚼慢咽、狼吞虎咽、津津有味。<br>②学生2~3人为一组，根据参考成语讨论演绎内容并进行排演。<br>③学生分小组进行展示，每组展示时间为3分钟。<br>④教师和学生对每组的表演进行点评。 | 15分钟 |
| 文化延伸 | 教师提问，组织学生讨论：你知道"鱼米之乡"指中国哪些地方吗？"天府之国"又代表着中国哪个地方？<br>答："鱼米之乡"指长江中下游平原，是中国重要的粮、油、棉生产基地，也是中国水资源最丰富的地区。"天府之国"一般用来形容土壤肥沃、物质富饶的土地，现特指成都平原。<br>例句：<br>①我的故乡是浙江乌镇，是一个有名的鱼米之乡。<br>②这里盛产水稻，渔业发达，是中国著名的鱼米之乡。 | 10分钟 |

## 汉语成语与俗语

| | 具体教学设计 | |
|---|---|---|
| 课前环节 | 内容 | 时长 |
| 随堂练习 | 练习一：借助课件展示随堂练习内容，包括成语填空、判断正误等，巩固学生对成语的理解，根据学生的作答情况有重点地提示成语的用法。<br>（1）成语填空<br>①山（　）海（　）　　②美味（　）（　）<br>③（　）（　）可餐　　④回味（　）（　）<br>⑤可以用来形容女子美丽或景色迷人。（　　）<br>⑥形容菜肴十分丰盛。（　　）<br>（2）判断正误<br>生日宴会上，我跟朋友吃秀色可餐的食物，特别开心！（　）<br>练习二：用成语完成句子，考查学生对成语用法的掌握情况。<br>①这位诗人一生写了很多首（　　）的诗，几乎每个人都知道他的诗。<br>②他做工作总是喜欢（　　），所以大家都不喜欢和他一起工作。 | 10分钟 |
| 讨论与总结 | 教师提问：在你的国家，有哪些和饮食有关的成语或俚语？引导学生总结重点成语的形音义、易混淆成语和相关文化内涵。 | 10分钟 |
| 课后环节 | 内容 | 时长 |
| 布置作业 | 书写作业：用饮食类重点成语填空。<br>民以（　）为天　　（　）余饭后　　山（　）海味<br>（　）（　）可餐　　（　）（　）吞枣 | 一周 |

| 具体教学设计 | | |
|---|---|---|
| 课前环节 | 内容 | 时长 |
| 布置作业 | 表达作业：用"山珍海味""美味佳肴""秀色可餐"三个成语说一段话。<br>下一周MOOC学习任务：学习第二章"日常生活——服饰类"，观看视频，参与互动讨论并完成章节测验、作业，基本理解服饰类成语的含义、感情色彩、用法。思考以下问题：中国"文官"和"武官"的衣服有什么不同？ | 一周 |
| 课外实践及知识扩展 | ①美食探店：在校的留学生利用课余时间探索川大南门外的美食，找出值得推荐的食物；本国的学生探索本地美食。<br>②观看纪录片《舌尖上的中国》。<br>注：课外实践及知识拓展部分由学生自愿完成，教师不做强制要求。 | 不限时间 |
| 教学反思 | ①教师需及时跟进学生注册和学习MOOC的情况，以避免学生课前学习MOOC的完成度不一、质量参差不齐，使课程进度受到影响。<br>②学生对成语的运用表达能力有待加强，课堂中需要加强这一部分的练习。 | 课后 |

## （二）第三章"自然生态——动物类"教案

自然生态——动物类

| 课程概况 | | | |
|---|---|---|---|
| 周次 | 第7周第6次课 | | |
| 章节名称 | 第三章　自然生态——动物类 | | |
| 授课方式 | 课堂讲授 | 时长 | 90分钟 |
| 教学目标 | 知识目标：课前通过MOOC学习，学生能基本理解动物类成语的含义、感情色彩和用法。课中通过教师讲解、师生互动讨论、游戏等环节加深学生对动物类成语的理解。<br><br>能力目标：学生能熟练掌握动物类成语的含义、感情色彩和用法，能够准确运用动物类成语进行表达；通过课堂互动提高学生运用动物类成语的能力。<br><br>价值塑造目标：激发学生对动物在中国文化中具有的丰富内涵的兴趣，使学生了解到不同动物在中国文化中蕴含的意义，以及不同语言用不同动物表达同一种情感，感受多元文化的魅力；使学生了解某些动物在中国现代社会中的新形象，以消除文化误解，正确理解现代中国社会现象，促进跨文化交际。 | | |
| 学情分析 | 教学对象为来自乌克兰、土耳其、塞内加尔、哥伦比亚等国的留学生，汉语水平为中级或高级，初步了解汉语成语概况，能够表达部分成语、俗语，但没有系统性地分类化地学习过汉语成语，有待构建包含成语、俗语的含义、感情色彩、用法及深层次文化内涵在内的汉语成语与俗语的知识结构。 | | |

| | 课程概况 |
|---|---|
| 教学内容 | 第三章"自然生态——动物类",包含"展翅高飞""四蹄生风""水中游弋"3部分内容,讲解动物类成语的含义、感情色彩、用法。结合不同动物在中国文化中蕴含的意义及中国现代社会中动物的形象,帮助留学生了解动物类成语背后的文化内涵,正确认识现代中国社会现象。 |
| 教学重点与难点 | 教学重点:笨鸟先飞、一石二鸟、马到成功、如虎添翼、顺手牵羊、鼠目寸光、如鱼得水、井底之蛙、独占鳌头等9个重点成语的含义及用法。<br>教学难点:扩展并辨析相关成语,如一石二鸟——一举两得、马到成功——一路顺风、如虎添翼—锦上添花—火上浇油—如鱼得水、顺手牵羊—趁人之危、独占鳌头—无出其右、井底之蛙—坐井观天。 |
| 考核方式 | 本课程采用全过程考核的形式。学生出勤情况、MOOC学习情况、书写作业、表达作业、课堂表现均计入平时成绩,总成绩=平时成绩(50%)+期末成绩(50%),平时成绩=出勤情况(10%)+MOOC自主学习任务完成情况(30%)+线上课表现(10%)。 |
| 参考资料 | 线上资源:纪录片《众神之地》《大熊猫》<br>参考书目:杨文全.现代汉语[M].重庆:重庆大学出版社,2015. |

| | 具体教学设计 | |
|---|---|---|
| 课前环节 | 内容 | 时长 |
| 任务引导 | 学生登录MOOC平台,完成"学成语·知中国"第二章"自然生态(中)"的学习,并且思考以下问题:<br>①动物类成语可以分为哪几类?(按动物栖息方式分类)<br>②你的母语中有没有用动物来表达感情的俗语? | 课前一周 |

汉语成语与俗语

| 具体教学设计 | | |
|---|---|---|
| MOOC<br>视频学习 | 学生观看第二章"自然生态（中）"教学视频（共3个）：展翅高飞（时长17分26秒），四蹄生风（时长15分23秒），水中游弋（时长15分36秒）<br>（注：学生需将MOOC学习情况截图发给教师，可反复观看） | 45分钟 |
| 课前环节 | 内容 | 时长 |
| MOOC<br>单元测验与<br>扩展学习 | 1. 学生完成MOOC单元测验和单元作业<br>单元测验以单选题和判断题为主，考查学生对成语的字形和用法的理解情况；单元作业以客观题为主，考查学生对动物类成语背后的故事和动物在中国所代表的不同文化内涵的理解情况。<br>2. 扩展学习<br>扩展学习的内容包括相关文化链接、随堂测试、成语新解。相关文化链接包括龙凤文化、中国古代四大美女等内容；随堂测试可帮助学生巩固小节内容。成语新解部分则围绕"狐朋狗友"展开，引导学生探讨该成语在当代的新义。<br>狐朋狗友：húpéng gǒuyǒu<br>【原意】泛指一些只顾吃喝玩乐、不务正业的朋友。<br>【出处】元·关汉卿《单刀会》第三折：他那里暗暗的藏，我须索紧紧的防，都是些狐朋狗党。例如：二子终日与一批狐朋狗友混在一起，吃吃喝喝，不务正业，弄得王老很伤心。 | 无时间限制 |

| 具体教学设计 |||
|---|---|---|
| 课前环节 | 内容 | 时长 |
| 第一节课 |||
| MOOC线上互动讨论 | ①师生讨论。教师根据视频内容，在每小节后提出问题，学生进行回答。如：在留学生剧场中，出现了哪些动物类成语？<br>②学生讨论。学生可以评论其他同学的回答，就其回答内容进行补充和修正。 | 贯穿整个课程 |
| 课堂游戏 | 教师课前利用线上课堂互动网络平台"Kahoot！"设计在线抢答游戏，内容包括山水类、动物类成语的含义、感情色彩、用法、文化内涵，课堂上利用单人模式开始"课堂在线抢答测试"，学生在移动设备上打开任意浏览器输入网址及游戏码PIN即可开始答题，考查学生对旧课、新课的掌握情况。 | 10分钟 |
| 内容讲解 | ①重点讲解笨鸟先飞、一石二鸟、马到成功、如虎添翼、顺手牵羊、鼠目寸光、如鱼得水、井底之蛙、独占鳌头等9个成语的含义、感情色彩和在具体语境中的用法。<br>②根据这9个重点成语扩展相关成语并进行辨析，如一石二鸟—一举两得、马到成功—一路顺风、如虎添翼—锦上添花—火上浇油—如鱼得水、顺手牵羊—乘人之危、井底之蛙—坐井观天。 | 30分钟 |
| 文化延伸 | 教师提问，组织学生讨论，让学生从自身视角出发，进行文化延伸。例如，让学生谈谈"龙""凤"在中国文化中的内涵，并说说在自己的国家哪种动物象征吉祥、好运。 | 5分钟 |

## 汉语成语与俗语

| 课前环节 | 内容 | 时长 |
|---|---|---|
| | **具体教学设计** | |
| | 课间休息 10 分钟 | |
| | 第二节课 | |
| 课堂游戏 | 游戏一：根据本章所学动物类成语的字音和字形，设置 Bingo 游戏内容。<br>教师将学生已经学过的汉语成语如人山人海、鸟语花香、井底之蛙、沉鱼落雁、狼吞虎咽等输入 Bingo 游戏词卡在线制作网站，随机生成不同顺序的 5 行 ×5 列的 Bingo 词卡，发给学生。教师依据词汇表读出成语，学生在 Bingo 词卡上找到教师所读的词语，将 5 个词连成直线（横、竖、斜均可）即为 Bingo，最快完成者即可得分。<br><br>\| 井底之蛙 \| 人山人海 \| 鹏程万里 \| 鸟语花香 \| 山珍海味 \|<br>\| 一石二鸟 \| 笨鸟先飞 \| 如鱼得水 \| 沉鱼落雁 \| 狼心狗肺 \|<br>\| 鸟语花香 \| 鼠目寸光 \| 如虎添翼 \| 龙凤呈祥 \| 井底之蛙 \|<br>\| 笨鸟先飞 \| 顺手牵羊 \| 马到成功 \| 独占鳌头 \| 如虎添翼 \|<br>\| 狼吞虎咽 \| 一石二鸟 \| 沉鱼落雁 \| 顺手牵羊 \| 捉襟见肘 \|<br><br>游戏二：根据本章所学动物类成语的含义和用法，设置"你画我猜"游戏内容。<br>教师选择一位学生在黑板上根据自己的理解随机画出表示如虎添翼、如鱼得水、鸟语花香、笨鸟先飞、鼠目寸光、井底之蛙等成语的图画，其余学生根据绘画猜成语，最快猜出成语的获胜。 | 15 分钟 |
| 文化延伸 | 教师提问，组织学生回答：你知道中国古代四大美人是谁吗？你能说出与之有关的成语吗？<br>答：中国古代四大美人是西施、貂蝉、王昭君、杨玉环。与之相关的成语是沉鱼落雁、闭月羞花。其中"沉鱼"指西施，"落雁"指王昭君，"闭月"指貂蝉，"羞花"指杨玉环。 | 10 分钟 |

注：上表中 Bingo 游戏词卡为示例，实际词卡应由在线制作网站随机生成。

---

| 井底之蛙 | 人山人海 | 鹏程万里 | 鸟语花香 | 山珍海味 |
|---|---|---|---|---|
| 一石二鸟 | 笨鸟先飞 | 如鱼得水 | 沉鱼落雁 | 狼心狗肺 |
| 鸟语花香 | 鼠目寸光 | 如虎添翼 | 龙凤呈祥 | 井底之蛙 |
| 笨鸟先飞 | 顺手牵羊 | 马到成功 | 独占鳌头 | 如虎添翼 |
| 狼吞虎咽 | 一石二鸟 | 沉鱼落雁 | 顺手牵羊 | 捉襟见肘 |

| 具体教学设计 | | |
|---|---|---|
| 课前环节 | 内容 | 时长 |
| 情景演练 | 教师给出参考成语，学生根据参考成语分组进行情景演练。具体教学步骤如下。<br>①教师给出参考成语，如龙凤呈祥、如虎添翼、一石二鸟、沉鱼落雁。<br>②学生2~3人为一组，讨论演绎内容。每组自行选择成语进行5分钟的讨论和排演。<br>③学生分小组依次展示，每组展示时间为3分钟。<br>④教师和学生对每组的表演进行点评。 | 10分钟 |
| 讨论与总结 | 教师提问，组织学生讨论：动物类成语中表示吉祥、好运的有哪些？在你的国家中有哪些动物象征了好运、吉祥？有没有用来表示吉祥之意的动物类成语或俗语？<br>教师：总结重点成语的形音义、易混淆成语和相关文化内涵。 | 10分钟 |
| 布置作业 | ①书写作业：写出与十二生肖对应的成语。<br>②表达作业：用本课所学的成语拍摄一个情景剧。<br>③下一周MOOC学习任务：学习第三章"自然生态（下）"，观看视频，参与互动讨论并完成章节测验、作业，基本理解植物类成语的含义、感情色彩、用法。<br>思考："岁寒三友"指的是什么？它们对应的成语有哪些？ | 一周 |
| 课外实践及知识扩展 | 观看纪录片：《大熊猫》《众神之地》。<br>（注：课外实践及知识拓展部分由学生自愿完成，教师不做强制要求） | 不限 |
| 教学反思 | ①学生对已经学过的成语产生了不同程度的遗忘，教师对以往章节的复习巩固有待加强。<br>②学生运用成语进行表达的熟练度不够，课堂课后应增强相关操练。 | 课后 |

# 教学小结

### 1. 翻转课堂模式下教师角色的转变

翻转课堂模式应用于留学生汉语成语学习，强调了学生的主体性和个性化，有利于因材施教，增强学生学习的积极性以及对汉语成语、俗语及其文化内涵的兴趣。同时，这一模式也对教师提出了新的要求，教师要尽快接受新理念，转变传统的课堂角色，变"课堂的主导者"为"课堂的指导者"，根据学生的自主学习情况灵活安排授课重点，强调汉语成语与俗语的运用与表达，多给学生提供表达机会，精讲多练，切忌讲解太长时间。

### 2. 加强课堂组织和引导，提高课堂参与度

翻转课堂模式下的课堂教学主要承担帮助学生"内化知识"的任务，其重要性不言而喻。课堂教学时既不能把课上成索然无味的"复习课"，即教师在课堂上把教学视频中的内容重新讲一遍，更不能放任学生自由讨论、自由活动，造成课堂秩序的混乱。教师应该设定学习和讨论的主题，组织多种形式的练习（如小组讨论、情景演练），让所有学生都充分地参与到学习活动中来，且应该在学生需要的时候给予必要的帮助和引导。

### 3. 协调好教学质与量的关系，定期测验、考试

翻转课堂模式下教师的任务量增大，所以教师要协调好教学质与量的关系，加强对学生自主学习效果的考查，通过定期的测验和考试摸清学生对MOOC资源"学成语·知中国"的掌握情况，合理安排课堂讲授及讨论的重点内容。测验、考试不单能检查学生的知识掌握情况，也能检查教师的教学效果，对师生双方都能起到促进作用。同时，要注意测验的趣味性，运用课堂互动网络平台设计丰富的课堂互动，将知识考查与课堂活动融为一体。

# 百年设计经典
# 作品赏析

——赵帅

## 教学团队简介

赵帅，讲师，设计学博士、文物学与艺术史专业博士后，成都市评论家协会会员。专注于设计艺术理论研究，主持中国博士后科学基金面上资助项目、中国科协学风建设资助项目、四川省社科规划项目、四川省教育厅高校思想政治教育研究项目等10余项；参与国家社科基金重大项目、国家社科基金一般项目等。在《美术》《美术观察》《文艺研究》《装饰》等专业刊物发表论文20余篇，参编的普通高中课程标准实验教科书《美术鉴赏》获评全国教材二等奖。

许亮，副教授，硕士生导师，四川大学设计与媒体艺术系主任，四川省美术家协会设计艺术委员会委员、副秘书长，四川省平面设计师协会会员，四川省摄影家协会会员，中华医学会教育技术分会医学美术学会会员。专注于视觉传达与媒介设计研究、健康服务设计研究、品牌文化设计研究等。主持多项国家级、省级课题。设计作品入选第十三届全国美术作品展（书籍装帧设计类）；曾获第九届全国美术作品展设计类铜奖、"中国设计之星"包装与标志设计金奖；创作的医学动画获健康中国科普创新大赛前十名。

许亮

# 王莉莉

王莉莉，副教授，四川省平面设计师协会会员，中华医学会教育技术分会医学美术学会会员，研究方向为视觉传达新媒体、医学健康服务设计。承担"生命哲学：爱、美与死亡"（四川大学通识教育核心课程）等课程教学，荣获智慧树网"混合精品课程TOP100"、四川大学课程建设通识核心课程教学质量优秀奖（2020年）等奖项。主持教育部人文社科规划项目1项，主研教育部、省社科项目及科技厅项目6项，校级课题7项等，多篇文章发表在核心期刊和其他校级学报。指导的大学生创新创业训练计划项目获评国家级课题2项、省级课题2项、校级课题5项。

# 蔡端懿

　　蔡端懿，清华大学艺术学博士，四川大学艺术学院西南民族民间设计研究中心负责人、传统手工艺实验室负责人。四川省平面设计师协会会员，设计类北大核心期刊青年编委，北京设计周"设计马拉松"学术委员。主要研究方向为视觉传达设计、文化遗产的可持续设计等。担任四川省一流本科课程、四川大学美育示范课程、教学创新示范课程"装饰图案设计"及四川大学通识教育核心课程"华冠丽服：服饰文化与中国精神"主讲教师。获全国大学生艺术展演美育改革优秀案例一等奖1项、四川省大学生艺术展演美育改革优秀案例一等奖3项。主持四川省社科项目、四川艺术基金项目、中央高校研究课题多项，指导学生在各级专业设计竞赛中获得多个重要奖项，多次高质量完成传统文化传承创新系列展演及设计任务。

岳阳,讲师,美术学博士,文物学与艺术史博士后,四川省、成都市评论家协会会员,研究方向为近代海外艺术交流史。主持国家社科基金(艺术学)项目、四川省社科规划项目等10余项;参与国家社科基金重大项目等。在《美术》《美术观察》《文艺研究》等专业刊物发表论文20余篇,出版专著2本。

# 岳阳

# 课程信息

### 1. 课程简介

本课程主要讲授 19 世纪中期至今世界现代设计发展进程中的重要历史阶段，较为典型的设计师、设计流派、设计品牌和设计产品。教师通过对设计作品的介绍与分析，使学生了解一件设计作品产生的社会背景、政治背景、文化背景、历史背景等多方面的知识，并了解该作品在社会发展、文化艺术创新中的价值与意义。本课程以经典设计作品串连设计史的发展脉络，通过一件或一个系列的设计作品，展现与该作品相关联的社会、文化、经济、艺术背景，以及与之相呼应的设计批评与设计思潮。

### 2. 课程类型：选修课

### 3. 学时：36 学时

### 4. 学分：2 学分

### 5. 授课对象：全校学生

### 6. 课程教材

王受之 . 世界现代设计史 [M]. 第 2 版 . 北京：中国青年出版社，2015.

### 7. 参考资料

- 田自秉 . 中国工艺美术史（修订本）[M]. 上海：东方出版中心，2010.
- 尹定邦 . 设计学概论 [M]. 北京：人民美术出版社，2018.
- 李砚祖 . 设计美学 [M]. 北京：清华大学出版社，2010.
- 杭间 . 中国工艺美学史 [M]. 北京：人民美术出版社，2018.
- 大卫·瑞兹曼 . 现代设计史 [M]. 第 2 版 . 北京：中国人民大学出版社，2019.
- 维克多·马格林 . 世界设计史 2：一战至二战 [M]. 南京：江苏凤凰美术出版社，2020.

### 8. 教学目的及教学要求

（1）教学目的

本课程以立德树人为育人目标，旨在培养具有独立思考、分析设计问题的能力的创新型、复合型人才。本课程注重锻炼学生的设计思维，使其形成多学科交叉融合的研究视野。通过对经典设计作品的解读及相关历史文化背景的介绍，帮助学生开阔视野，提高艺术素养和审美品位，拓展思维，进而提高综合素质，使其在理论研究和认知思维层面达到新高度，学会以"交叉学科"的视野，宏观把握自身的专业和发展。

（2）教学要求

作为设计史论通识课程，本课程面向具有不同专业知识背景的学生开设，因此，教师在设计教案时需着重凝练教学框架，开展"递进式"教学。具体来说，要选择19世纪中期至今现当代设计浪潮中的重要流派、重要人物以及经典设计作品，展现现当代设计史的基本轮廓，构建设计史知识框架。通过课程教学，使学生了解世界百年设计发展的基本历程，认识百年设计中的重要设计师与设计作品；明白设计发展与社会、政治、经济、文化和技术等多方面的联系，基本掌握设计的原则、流程和方法；了解近现代东西方文化交汇过程中的设计史变迁；把握现代设计发展中的客观规律；了解现代设计领域中的批判思维；学习设计作品的美学分析和批评路径，明确设计发展的现状与未来。

### 9. 教学重点及难点

（1）教学重点

①明确设计史发展脉络。通过课程教学，首先应当使学生明确世界近现代设计史的发展脉络。教师在设计教学内容时需注意选择重要的设计事件、有代表性的设计师、典型的设计作品、著名的设计流派。

②总结设计主题特点。在编排课程大纲的过程中，教师需要重点分析"产品设计"领域迪特·拉姆斯（Dieter Rams）的设计理念"设计十诫"，"建筑设计"领域设计师威廉·莫里斯（William Morris）的作品，"服装设计"领域设计师香奈儿女士（Gabrielle Bonheur Chanel）的作品，"视觉设计"领域设计师横尾忠则（Tadanori Yokoo）的系列作品，"绿色设计"领域史蒂夫·乔布斯（Steve Jobs）的作品（如iPhone），"人性化设计"领域的无印良品（MUJI），"纪念设计"领域的设计师贝聿铭（Ieoh Ming Pei）的作品（代表作：苏州博物馆），"为坐而设计"之设计师雅各布森（Arne Jacobsen），"民族设计"领域设计师庞薰琹的作品，"无名设计"领域美学家柳宗悦（Soetsu Yanagi）的作品，"国际博览会

设计"领域设计师何镜堂的作品（如中华艺术宫），"旅行设计"领域的设计事务所 EICO Design，"设计教育"包豪斯学院（Bauhaus）的东渡之路。

③探析设计思路与方法。通过设计师、设计作品、设计思想的展现，呈现设计作品与时代、思潮、文化和经济等的较为复杂的关系，同时通过了解品牌如苹果、无印良品等探讨设计品牌这一专题；通过了解迪特·拉姆斯、柳宗悦等设计师讨论设计思潮的演变；通过了解庞薰琹、何镜堂等探讨设计师的人文关怀等。每一主题仅探讨一种品牌或一位设计师，旨在提高问题导向性，以贴合不同专业学生的需求。

④提升设计实践能力。本课程主要采用讲授、小组研究、翻转课堂相结合的方式。在本课程的36个学时中有24个学时以教师授课为主体，围绕设计史的发展脉络，讲解设计作品分析的重点，平均每节课介绍2～3个知识点。另外12个学时采用小组研究与翻转课堂相结合的模式，在专题板块内，由学生根据本专业的特点，选择感兴趣的设计作品进行分析。本课程设置有期中课程汇报和期末课程汇报两个环节，每一位学生都需要上台汇报，讲解生活中经典的设计作品或设计类型，以此培养学生解读作品的基础能力。

（2）教学难点

①以设计作品解决现实问题。通过了解设计方法和过程，掌握设计作品在"全设计"的理念中解决现实问题的方法，进而提升生活品质。

②使设计作品贴合现实需求。从实用美学的角度，分析设计与生活的关系，在"美学"的理念中，形成设计风格，并将其深化为民族风格，进而影响时代。讨论在不同区域、不同民族和不同文化背景中，设计作品如何适应生活需要与审美需求。

③设计思维的锻炼与考察。从设计思维的角度，探讨面对现实问题、处理生活难题、介入社会问题的过程中，可能形成的多种解决方式与处理办法，细化解决问题的思路与方法，探讨设计思维在这一过程中的价值与影响。

④交叉学科的理解与应用。从团队协作的角度理解社会协作的模式，深化学科交叉的方式方法，进一步理解设计思维在本学科专业应用中的多种可能。

## 10. 教学计划

| 章节 | 教学目标 | 教学内容 |
|---|---|---|
| 第一节<br>导入：近代设计发展<br>——课程介绍 | 初步了解现代设计在近150年间的发展历程、中国近代设计的发展进程以及设计是什么、设计对生活的影响等问题。 | ①设计的语义与演变。<br>②近代设计教育发展。<br>③课程结构、课程导入。 |
| 第二节<br>设计与艺术、设计是什么 | 了解艺术与设计在人类漫长发展历程中的渊源、艺术与设计背后的赞助者、艺术与设计的关系、什么是设计、设计与文化。 | ①艺术与设计的关联性。<br>②艺术与设计的赞助者。<br>③设计词源与设计思维。 |
| 第三节<br>从艺术与设计谈起<br>——手工艺时代的设计 | 了解什么是好的设计，什么是现代设计。 | ①优良设计的发展演化。<br>②现代设计的核心特征。<br>③建筑设计的发展简史。 |
| 第四节<br>美好时代与工业设计的肇始（一） | 了解工业革命爆发前的设计、以"皇家"为代表的贵族设计、英国与美国的手工艺美术运动进程。 | ①手工艺美术运动。<br>②莫里斯与拉斯金。<br>③美国芝加哥学派。 |
| 第五节<br>美好时代与工业设计的肇始（二） | 了解新艺术运动的发展、精湛的玻璃技艺、新艺术设计案例、新艺术运动与东亚。 | ①新艺术运动设计。<br>②设计师与经典作品。<br>③亚洲与"新艺术"。 |

| 章节 | 教学目标 | 教学内容 |
| --- | --- | --- |
| 第六节<br>近代设计教育的萌发——包豪斯与乌尔姆设计 | 了解德国的近代设计发展、德国早期的重要设计师、包豪斯设计学院、二战后的德国设计、著名品牌博朗与乌尔姆设计学院。 | ①德国工业设计联盟。<br>②包豪斯的发展历程。<br>③二战后的德国设计。 |
| 第七节<br>设计品位与消费启蒙——美国的现当代设计 | 了解美国的设计发展进程、商业设计形成的多重因素、美国的汽车产业成型过程及代表设计师与作品。 | ①美国装饰艺术与商业设计。<br>②美国汽车产业与制度变革。<br>③美国战后的建筑家具设计。 |
| 第八节<br>人性化设计——荷兰、瑞士和北欧的设计 | 了解荷兰、瑞士及北欧诸国的设计情况，了解重要设计师如阿尔瓦·阿尔托、保罗·汉宁森、汉斯·瓦格纳、雅各布森等以及宜家、乐高等设计品牌。 | ①荷兰设计与风格派。<br>②瑞士设计与国际性。<br>③北欧设计与民主化。 |
| 第九节<br>大众设计——英国的现当代设计 | 了解英国的设计发展、19世纪四五十年代在英国举办的设计博览会、英国的设计特点、波普设计运动、典型的设计师与设计作品。 | ①英国的早期设计发展。<br>②波普设计运动与潮流。<br>③代表设计师与设计作品。 |
| 第十节<br>经典永存——意大利的现当代设计 | 了解意大利设计的发展，意大利代表设计师与设计作品，意大利激进设计运动，意大利在家具、服装、汽车等领域的设计制度。 | ①意大利早期的设计历程。<br>②孟菲斯集团与孟菲斯风格。<br>③意大利设计制度与设计师。 |

| 章节 | 教学目标 | 教学内容 |
|---|---|---|
| 第十一节<br>回到原点——日本的现当代设计 | 了解日本与中国设计业的密切联系、日本的设计发展、日本的审美原则、日本的设计特征、日本重要的设计师与设计流派。 | ①日本的审美文化。<br>②战后的日本设计。<br>③日本重要的设计门类。 |
| 第十二节<br>复兴与重构——中国的现当代设计 | 了解中国百年的设计进程、重要的本土设计师与设计作品，了解有国家形象建构价值的设计作品，明确设计发展与国家建设的关联。 | ①近代百年设计的演进。<br>②设计思潮与文化互动。<br>③设计趋势与设计发展。 |

## 教案展示
（第十二节"复兴与重构——中国的现当代设计"）

复兴与重构
——中国的现当代设计

| | |
|---|---|
| 教学目标 | 了解中国百年的设计进程、重要的本土设计师与设计作品，了解有国家形象建构价值的设计作品，明晓设计发展与国家建设的关联。 |
| 教学内容 | ①近代百年设计的演进。<br>②设计思潮与文化互动。<br>③设计趋势与设计发展。 |
| 教学难点 | 发现并提出有关分类、比较的简单数学问题。 |

| 第一课时 近代百年设计的演进 ||
|---|---|
| 教学环节 | 内容 |
| 知识讲授 | 1. 中国早期设计业发展情况<br>（1）以本土师徒制为主的工艺传承<br>（2）西方传教士引入的工艺革新<br>（3）以留学生为主的"西学东渐"<br>（4）本土设计师的探索实践 |
| 案例分析 | 案例：20世纪初，有20多位中国留学生前往美国宾夕法尼亚大学学习建筑，最后，18人学成归国。他们在国内设计和建造了众多的建筑单体，建立了中国自己的建筑教育体系，培养后人。他们也成为中国第一代建筑师。 |
| 课堂讨论 | 欣赏中国丝绸博物馆、哔哩哔哩创作中心等联合制作的短片《看纹样里的中国》，根据短片内容展开讨论。 |
| 知识讲授 | 2. 抗战时期中国设计业的发展情况<br>（1）设计考察逐渐兴起<br>（2）设计教育的融合与设计教育体系的探索<br>（3）对民间工艺、民族工艺的关注与实践<br><br>3. 新生活中的设计演进<br>（1）展现国家形象的设计<br>（2）以文化普及为目的的平面设计<br>（3）以海外流通为目的的工艺设计<br>（4）海外文化影响下的建筑设计 |

| | |
|---|---|
| 案例分析 | 案例：20世纪50年代，工艺美术作品在海外贸易中发挥出了较大的潜力和价值。如何让传统的工艺美术旧貌变新颜？中央美术学院华东分院办起了"民间美术工艺研究班"，培训民间艺人，为建设祖国服务。 |
| 知识讲授 | 4.改革开放后的设计飞跃<br>（1）设计教育带动设计市场<br>（2）消费市场促进学科互动<br>（3）留学生推动设计变革<br>（4）消费市场中的模仿弊端 |
| 案例分析 | 案例：靳埭强"汉字"系列设计。 |
| 知识讲授 | 5.新时代的设计转型<br>（1）市场先行带动设计教育体系化发展<br>（2）大型展销博览会推动了设计行业制度完善<br>（3）重要竞技比赛促进设计业良性竞争<br>（4）国家规范设计学排名促进教育发展<br>（5）多学科多领域多区域协同引领设计 |
| 第二课时 设计思潮与文化互动（略） ||
| 第三课时 设计趋势与设计发展（略） ||

# 百年设计经典作品赏析

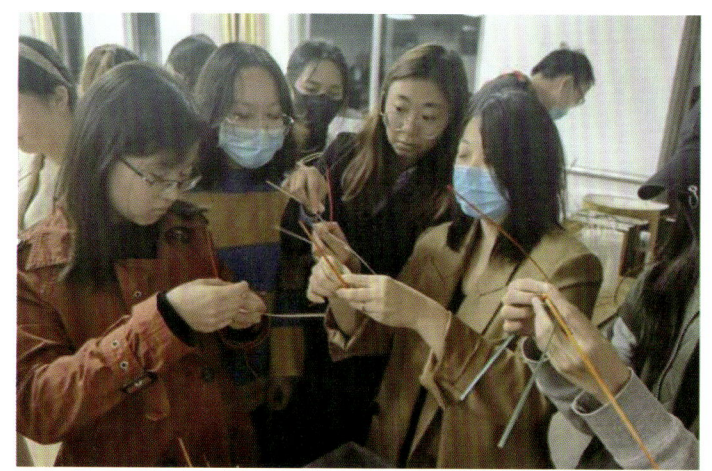

▶ 邀请非物质文化遗产"刘氏竹编"传承人走入课堂,带领学生体验西南竹编

▶ 邀请青年设计师围绕服装设计制作技艺与参课学生交流

▶ 安排参课学生前往考古文博机构进行现场调研

▶ 邀请成都馆博物馆展陈设计师戴媛媛走入课堂，与同学交流西南非遗工艺"皮影"的展陈设计

▶ 组织学生参观成都博物馆皮影馆展陈设计

▶ 课程讨论环节：头脑风暴

■ 百年设计经典作品赏析 ■

▶ 本课程团队制作纪录片——《罗三裁：本土青年设计品牌》

▶ 手工艺传承人访谈工作现场

## 教学小结

在现代设计史教学中，以史实描述、宏大叙事为主体的教学理念常常展现在课堂讲授与教材编撰之中。对于初学者来说，它提供了可以掌握设计史脉络的基本框架，但是也有可能造成对于设计史较为片面和脸谱化的认识。在设计本课程的过程中，教师试图拓展设计史的教学内容，以期为学生提供理解设计史和运用设计思维解决实际问题的能力。通过课程教学，学生在面对设计史相关知识点时，可以发现其呈现方式包括多样的文本类型与表达方式，这些多样性，保持了设计史鲜活的生命力。小组的团队协作，也模拟了设计在现实社会中的链接和协同机制，使得参与学生了解到设计过程中可能面临的多种问题和解决问题的多元化办法。

在设计史的教案调整中，也应当注重运用跨学科的多重研究视角。为避免学生对设计案例的理解远离历史语境，或者是过于轻易地将进步观、历史主义作为理解和揭示历史发展的万能工具等问题，在课程设计中，教师注重将学生带入跨学科的研究语境中，通过多维视角去发现与理解在宏大历史语境中呈现出的丰富形态，如注重挖掘"人造之物"中蕴含的由物及人、由人及文化的丰富内容。

# 毛泽东思想和中国特色社会主义理论体系概论

# 张晓磊

## 教师简介

张晓磊，法学博士，四川大学马克思主义学院副教授，四川省中国特色社会主义理论体系研究中心研究员。从教以来，主要承担本科生思想政治理论课"毛泽东思想和中国特色社会主义理论体系概论"和研究生思想政治理论课"新时代中国特色社会主义理论与实践"的教学任务。教学工作获得各级督导组和广大学生的一致好评，评教成绩连续数年在学院名列前茅，讲授课程获评"四川大学教学创新示范课程"。积极参加高水平教学竞赛，多次获得高级别奖项（如"四川省高校思想政治理论课中青年教师'精彩一课'讲课比赛"一等奖、"第六届四川省青年教师教学竞赛"三等奖、"四川大学青年教师教学竞赛文科思政组"一等奖等）。积极投身教学改革，主持并完成多项教改课题，撰写多篇教改论文，教改成果获"四川大学教学成果一等奖"。长期以来，聚焦马克思主义中国化研究，主持或主研各类科研项目10余项，参与撰写并提交研究报告20余份。在学术期刊上公开发表学术论文20余篇，论文被他引400余次，多篇论文被学术网站转载。参编著作3部，参与全党学习教育重要读物《社会主义发展简史》、马克思主义理论研究和建设工程重点教材《习近平新时代中国特色社会主义思想概论》的编写工作。撰写的20余篇决策咨询报告被中央有关部门采纳，其中多篇获中央领导同志批示。科研成果获四川省社科优秀成果奖1项。

# 课程信息

### 1. 课程简介

根据中宣部、教育部印发的《新时代学校思想政治理论课改革创新实施方案》的相关精神,"毛泽东思想和中国特色社会主义理论体系概论"被设置为本科生思想政治理论课必修课程。本课程主要讲授中国共产党把马克思主义基本原理同中国具体实际相结合、同中华优秀传统文化相结合所形成的马克思主义中国化的两大理论成果,帮助学生理解毛泽东思想、邓小平理论、"三个代表"重要思想、科学发展观、习近平新时代中国特色社会主义思想是一脉相承又与时俱进的科学体系,引导学生深刻理解中国共产党为什么能、马克思主义为什么行、中国特色社会主义为什么好,使其坚定中国特色社会主义道路自信、理论自信、制度自信、文化自信。

### 2. 课程类型:必修课

### 3. 学时:80 学时

### 4. 学分:5 学分

### 5. 授课对象:全校本科生

### 6. 课程教材

本书编写组. 毛泽东思想和中国特色社会主义理论体系概论 [M]. 北京:高等教育出版社,2021.

### 7. 参考资料

- 毛泽东文集 (第 1—10 卷 )[M]. 北京:人民出版社,1993、1996、1999.
- 毛泽东选集 (第 1—4 卷 )[M]. 北京:人民出版社,1991.
- 邓小平文选 (第 1—3 卷 )[M]. 北京:人民出版社,1994、1993.
- 江泽民文选 (第 1—3 卷 )[M]. 北京:人民出版社,2006.
- 胡锦涛文选 (第 1—3 卷 )[M]. 北京:人民出版社,2016.
- 习近平谈治国理政(第 1—4 卷 ) [M]. 北京:外文出版社,2018,2017,2020,2022.
- 中共中央宣传部. 习近平新时代中国特色社会主义思想三十讲 [M]. 北京:

学习出版社，2018.

- 中共中央宣传部. 习近平新时代中国特色社会主义思想学习问答[M].北京：学习出版社，2021.
  - 本书编写组. 社会主义发展简史[M].北京：人民出版社，2021.
  - 本书编写组. 中国共产党简史[M].北京：人民出版社，2021.
  - 本书编写组. 中华人民共和国简史[M].北京：人民出版社，2021.
  - 本书编写组. 改革开放简史[M].北京：人民出版社，2021.

### 8. 教学目的及教学要求

（1）教学目的

从知识层面来看，本课程开设的目的是让大学生准确把握马克思主义中国化时代化的重要理论成果，深刻认识中国共产党领导人民进行革命、建设、改革的历史实践与基本经验，深入理解中国共产党在新时代坚持的基本理论、基本路线、基本方略；从能力层面来看，本课程旨在帮助学生提升运用马克思主义立场、观点和方法认识问题、分析问题、解决问题的能力；从情感层面来看，本课程旨在加深大学生对中国特色社会主义的认同感，进而坚定共产主义远大理想和中国特色社会主义共同理想。

（2）教学要求

第一，要做到理论与实践相结合。在全面理解马克思主义中国化理论成果的科学内涵、理论体系、思想精髓、精神实质的基础上，培养学生运用马克思主义立场、观点和方法认识问题、分析问题、解决问题的能力。第二，要做到历史与现实相贯通。将本课程的学习与党史、新中国史、改革开放史、社会主义发展史的学习紧密结合起来，让学生深刻理解中国共产党为什么能、马克思主义为什么行、中国特色社会主义为什么好。第三，要做到宏观与微观相联系。既要站在党和国家重大战略决策的高度讲解相关知识点，又要紧密联系学生的学习思想实际融入相关教学素材。

## 9. 教学计划

| 序号 | 教学内容 | 学时分配（学时） |
| --- | --- | --- |
| 1 | 导论 马克思主义中国化的历史进程与理论成果 | 5 |
| | 毛泽东思想 | |
| 2 | 第一章 毛泽东思想及其历史地位 | 7 |
| 3 | 第二章 新民主主义革命理论 | 6 |
| 4 | 第三章 社会主义改造理论 | 6 |
| 5 | 第四章 社会主义建设道路初步探索的理论成果 | 6 |
| | 邓小平理论、"三个代表"重要思想、科学发展观 | |
| 6 | 第五章 邓小平理论 | 6 |
| 7 | 第六章 "三个代表"重要思想 | 6 |
| 8 | 第七章 科学发展观 | 6 |
| | 习近平新时代中国特色社会主义思想 | |
| 9 | 第八章 习近平新时代中国特色社会主义思想及其历史地位 | 5 |

| 序号 | 教学内容 | 学时分配（学时） |
|---|---|---|
| 10 | 第九章 坚持和发展中国特色社会主义的总任务 | 5 |
| 11 | 第十章 "五位一体"总体布局 | 5 |
| 12 | 第十一章 "四个全面"战略布局 | 5 |
| 13 | 第十二章 实现中华民族伟大复兴的重要保障 | 4 |
| 14 | 第十三章 中国特色大国外交 | 4 |
| 15 | 第十四章 坚持和加强党的领导 | 4 |
| | 合计 | 80 |

注：2023年春季学期前，"毛泽东思想和中国特色社会主义理论体系概论"课程的教学计划按照此表执行。2023年春季学期开始，本门课程重点阐述毛泽东思想、邓小平理论、"三个代表"重要思想、科学发展观。习近平新时代中国特色社会主义思想在"习近平新时代中国特色社会主义思想概论"课程中系统阐释。

## 教案展示
### （"一带一路"重塑全球化新格局）

"一带一路"重塑全球化新格局

**1. 教学专题：**"一带一路"重塑全球化新格局

**2. 授课对象：**全校本科生

**3. 授课时间：**第二学年第二学期

**4. 授课时长：**45分钟

**5. 教材分析**

《毛泽东思想和中国特色社会主义思想概论》第十三章"中国特色大国外交"第三节"推动构建人类命运共同体"中，对促进"一带一路"国际合作进行了阐释，包括"一带一路"倡议的提出、实施、建设成效和未来展望等。本专题在此基础上，以《习近平谈治国理政》（第1—3卷）及《习近平新时代中国特色社会主义思想三十讲》《习近平新时代中国特色社会主义思想学习纲要》《习近平新时代中国特色社会主义思想学习问答》等为重要参考文献，认真学习研究习近平对"一带一路"倡议的重要论述，并以此为指导展开教学活动。同时，大量搜集和整理与"一带一路"倡议相关的研究成果、新闻报道和影音资料，作为课堂教学的必要补充。

**6. 学情分析**

（1）学习基础

经过前期学习，学生对当前世界形势、新时代中国特色大国外交和构建人类命运共同体思想等背景知识有所了解。

（2）学习动机

学生将以马克思主义的立场、观点、方法，以及敏锐的国际视觉、宽广的国际视野，认真分析当前世界形势呈现出的阶段性特征，正确判断世界格局的发展演变趋势，最终深刻认识新时代中国特色大国外交在国际舞台上扮演的角色和做出的贡献。

### 7. 教学目标

（1）知识目标

本专题的知识目标是让学生准确把握"一带一路"倡议的重大意义，深刻理解"一带一路"倡议的丰富内涵，全面认识"一带一路"倡议的实施路径。

（2）能力目标

本专题的能力目标是提高学生运用辩证唯物主义和历史唯物主义的观点和方法认识问题、分析问题、解决问题的能力。

（3）价值目标

本专题的价值目标是培养学生主动关注社会发展和国家进步的责任感，激发学生对中国特色社会主义进入新时代的自豪感，唤起学生争做时代新人的使命感。

### 8. 教学重点与难点

（1）教学重点

准确认识"一带一路"倡议的时代背景和重大意义；深刻把握"一带一路"倡议的理论逻辑和科学内涵；正确把握"一带一路"倡议的基本原则和实施情况；深刻总结"一带一路"倡议的重要成就和基本经验。

（2）教学难点

在纷繁复杂的众多国际事件中，探究国际形势呈现的阶段性特征和发展演变趋势，需要一定的归纳总结能力和抽象思维能力；习近平总书记关于"一带一路"倡议的论述，逻辑严密、系统完整、内涵丰富，要真正学深悟透学通弄懂，需要较强的理论思维能力；关于"一带一路"倡议的学习，要遵循马克思主义认识论的基本原则，即"实践—认识—再实践"，需要较强的理论联系实践的思维能力。

### 9. 教学方法

（1）理论与实践相结合的教学方法

既要在教学中综合运用辩证唯物主义和历史唯物主义、马克思主义世界市场理论、马克思主义世界历史观等理论的基本观点和方法论阐释问题，又要结合当前国际形势的变化情况，引导学生以人类命运共同体的视角去认识、分析国际问题。

（2）历史与现实相贯通的教学方法

既要立足现实，重点阐述"一带一路"倡议提出以来的建设情况和成效；又要回朔历史，将新时代的大国外交与新中国成立以来尤其是改革开放以来的外交战略作对比分析,从历史演进的角度审视"站起来""富起来""强起来"三者之间的关系。

（3）宏观与微观相联系的教学方法

既要从党和国家事业的高度讲解本专题的主要内容,又要关照和回应学生关心的具体问题。

**10. 教学用具：** 教材、教案、课件、智慧黑板、相关视频资料等

**11. 教学过程**

（1）课程导入（5分钟）

教学思路：突破"重大意义—科学内涵—实施路径—建设成效"的常规叙事逻辑,以重点对比讲解西式全球化与"一带一路"倡议下的全球化的方式展开教学活动。通过鲜明比较,向学生强调西式全球化的困境,凸显"一带一路"倡议对当今世界的重大意义。

①案例导入：进入21世纪的第二个十年后,世界围绕全球化呈现出两幅充满张力的图景：一是,西方发达国家兴起了逆全球化的思潮（英国公投"脱欧"、美国频频"退群"）,单边主义和保护主义盛行；二是,中国提出"一带一路"倡议,成为推动构建当代全球治理体系的重要平台与实践,意在"缝合"正在撕裂的世界。[1]

②提出矛盾：这两幅充满张力的图景,与"修昔底德陷阱"所描述的情形完全不同。当今世界,新崛起的社会主义中国遵守、维护和完善国际规则和国际秩序,守成大国却挑战、违背、破坏其主导建立的国际规则和秩序。为什么会出现这样的矛盾？该如何理解？

③引出主题：为了搞清楚这个问题,下面我们以"'一带一路'重塑全球化新格局"为专题,重点讲解西式全球化的困境及中国的全新探索——"一带一路"倡议。

---

1. 史冬冬. 超越西式全球化："一带一路"与全球化再造[J]. 厦门大学学报（哲学社会科学版）,2022（2）.

### （2）课程展开（35分钟）

①教学内容讲解

教师向学生讲解教学内容，具体整理如下：

一、从单向度到共享式的全球化

我们先来看第一组对比：世界夜晚灯光的分布情况。

（一）西式全球化：单向度的全球化

经济学家近来找到一种新方法——通过卫星获取的夜间灯光图来衡量区域经济发展状况。可以看出，世界的灯光主要集中在北美、东亚、欧洲的沿海地区，广大的内陆地区则是一片漆黑。为什么会有如此大的差距？世界银行统计数据显示，当今世界产出的八成来自沿海地区，因为地球71%的面积被海洋覆盖，90%的贸易通过海洋进行。

这种西方中心的海洋型"全球化"，其实是"部分全球化"，或称"单向度全球化"。正如《共产党宣言》描绘的："正像它使农村从属于城市一样，它使未开化和半开化的国家从属于文明的国家，使农民的民族从属于资产阶级的民族，使东方从属于西方。"[1]

（二）"一带一路"倡议：共享式的全球化

习近平总书记首次提出建设"一带一路"，是在哈萨克斯坦。这有什么深意吗？

哈萨克斯坦是世界上最大的内陆国家。这样的内陆国家要融入全球化，进入世界贸易体系，就是要实现"一带一路"所倡导的互联互通。所谓的互联互通，是指在欧亚地区形成陆、海、天、网"四位一体"互联互通。习近平总书记指出："它的核心内容是促进基础设施建设和互联互通，对接各国政策和发展战略，深化务实合作，促进协调联动发展，实现共同繁荣。"[2]

一方面，"一带一路"要实现陆海联通。全世界共有44个内陆国家，因缺乏出海口无法与外界联通，使得发展受到很大限制。"一带一路"倡议提出的设施联通则有利于加强沿线国家的基础设施建设，进而拉动各项要素在海洋与内陆、内陆与内陆更广范围内的流通。另一方面，"一带一路"要实现规模效应。近百

---

1. 马克思恩格斯文集（第2卷）[M]. 北京：人民出版社，2009.
2. 习近平. 开辟合作新起点，谋求发展新动力[N]. 人民日报，2017-05-16.

年来，欧洲，从20多个国家分为了现在的40多个国家。在这样的形势下，规模较小的内陆国很难发展。捷克有一个千年梦想——"三河通三海"，试图把奥得河、易北河、多瑙河跟波罗的海、亚德里亚海、黑海联通在一起，但1000年来始终没有实现。现在，中欧班列的开通终于把运河跟海洋连在一起，实现了陆海联通。

二、从秩序型到发展型的全球化

我们再来看第二组对比：世界海底光缆分布情况。

（一）西式全球化：秩序型的全球化

当今世界，海底光缆基本上集中在北美洲、欧洲之间的海域。全球互联网有13台根服务器，美国控制着唯一的主根服务器和其他9台辅根服务器，在互联网世界拥有着绝对的权力。而非洲和南美洲之间竟然连一条海底光缆都没有，这难道是因为这两个洲之间没有贸易和往来吗？

为什么会出现这样的现象呢？其原因在于传统全球化形成了一套"世界分工体系"。在传统的国际格局中，后发国家走上现代化之路有两种模式：其一，"飞来峰"模式，即全盘接受西方的发展模式；其二，"特洛伊木马"模式，即接受西方有附加条件的援助。这两种模式带来了共同的后果，就是全球范围内形成了"中心—外围"秩序。可以说，传统全球化本质上是一种规则导向性全球化，意味着边缘国家不得不接受以西方发达资本主义国家为本位的政经秩序的权力支配与影响。

（二）"一带一路"倡议：发展型的全球化

"一带一路"倡议，不是在国际社会制定一套全新的规则，而是着眼于实体经济发展和基础设施建设，是发展导向型全球化，能让全世界各个国家更加有获得感、参与感和幸福感。习近平总书记指出："以'一带一路'建设为契机，开展跨国互联互通，提高贸易和投资合作水平，推动国际产能和装备制造合作，本质上是通过提高有效供给来催生新的需求，实现世界经济再平衡。"[1] 传统全球化中的关税减让，最多能推动世界经济增长5%，而"一带一路"中的互联互通，将推动世界经济增长10%至15%。[2]

---

1. 习近平谈治国理政（第2卷）[M]. 北京：外文出版社，2017.
2. 王义桅."一带一路"开创包容联动共享的新型全球化[J]. 求是，2017（10）.

### 三、从区域化到一体化的全球化

我们最后来看第三组对比：世界海上物流情况。

（1）西式全球化：区域化的全球化

当今世界的物流大部分集中在大西洋，也就是欧美之间，其他海洋承载的贸易量非常少。这是因为大西洋以外的海洋不适合航行吗？当然不是！

传统全球化理论认为，区域一体化是全球化的初级阶段，全球化是区域一体化的终极阶段。但在全球化的实践中，凡是区域一体化程度高的超国家组织会自然出现一种"圈子化"的内化性，从而抵触进一步全球化。[1]"圈子化"的典型代表就是欧盟，在经济危机之前，欧盟80%以上的"外贸"都是在成员国之间进行的。区域化发展带来的"自闭"显然是不利于全球化发展的。英国公投"脱欧"其实就是以退出的方式，对"圈子化"进行抵制。

（2）"一带一路"倡议：一体化的全球化

将分散化、碎片化的合作机制统合起来，这是"一带一路"建设的重要思路。习近平总书记指出："'一带一路'是开放的，是穿越非洲、环连亚欧的广阔'朋友圈'，所有感兴趣的国家都可以添加进入'朋友圈'。"[2] "一带一路"贯穿亚欧非大陆，一头是活跃的东亚经济圈，一头是发达的欧洲经济圈，中间广大腹地国家经济发展潜力巨大。"一带一路"广阔的腹地属于经济发展的低洼地带，由于缺乏实现经济起飞并维持自我持续增长的物质条件和其他能力，近1/5的沿线国家徘徊在工业化初期及以下阶段，近一半的国家工业化发展进程处于或低于中期水平。

"一带一路"倡议，试图通过合作机制的构建，使中国成为北美、西欧等地区的发达国家与亚非拉等地区的发展中国家之间的一个支点，推动要素在全球范围内实现自由流动和合理配置。"一带一路"倡议下的全球化，是陆海联通、南北联动的全球化，是真正"无死角"的全球化。

---

1. 王义桅. "一带一路"开创新型全球化[N]. 新华网，2017-05-04.
2. 习近平. 在英国伦敦金融城举行的中英工商峰会上的致辞[N]. 人民日报，2015-10-22.

②提问互动

教师提问：除了上述内容，同学们认为"一带一路"倡议对全球化的重塑还体现在哪些方面？

（3）知识总结（5分钟）

教师向学生展示相关图片并作如下总结：当今世界面临百年未有之大变局，世界和平与发展的形势遭遇重重困境。如何突围和破局，世界各国提供了不同的思考路径和解决方案。提出共建"丝绸之路经济带"和"21世纪海上丝绸之路"重大倡议，是以习近平同志为核心的党中央在深刻总结我国对外开放经验，准确判断世界格局演变趋势，科学分析我国经济社会发展形势的基础上，为全球治理提供的中国智慧和中国方案。目前，"一带一路"倡议已经得到国际社会的高度关注和积极回应。

在深入学习本专题的内容后，希望同学们在掌握基本知识的同时，积极关注世界局势和国家大事，将个人发展与中华民族前途命运紧密结合，为实现中华民族伟大复兴的中国梦贡献个人力量。

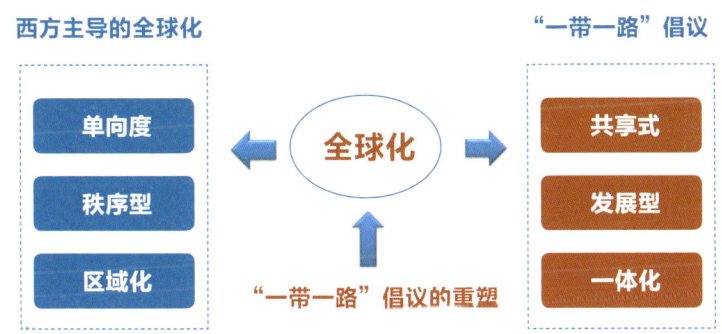

▶ 本专题思维导图

### 12. 课后拓展

（1）课后思考

①阅读马克思主义经典著作《德意志意识形态》《共产党宣言》等，梳理马克思主义世界市场理论、马克思主义世界历史观等，为"一带一路"倡议的学习与研究构建理论基础。

②查找相关资料，对一些课堂上没有涉及的问题进行思考。例如，推进"一带一路"建设，我国现阶段面临哪些风险和挑战？

③建立学习小组，对一些疑问和困惑进行集体讨论。如面对风险和挑战，我国应该如何应对？

（2）课后阅读

①阅读书目推荐。

1. 习近平谈治国理政（第1卷）[M].北京：外文出版社，2018.
2. 习近平谈治国理政（第2卷）[M].北京：外文出版社，2017.
3. 习近平谈治国理政（第3卷）[M].北京：外文出版社，2019.
4. 习近平谈治国理政（第4卷）[M].北京：外文出版社，2022.
5. 中共中央宣传部.习近平新时代中国特色社会主义思想三十讲[M].北京：学习出版社，2018.
6. 中共中央宣传部.习近平新时代中国特色社会主义思想学习纲要[M].北京：学习出版社，2019.
7. 中共中央宣传部.习近平新时代中国特色社会主义思想学习问答[M].北京：学习出版社，2021.

②重点篇目。

1.《共同建设"丝绸之路经济带"》，载于《习近平谈治国理政（第1卷）》。

2.《共同建设二十一世纪"海上丝绸之路"》，载于《习近平谈治国理政（第1卷）》。

3.《推进"一带一路"建设，努力拓展改革发展新空间》，载于《习近平谈治国理政（第2卷）》。

4.《让"一带一路"建设造福沿线各国人民》，载于《习近平谈治国理政（第2卷）》。

5.《携手推进"一带一路"建设》，载于《习近平谈治国理政（第2卷）》。

6.《共同绘制好"一带一路"的"工笔画"》，载于《习近平谈治国理政（第3卷）》。

7.《推动共建"一带一路"高质量发展》，载于《习近平谈治国理政（第3卷）》。

8.《推动共建"一带一路"高质量发展不断取得新成效》，载于《习近平谈治国理政（第4卷）》。

### 13. 教学反思

本专题以"'一带一路'重塑全球化新格局"为主题进行讲授。在教学思想上遵循习近平总书记关于推动思政课改革创新的重要论述，力争做到"政治性与学理性相统一"。突出教学的政治性，即讲清楚"一带一路"倡议的重大意义，激发学生作为时代新人的自豪感，为实现第二个百年奋斗目标、实现中华民族伟大复兴的中国梦而努力奋斗。突出教学的学理性，即用理论逻辑、历史逻辑与现实逻辑相统一的思维方法展开教学，呈现习近平新时代中国特色社会主义思想的透彻性、彻底性和真理性。

为达到这一目标，本专题的教学过程强调横纵对比、逻辑衔接，教学方法以启发式教学为主。其一，在导入环节，提出"当今世界围绕全球化出现了两幅充满张力的图景"的问题，突出矛盾点，引发学生的学习兴趣和思考。其二，在讲授环节，以教材内容为基本知识点，以三组对比的讲解来构建教学逻辑，在对比中讲清楚"一带一路"倡议的科学内涵、实施路径和重大意义。在此环节，综合运用经典文献解读、案例解析、学生讨论互动等方法，使学生学通弄懂理论知识。其三，在总结环节，用"'一带一路'重塑全球化新格局"回答导入部分的提问，形成逻辑闭环。

本专题兼具理论性和实践性，与现实联系较为紧密。当前世界百年未有之大变局正在加速演进，国内外形势复杂多变，"一带一路"倡议和全球化的内涵和外延也会随之发生变化。在今后的教学中，要紧跟时事变化，对教学内容进行更新完善，对教学方式进行创新改进。

# 防身自卫科学
# 　　与实践

——卓岩

## 教师简介

卓岩，体育产业经营理学博士，四川省高层次海外留学人才，教育部全国研究生教育评估监测专家。四川大学体育学院副教授，硕士生导师，跆拳道运动世界公认黑带六段，跆拳道运动国际级裁判，四川大学跆拳道代表队主教练。

# 课程信息

### 1. 课程简介

生命教育这一课题是近年来社会较为关注的热点问题，对于高校全人教育来说生命教育亦不可忽视。它主要包括生命与健康、生命与安全、生命与价值、生命与三观、生命与责任等方面的教育。生存是生命教育的最基本条件，因此，生命与安全教育尤为重要。众所周知，影响生命安全的主要因素有三类：疾病、事故与灾害、暴力犯罪。与前两类因素相关的教育，无论是社会还是学校都已经形成相对完善的体系，但对于如何预防和正确面对暴力犯罪，讲解得相对较少。本课程着眼于高校生命安全教育内容，重点讲述防身自卫的基本知识，目的是使大学生通过学习，正确了解和掌握生命安全教育中防身自卫的知识点，从而全面提升大学生预防暴力犯罪的能力及遭遇暴力犯罪时正确应对的能力，帮助其正确认识生命安全的重要性，有效提高面对暴力犯罪时的生存机率。

本课程介绍了基础的犯罪学知识、公安系统近年来统计的各类暴力犯罪数据及案例、相关的法律法规及以各类武术运动为载体的强身格斗技能、锻炼方法等，以期成为一门系统性较强的体育课程。本课程不仅介绍了暴力犯罪相关的理论知识，还将各类武术锻炼、格斗方法应用到了实践教学中，力图达到让学生学以致用的目的并在高校进行普及。通过该课程的学习，现代大学生能够提高对生命安全的认识，了解相关法律法规，掌握一定的防身自卫知识并将其普及给身边的人，从而能够有效地应对突发的暴力犯罪。

### 2. 课程类型：选修课
### 3. 学时：32 学时
### 4. 学分：2 学分
### 5. 授课对象：全校本科生
### 6. 课程教材

《体育教程》编写委员会. 体育教程 [M]. 成都：四川大学出版社，2018.

### 7. 参考资料

- 张锐，陈工. 安全教育与自卫防身 [M]. 北京：北京体育大学出版社，2004.
- 《公民防范恐怖袭击手册》编写组. 公民防范恐怖袭击手册 [M]. 北京：中国人民公安大学出版社，2008.

# 教案展示

防身自卫科学与实践

| 教学内容 | 1. 智力防卫策略：①信徒模式；②保镖模式。<br>2. 运动解剖学知识：①关节武器化；②人体薄弱部位。<br>3. 身体素质恢复。<br>4. 快乐步法游戏。 | |
|---|---|---|
| 教学目标 | 知识目标 | 掌握智力防卫策略，掌握运动解剖学知识。 |
| | 能力目标 | 提高身体素质，提高身体敏捷性。 |
| | 素养目标 | 提高生命安全意识，对搏击使用和击打的部位有清楚的认识。 |
| 教学对象 | 全校本科生 | |
| 教学重点与难点 | 教学重点：让学生掌握智力防卫策略。<br>教学难点：身体素质练习要达到预期目标。 | |

| 具体教学步骤及安排 ||||
|---|---|---|---|
| 教学环节 | 内容 ||组织教法 |
| 课前点名部分 | 整队集合、清点人数；<br>向国旗致敬，师生相互问好；<br>教师向学生讲明本节课的教学内容、要求；<br>教师强调安全事项，加强安全意识；<br>教师安排本节课见习学生。 || 组织：让学生站成四列横队。<br>教法：教师发布口令，学生按口令快速、整齐报数。 |
| 课前准备 | 教师带学生做原地徒手操，动作如下：<br>①颈部绕环；<br>②扩胸运动；<br>③振臂运动；<br>④肘关节绕环；<br>⑤体转运动；<br>⑥髋关节绕环；<br>⑦膝关节绕环；<br>⑧手、脚腕绕环。 | 每个动作<br>8拍<br>×<br>4节 | 组织：让学生排成体操队形。<br><br>教法：教师用口令控制并示范，学生随口令模仿练习。 |

## 具体教学步骤及安排

| 教学环节 | 内容 | | 组织教法 |
|---|---|---|---|
| 课前准备 | 教师带学生热身跑，动作如下：<br>①小步跑；<br>②倒退跑；<br>③变向跑；<br>④侧滑步跑；<br>⑤交叉步跑；<br>⑥高抬腿跑；<br>⑦碎步冲拳跑；<br>⑧提膝击掌跑；<br>⑨跳跃击掌跑；<br>⑩跳跃转身跑。 | 每个动作跑1圈 | 组织：让学生围成椭圆形队伍并慢跑。<br><br>教法：教师用口令控制并示范，学生围绕场地变换跑姿慢跑，充分热身，直至出汗。 |
| | 教师带学生做拉伸运动，动作如下：<br>①颈部正侧位拉伸（颈部正侧弯）；<br><br>②胸部拉伸（十字体转）； | 每个动作20秒 | 组织：让学生恢复体操队形。 |

## 具体教学步骤及安排

| 教学环节 | 内容 | | 组织教法 |
|---|---|---|---|
| 课前准备 | ③背部拉伸（屈膝抱头）；<br>④肩部拉伸（单手压肩）；<br>⑤体侧拉伸（体侧十字拉伸）；<br>⑥腹部拉伸（驼式跪仰）；<br>⑦腰部拉伸（跪姿体前屈）； | 每个动作20秒 | 教法：<br>①手在髋部，挺直背，轻轻抬头向上，侧拉伸胸锁乳突肌、斜方肌及周边韧带群。<br>②面向前方站立，双手侧伸，掌心向前，身体慢慢左右旋转。拉伸胸、背、腰部肌肉。<br>③站立，双腿并拢，微屈膝，手抱头部向前倾斜，下巴找胸部。拉伸背、斜方肌等。<br>④站立，伸直手臂，轻轻按压，拉伸手臂外侧三角肌、肩部肌群及肩部韧带。<br>⑤把手放在站立腿的前面，背部挺直，抬起对侧手臂，让髋部从前向后打开。拉伸腹外斜肌、身体侧肌群。<br>⑥髋部前顶，身体直立后仰。拉伸腹直肌、腹外斜肌。<br>⑦分腿跪立，臀部坐向脚后跟，身体前趴，额头触地。拉伸腰背部肌肉群等。<br>⑧屈膝坐下，脚掌相对，背部挺直，双手放置于膝盖，将腿外侧和膝盖向下靠近地面。拉伸内收肌、腹股沟韧带。 |

## 具体教学步骤及安排

| 教学环节 | 内容 | | 组织教法 |
|---|---|---|---|
| 课前准备 | ⑧大腿内侧拉伸（蝶式压腿）；<br><br>⑨大腿外侧拉伸（婴儿上抬腿）；<br><br>⑩小腿拉伸（4字压腿）； | 每个动作20秒 | ⑨坐在地板上，挺直背部，慢慢将一条腿拉到胸前，把大腿转出来，另一条腿重复。拉伸髂曲肌、臀大肌外侧及大腿外侧韧带。<br><br>⑩坐在地板上，右手支撑，左手握住右脚放在左大腿上，交换重复。拉伸前胫肌群及外侧韧带。<br><br>要求：教师用口令控制并示范，学生随口令模仿练习。 |
| 课程知识学习 | 教师介绍智力防卫策略的两种模式。<br>①信徒模式：牢固树立防身自卫的意识，提高警觉性，形成"防身自卫，人人必备"的观念。脑子里有了这种观念，人们才能够对自己成为受害者的可能性有清醒的认识并提高警觉，从而处处留意，积极学习应对暴力攻击的手段。<br>②保镖模式：培养注重安全的生活方式和习惯（大部分保镖都有事事留心安全的职业习惯）。安全的生活方式与习惯对防范暴力犯罪至关重要。 | | 组织：让学生原地盘腿坐，教师站立讲解。<br><br>教法：教师详细讲述各类智力防卫策略的经典模式，并举例说明各经典模式在生活中的用途。 |

| 具体教学步骤及安排 |||
|---|---|---|
| 教学环节 | 内容 | 组织教法 |
| 课程知识学习 | 教师介绍运动解剖学知识：<br>①人体十大击打部位：<br><br>拳峰　　锤拳　　手刀<br><br>掌跟　　肘　　　脚背<br><br>脚掌　　脚跟　　脚刀<br><br>膝<br><br>②人体十大薄弱部位：<br><br>面部　　　后脑<br>颈部<br>肋部　　　剑突<br>　　　　　脊柱<br>指关节　　裆部<br>　　　膝关节<br>　　　　　反关节 | 组织：保持原队形不变。<br>教法：教师邀请一位学生当模特，详细指出每个部位的位置，说明每个部位在搏击中的用途并与学生互动演示。 |

## 具体教学步骤及安排

| 教学环节 | 内容 | | 组织教法 |
|---|---|---|---|
| 课程知识学习 | 快乐步法游戏（双人踩脚游戏）：该游戏可以有效增加身体敏捷性，提高反应能力，提升对攻击距离、攻击意识、攻击动作的预判能力，是搏击训练中经常采用的专项游戏，也可以作为运动激活练习使用。 | 男生30个×3组；女生20个×3组 | 组织：让学生两人为一组，面对面站立开展。<br><br>教法：教师示范，用口令控制，学生按照下述要求开始游戏。<br><br>要求：两人保持1米距离，面对面站立，想办法踩到对方的脚，同时保护自己的脚不被对方踩到。 |

防身自卫科学与实践

## 具体教学步骤及安排

| 教学环节 | 内容 | | 组织教法 |
|---|---|---|---|
| 课程知识学习 | 教师组织学生进行专项身体素质练习。<br>①波比跳。波比跳能训练到全身70%以上的肌肉群，能在减脂的同时，塑造更好的肌肉线条，对于提高身体协调性、敏捷度和爆发力都有很大的作用。经常练习波比跳，能很大程度地缓解肩关节炎、膝关节炎。其中的俯卧撑动作能有效地刺激腰腹，对于改善腰酸背痛也有一定效果。<br><br>②放松运动，拍打全身，使身体得到放松。 | 男生30个×3组<br><br>女生20个×3组 | 组织：让学生恢复体操队形。<br><br>教法：<br>①保持站姿，身体挺直，目视前方。脚尖踮起，蹲下后双手撑地，上半身向前探出，保持下背部的平直。双脚向后并拢蹬出，手臂支撑起上半身，臀部用力夹紧，感受到背部和臀部的紧绷感，摆出类似于俯卧撑的姿势。背部保持平直，完成一个俯卧撑动作。在进行完俯卧撑动作后，双腿向前跳跃，回到蹲下且双手撑地的姿态。蹬地起身，身体向上跳起，恢复站立姿势。<br>②跟随教师口令进行拍打放松。 |

| \multicolumn{4}{|c|}{具体教学步骤及安排} |
| --- | --- | --- | --- |
| 教学环节 | 内容 | 组数次数 | 组织教法 |
| 课堂考核 | 回顾智力防卫策略相关知识；<br>回顾运动解剖学知识。 | 尽量提问10名同学 | 组织：学生原地盘腿坐，教师站立提问。<br>教法：教师随机挑选学生提问，并及时纠正学生回答中的错误之处。 |
| 结束 | 整队集合；<br>进行课堂总结；<br>布置课后作业；<br>提出对下节课的具体要求；<br>向国旗致敬，师生相互告别。 | | 组织：让学生站成四列横队。<br>教法：教师认真总结课堂情况并对下节课提出具体要求。 |

## 本节课学生运动负荷分析

学生在本节课的运动负荷情况见下图。在课前准备部分和课程知识学习部分，学生的运动负荷较大，男生最大心率为 185 次／分钟，女生最大心率为 190 次／分钟。

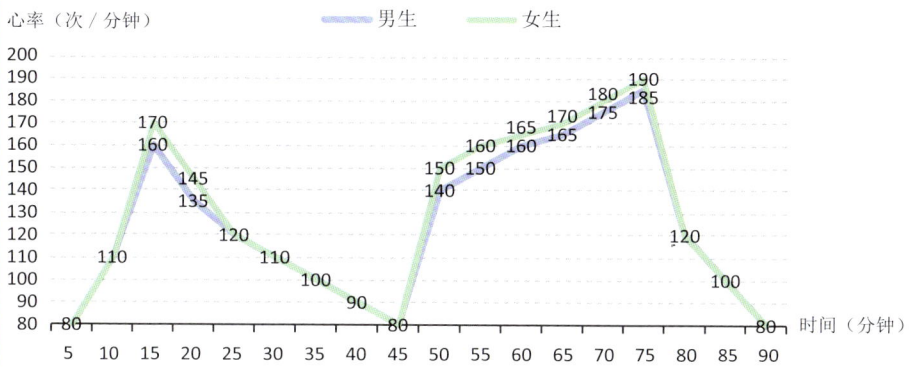

## 课堂反思

①本节课为开学后的第一课，考虑到学生在假期中普遍缺乏锻炼，在设计课程内容时采用了循序渐进的锻炼原则，因此，本节课运动强度属于中等。

②学生在体育锻炼中表现出吃力状态，运动量需要逐步增强。

③学生对于智力防卫策略中的案例分析内容比较感兴趣，在今后的课程中可以增加部分案例教学。

④学生对于游戏接受度较高，在课程中应当把素质锻炼融入课堂游戏。

⑤本节课仍然有学生身着牛仔裤、穿戴坚硬饰物参课，在今后的教学中仍然要强调体育课程的着装要求。

财政学

# 段海英

## 教师简介

段海英,在四川大学经济学院长期从事财政学系列课程教学工作,主要研究领域集中在财政赤字、政府绩效、政府基本公共服务、失业与就业等方面。主持"四川就业质量的测度与评价研究"等多项省级课题,"数字时代的混合式教学改革研究与实践"等多项教改课题。坚持案例教学、启发式教学、互动式教学,授课有激情,教学态度和方法受到学生欢迎。指导的学生在"挑战杯"全国大学生课外学术科技作品大赛、"花旗杯"金融创新应用大赛等多项比赛上获得荣誉。获第八届四川省教改课题二等奖、四川大学第四届"星火校友奖教金"二等奖,多次获四川大学教学成果奖一等奖以及四川大学"探究式—小班化"教学质量优秀奖。

# 课程信息

### 1. 课程简介

本课程获评四川省一流本科课程（线上线下混合式教学），分为线上课程和线下课程两个部分。线上课程部分基于中国大学慕课平台的"公共财政概论"，力求展现以案例讨论和启发式教学方式将课程思政元素渗透进专业教学中的教学特点，体现习近平新时代中国特色社会主义思想的世界观和方法论在教学中的运用。

从专业知识维度，本课程以"支—收—管—平"为主线开展理论学习。本课程涉及大量有关政府经济活动的理论和基础知识，围绕政府的经济活动，以效率、公平和经济稳定为线索，形成以财政支出、财政收入、财政管理和财政平衡为清晰主线的学科体系。本课程首先简要介绍公共物品、市场失灵、政府干预、公共选择等基本理论，然后介绍财政支出（包括财政支出概论、政府投资支出、政府消费支出、社会保障支出等）、财政收入（包括财政收入概论、税收原理、税收制度和国债等）、财政管理制度（包括政府预算、财政体制等）和财政政策等领域的基础知识以及热点问题。本课程旨在通过教学，使学生提高分析和认识问题的综合能力，为进一步学习经济学各专业课程打下基础。

从教学方式维度，本课程将线上线下混合式教学方式贯穿始终。在教学设计中，教师随时关注学生的学习需求，结合课程教学内容提供教学案例或布置任务。通过角色扮演式的课程体验增强师生之间的互动，提高学生的学习热情；通过布置慕课学习任务以及翻转课堂引导学生主动学习，培养其自主学习能力、批判性思维及创新能力；由学生自主组队，自由选题完成案例分析，以考核指标引导学生通过团队合作完成任务；加大非标准答案考查的力度，将结果导向型教学考核转向过程考核。

从课程思政维度，教师在课程教学中融入思政元素，可以很好地帮助学生树立正确的世界观、人生观、价值观，培养能够践行社会主义核心价值观，具有公共意识、创新精神和社会责任感，掌握经济学的基本理论与方法，了解我国财经运行状况，具备综合运用专业知识分析和解决公共问题能力的应用型、复合型和创新创业型人才。此外，本课程还能很好地夯实学生的经济学基础，帮助学生培养创新精神、拓展学术视野。

**2. 课程类型：** 必修课

**3. 学时：** 48学时

**4. 学分：** 3学分

**5. 授课对象：** 全校本科生，以经济学院本科二年级学生为主

**6. 课程教材**

《公共财政概论》编写组.公共财政概论[M].北京：高等教育出版社，2019.（本书系马克思主义理论研究和建设工程重点教材）

**7. 参考资料**

- 陈共.财政学[M].第十版.北京：中国人民大学出版社，2020.
- 哈维·S.罗森，特德·盖亚.财政学[M].第10版.郭庆旺，译.北京：中国人民大学出版社，2015.

**8. 教学目的及教学要求**

（1）教学目的

**知识目的：** 本课程主要介绍有关政府经济活动的基础理论和基础知识，围绕政府的经济活动，以效率、公平和经济稳定为线索，旨在形成以财政支出、财政收入、财政管理和财政平衡为清晰主线的学科体系，引导学生构建财政学学科的基本框架与完整的知识体系。

**能力目的：** 本课程以"过程考核"为导向，旨在提高学生自主学习能力、问题分析能力、系统思维能力、创新能力等。教学过程中的案例分析与任务布置，均结合国内外热点问题，以期引导学生用现代经济学的分析方法提出问题并展开思考。

**思政目的：** 本课程重在培养能够践行社会主义核心价值观，具有公共意识、社会责任感和系统观念的高素质人才。课程部分内容从"坚持人民至上、坚持自信自立、坚持守正创新、坚持问题导向、坚持系统观念、坚持胸怀天下"等六个方面展示教师在教学设计中坚持马克思主义中国化时代化的立场，展现中国特色社会主义制度自信，以塑造学生价值观念，强化学生社会责任感。

（2）教学要求

"财政学"是经济学院本科生的平台课，要求学生系统地掌握我国社会主义公共财政的基本概念和基本理论，对我国现行社会主义公共财政制度体系的主要

内容有初步了解，并运用所学知识分析各类财政现象，了解财政体制及管理方式，掌握财政运行规律，理解政府的财政政策，了解国内外财政理论的前沿问题和学术动态。本课程要求学生结束学习后能掌握财政学中的基本术语和原理，能够运用财政理论分析我国现实生活中一些基本的财政现象和问题，为进一步学习财政、税收方面的其他专业课程奠定基础。

### 9. 教学重点及难点

随着社会主义市场经济的建立和发展，政府与市场之间的关系日益复杂，而财政作为政府治理的基础和重要支柱，在社会经济发展中扮演着越来越重要的角色。因此，如何夯实基础理论、吸收近几年来国内外财政理论与制度方面的研究成果、总结我国财政制度建设中的经验、探索财税体制改革的前沿问题，是本课程的教学重点。本课程教学内容多且理论性较强，缺少量化分析的工具和模型，在保持学生学习兴趣方面存在较大的挑战。

| 章节 | 教学内容 | 教学重点 | 教学难点 |
| --- | --- | --- | --- |
| 第一章 | 绪论 | 财政学的研究对象，财政、公共财政的基本概念 | 财政概念的历史沿革 |
| 第二章 | 公共财政职能 | 市场失灵的原因、财政职能的内涵 | 资源配置职能、收入分配职能、经济稳定与发展职能等三个财政职能的必要性 |
| 第三章 | 财政支出总论 | 财政支出的挤出效应、乘数效应 | 成本—收益分析法 |
| 第四章 | 政府消费支出 | 政府支出投入教育、科技、文化、医疗卫生等领域的原因 | 最优行政管理支出和最优国防支出条件 |
| 第五章 | 政府投资支出 | 政府投资的特征，政府介入基础设施领域和"三农"领域的理论依据 | 政府参与基础设施投资的方式 |

| 章节 | 教学内容 | 教学重点 | 教学难点 |
| --- | --- | --- | --- |
| 第六章 | 社会保障支出 | 中国的社会保险项目、我国基本养老保险管理中存在的问题及对策 | 政府介入社会保障的理论基础 |
| 第七章 | 财政收入总论 | 影响财政收入规模的主要因素以及影响财政收入规模变化的主要因素 | 价格变动如何影响财政收入的规模 |
| 第八章 | 税收 | 税收的分类、税收原则、税收的微观经济效应 | 税收的微观经济效应内涵 |
| 第九章 | 非税收入 | 各项非税收入的组成 | 政府性收费存在的理由 |
| 第十章 | 公债 | 公债的概念、用途、分类等，衡量公债规模的指标 | 李嘉图等价定理的主要观点 |
| 第十一章 | 政府预算 | 政府预算的分类、政府预算的原则 | 政府预算的原则 |
| 第十二章 | 财政体制 | 我国财政体制的主要内容 | 政府间事权与支出责任划分的原则、政府间税收划分的原则 |
| 第十三章 | 财政平衡与财政政策 | 财政赤字的弥补方式，财政政策与货币政策配合的主要方式 | 财政政策乘数 |
| 第十四章 | 国际财政 | 国际财政的职能，国际重复征税的原因 | 消除国际重复征税的主要方法 |

## 10. 教学计划

| 章节 | 计划学时 | 教学内容 |
|---|---|---|
| 第一章 绪论 | 3 | 研究对象及学习方法、公共财政概述、公共财政思想 |
| 第二章 公共财政职能 | 6 | 市场失灵、政府与市场的关系、资源配置职能、收入分配职能、经济稳定与发展职能 |
| 第三章 财政支出总论 | 4 | 财政支出的含义、财政支出规模与结构、财政支出的经济效应、财政支出绩效、财政支出改革 |
| 第四章 政府消费支出 | 2 | 行政管理支出、国防支出、教科文卫支出 |
| 第五章 政府投资支出 | 3 | 政府投资概述、基础设施投资、"三农"支出 |
| 第六章 社会保障支出 | 6 | 社会保障的含义和内容、政府介入社会保障的理论基础、中国的社会保障和社会保障支出、中国的社会保险项目和社会保险支出、社会救助支出 |
| 第七章 财政收入总论 | 3 | 财政收入的概念及分类、财政收入规模及其变化趋势、财政收入结构及其变化趋势 |

| 章节 | 计划学时 | 教学内容 |
| --- | --- | --- |
| 第八章 税收 | 6 | 税收概述、税收负担、税制结构、中国税收制度 |
| 第九章 非税收入 | 2 | 政府性收费、政府性基金、国有资本经营收入、社会保险基金收入 |
| 第十章 公债 | 3 | 公债概述、公债负担、公债管理 |
| 第十一章 政府预算 | 3 | 政府预算的概念、政府预算的原则、政府预算的分类、我国政府预算的组成体系 |
| 第十二章 财政体制 | 3 | 财政体制概述、分级财政体制、中国财政体制改革 |
| 第十三章 财政平衡与财政政策 | 3 | 财政平衡的内涵、财政赤字的弥补方式、财政政策的概念与分类、财政政策与货币政策的配合 |
| 第十四章 国际财政 | 1 | 国际财政概述、国际财政支出、国际税收简介 |

## 教案展示

**（一）第二章"公共财政职能"教案节选：惠民生、暖民心的财政职能**

1. 教案基本内容

（1）教学目标

通过课程学习，理解市场失灵的表现；掌握公共物品的特征，财政的三个基本职能的内涵、必要性及机制。

（2）教学内容

| 序号 | 授课要点 | 计划学时 | 教学方法 |
| --- | --- | --- | --- |
| 1 | 公共物品定义 | 0.5 | 讲授基本概念 |
| 2 | 公共产品的基本特性 | 0.5 | 引导式学习，根据特征讨论身边的公共物品 |
| 3 | 搭便车行为 | 0.5 | 情景模拟，理解纳什均衡 |
| 4 | 市场失灵的表现 | 0.5 | 课堂讨论，教师归纳要点 |
| 5 | 资源配置职能 | 1.5 | 翻转课堂，寻找解决资源配置领域市场失灵的主要方法 |
| 6 | 收入分配职能 | 1.5 | 课堂讨论，如何理解财政职能中追求的公平 |
| 7 | 经济稳定与发展职能 | 1 | 引导式学习，理解促进经济发展中财政发挥的作用 |

### （3）教学重点

公共物品的基本特征，财政职能中公平与效率的权衡。

### 2. 将思政内容融入专业教学的设计细节

#### （1）公平与共同富裕

推进基本公共服务均等化，充分体现了政府关注民生、重视民生、保障民生。在讲授财政职能这一知识点时，重点是引导学生理解公平的含义。还可以给学生介绍一些与公平相关的概念，如共同富裕、基本公共服务均等化等。

| 教学案例一 | 主旨 |
| --- | --- |
| 《"十四五"公共服务规划》明确指出："十四五"时期，推动公共服务发展，健全完善公共服务体系，持续推进基本公共服务均等化，着力扩大普惠性非基本公共服务供给，丰富多层次多样化生活服务供给，是落实以人民为中心的发展思想、改善人民生活品质的重大举措，是促进社会公平正义、扎实推动共同富裕的应有之义，是促进形成强大国内市场、构建新发展格局的重要内容，对增强人民群众获得感、幸福感、安全感，促进人的全面发展和社会全面进步，具有十分重要的意义。 | "人民至上" |

【解读】在《"十四五"公共服务规划》中，"人民"一词出现了数十次，以人民为中心的理念贯穿其中，具有丰富的价值内涵。在课堂上引入对《"十四五"公共服务规划》的相关讨论，可以让学生充分理解我国坚持以人民为中心的发展思想，坚持发展为了人民，发展依靠人民，发展成果由人民共享，着力实现人民对美好生活的向往。通过课堂"润物细无声"的教学，使学生坚定人民立场，厚植为民情怀。

#### （2）公共服务能私有化吗？

在讲授公共财政定义的时候，导入2019年智利因地铁票价上涨在首都圣地哥亚爆发大规模暴力示威活动的案例，并请学生做情景模拟，讨论如果他们是智利政府的智囊团成员，应采取哪些措施停止骚乱，从而引出政府财政活动的重要性。此外，请学生分析2021年智利新总统竞选纲领的内容，对比分析两任领导人的财政政策，进而对中国和智利在基本公共服务领域的公共服务进行对比，让学生理解什么是有为政府，增强制度自信。

| 教学案例二 | 主旨 |
|---|---|
| 长期以来，智利因经济繁荣和社会稳定而被视为拉美国家的翘楚，其发展经验也被称为"智利模式"。由于经济表现亮眼，智利2010年成功跻身经济合作与发展组织（OCED），被认为是率先跳出"中等收入陷阱"的拉美国家。直到2019年智利因地铁票价上涨发生了大暴乱，才暴露出其表面繁荣之下隐藏的深刻的制度问题。（播放哔哩哔哩网站视频《智利新总统上位　国际格局迎新变数》） | "自信自立" |

【解读】自1990年恢复民主化进程以来，智利一直是南美地区经济和政治最稳定、最具竞争力的国家。但由于智利实施新自由主义改革，教育、医疗、水电气等领域全面私有化，多年发展积累下利益分配不均、公共服务缺失、政府克服危机能力屡弱等问题，人们对高生活成本、低收入、缺乏医疗和安全保障的工作环境以及昂贵的养老费用感到愤怒。亚太经合组织(APEC)数据显示，智利2017年的贫困率达到16.5%，基尼系数为0.45，是全球贫富差距较大的国家之一。

地铁票价的上涨是2019年智利骚乱的导火索，是多年以来一直饱受压迫的贫穷民众内心怒火的一次总爆发。低收入、医保不完善、养老金得不到保障，让民众感到筋疲力尽。与智利不同，中国政府一直在努力建立健全分层分类的低收入群体社会帮扶体系，扎实推进共同富裕，2020年也实现了全面脱贫的目标，人民的生活越过越好。通过对比，学生可以直观感受到中国制度的优越性，树立对中国制度与发展模式的自信。

（3）导入学术前沿知识

本课程通过组织"学术讲堂"（一般在每年11月中旬），为学生勾勒政策效应中的因果推断方法。在本章教学中，涉及财政活动促进社会发展这一功能，教师可以给学生布置课后自学任务——阅读诺贝尔经济学奖获得者埃丝特·迪弗洛（Esther Duflo）的经典论文，激励学生对前沿研究方法产生兴趣，从而开阔学术视野。本教学设计点可为后期的学术讲堂做一些知识铺垫。

| 教学案例三 | 主旨 |
| --- | --- |
| 埃斯特·迪弗洛的论文 "Schooling and Labor Market Consequences of School Construction in Indonesia: Evidence from an Unusual Policy Experiment" 采用双重差分法（DID）为主的计量分析分法，研究了印度尼西亚政府新建学校 INPRES（"Presidential instructions"）项目对教育的影响。教师可通过该论文，向学生介绍 DID 的使用方法，并鼓励学生用 DID 分析其他的政策效应。 | "守正创新" |

【解读】在讲述政府对教育的重视与投资时，引入埃斯特·迪弗洛的论文 "Schooling and Labor Market Consequences of School Construction in Indonesia: Evidence from an Unusual Policy Experiment"。该文章实证结果表明，该项目使印度尼西亚儿童平均受教育年限增加了 0.25 至 0.40 年（为每 1000 名儿童新建一所学校所增加的教育时间为 0.12 至 0.19 年），并且使得受影响儿童完成小学阶段教育的概率增加了 12%，使工资增加了 3% 至 5.4%，教育回报率增长了 6.8% 至 10.6%。

对该文章的介绍不仅能够让学生认识到政府组织学校建设项目背后的意义，更重要的是，这篇文章采用双重差分法分析印度尼西亚政府 INPRES 项目的政策效应。双重差分法作为经济学领域政策分析的一种重要计量方法，对同学们来说是必须掌握的。掌握该方法之后，学生可以用它来分析其他更多的政策所带来的效果和影响。此外，教师可以更多地启发学生思考，鼓励学生用新的方法去指导新的实践，把认知水平推向更高的阶段。

（4）如何实现共同富裕？

党的二十大报告指出，"中国式现代化是全体人民共同富裕的现代化"。目前，中国居民收入的基尼系数较高，社会流动性有放缓的迹象，收入分配调节机制有待完善。在讲授收入分配职能时，可以以问题为导向，通过课堂讨论方式引导学生思考缩小收入差距的分配方法。

| 教学案例四 | 主旨 |
| --- | --- |
| 　　我国的收入三次分配制度：根据次序的不同，可以分为初次分配、再分配以及第三次分配。教师可抛出问题请学生思考：如何能在共同富裕的背景下完善分配制度？在实现共同富裕的目标中，我们会遇到怎样的挑战？ | "问题导向" |

【解读】依据公平与效率的原则，如果一味地追求社会公平必然会造成效率损失，情况严重的甚至会影响社会生产积极性，阻碍社会经济发展；如果财政不对市场分配格局进行调节，贫富差距悬殊的分配结果又会造成社会秩序紊乱，反过来影响市场效率的实现。

　　习近平总书记反复强调要坚持问题导向，要把问题作为研究制定政策的起点。具体到课程的教学当中，即是让学生观察到现实生活中实实在在存在的问题，从而带着问题寻找解决问题的思路。由于我国存在收入分配不均的现实问题，可启发学生对我国收入分配制度进行思考，使学生认识到我们需要去建立更公平的收入分配制度，在发挥财政的收入分配职能时，应当兼顾公平与效率，在不损失或尽量少损失效率的前提下，通过财政的再分配政策，实现全体人民共同富裕的现代化。

（5）拥有系统观念

　　学习财政学相关知识，需要运用马克思主义方法论。在本讲导论部分，简要介绍学习方法，引导学生运用系统观念分析经济问题。

| 教学案例五 | 主旨 |
| --- | --- |
| 　　总量平衡和总量失衡：总量平衡，会给经济运行带来速度和效益；总量失衡，会导致经济运行的紊乱和损失。及时发现总量失衡，并尽快采取必要措施予以调整，是至关重要的。通常情况下，我们往往会放弃短期内财政的平衡，去换取经济总量的平衡。 | "系统观念" |

【解读】社会总供求的均衡是实现经济持续、稳定增长的前提条件，但是在市场的作用下，社会总供求往往是失衡的，所以客观上需要通过财政收支的差额来进行调节。通常情况下，我们会放弃短期内财政的平衡去换取社会经济总量的平衡，也就体现出系统观念。

习近平总书记指出："进入新发展阶段，贯彻新发展理念，构建新发展格局，需要解决的问题会越来越多样、越来越复杂。"因此，我们需要引导学生用系统观念去思考更多其他的经济问题。经济系统是极为复杂的系统，并且经济又能决定社会政治行为，因此坚持系统观念，就要从总体与个体、要素与联系、定性与定量上研究发展规律、提出新对策，从而推进整个经济系统的优化和升级。推动我国现代化建设，也必须从多因素、多层次、多视角入手研究经济社会发展问题，在多重目标中寻求动态平衡，做到要素、结构、层次、功能的有机协同，才能实现更高质量、更有效率、更加公平、更可持续、更为安全的发展。

（6）理解人类命运共同体

"一隅不安，举世皆危。"新冠疫情以一种特殊方式提醒世人，人类是休戚与共的命运共同体。在解读公共产品的概念时，教师需引导学生全面正确认识公共产品的全球性。

| 教学案例六 | 主旨 |
| --- | --- |
| 2020年5月，国家主席习近平出席第73届世界卫生大会视频会议开幕式时宣布，中国新冠疫苗研发完成并投入使用后，将作为全球公共产品，为实现疫苗在发展中国家的可及性和可担负性作出中国贡献。随着中国新冠疫苗于2020年底附条件上市，中国政府以实际行动及时落实承诺，优先向发展中国家提供新冠疫苗。从南美洲到非洲，中国新冠疫苗是许多发展中国家获得的第一批新冠疫苗。2020年，我国先后向150个国家和13个国际组织提供了40亿件防护服、60亿支检测试剂、3500亿只口罩等大批防疫物资，向34个国家派出37支医疗专家组。 | "胸怀天下" |

**【解读】**新时代中国共产党"胸怀天下",中国政府积极援外,从抗疫的国际合作中得以充分体现。在国际社会亟需疫苗时,尽管本国疫情也未完全缓解,中国仍然对其他同样被疫情严重影响的国家施以援手,克服重重困难,率先施援,坚定引领全球抗疫合作,多次在国际场合积极推进疫苗国际合作进程,主张让疫苗成为全球公共产品。自首款中国新冠疫苗附条件获批上市以来,中国政府坚定履行承诺,高度重视疫苗在发展中国家的可及性和可负担性,努力让疫苗成为各国人民用得上、用得起的全球公共产品,展现了大国风范。大国之大,不在于体量、块头、拳头,而在于胸襟、格局、担当。对该案例的介绍,可以培养学生胸怀天下的品德,让他们在日后勇于挑起为人类谋进步、为世界谋大同的担当和使命。

## (二)第六章"社会保障支出"教案节选:有温度、有力度的社会保障支出

### 1. 教案基本内容

**(1)教学目标**

通过课程学习,理解政府介入社会保障的理论基础;掌握社会保险的特征,社会保险基金的筹集模式,我国社会保障体系的构成以及社会保障制度改革的最新动态。

**(2)教学内容**

| 序号 | 授课要点 | 计划学时 | 教学方法 |
| --- | --- | --- | --- |
| 1 | 社会保障的含义和内容 | 0.5 | 讲授基本概念 |
| 2 | 政府介入社会保障的理论基础 | 0.5 | 引导式学习,组织课堂讨论 |
| 3 | 中国的社会保障支出 | 0.5 | 运用图表进行数据分析 |
| 4 | 社会保险基金筹集模式 | 0.5 | 课堂讲授,组织课堂讨论 |
| 5 | 中国的基本养老保险改革 | 2 | 启发式提问,组织课堂研讨 |
| 6 | 中国的基本医疗保险改革 | 1 | 视频资料学习,组织课堂讨论 |
| 7 | 中国社会保障改革热点问题 | 1 | 课堂讲授,布置课后任务,自主学习 |

（3）教学重点

社会保险基金筹集模式、党的二十大报告中有关社会保障体系的知识点。

2.将思政内容融入专业教学的设计细节

（1）最低生活保障制度为困难群众遮风挡雨

以最低生活保障制度为切入点，引导学生了解最低生活保障制度，进而引入课程知识——社会保障体系的构成，向学生传授社会保障知识。在教学中引导学生了解最低生活保障制度与困难群众衣食冷暖之间的紧密联系，让学生理解为什么它是维护困难群众基本生活权益的基础性制度安排。

| 教学案例一 | 主旨 |
| --- | --- |
| 我国的社会保障体系涵盖了社会救助、社会保险、社会福利、社会优抚以及社会互助等五个方面的内容，其中以最低生活保障制度为代表的社会救助是最基本的社会保障方式，是整个社会保障体系中最基础的制度安排，发挥着保障人民基本生活、维护社会稳定的托底性功能。完善农村最低生活保障制度，也有利于发挥社会保障在精准扶贫精准脱贫中的兜底作用，让贫困地区群众共享改革发展的成果。 | "人民至上" |

【解读】近年来，最低生活保障制度的相关配套政策陆续出台，最低生活保障制度在惠民生、解民忧等方面也发挥着越来越重要的作用，不仅有效保障了困难群众的基本生活，也为我国反贫困事业的发展做出了巨大贡献。正如习近平总书记强调的"民生无小事，枝叶总关情"，有温度、有力度的最低生活保障制度聚焦特殊群体，聚焦群众关切，关心关爱困难群众，努力实现应保尽保、应兜尽兜，进一步编密织牢兜底保障网。学生通过此案例，可以感受到党和国家始终坚持人民至上，在发展中保障和改善民生的决心和勇气。

（2）中美医疗保险制度对比分析

新冠疫情期间，我国稳扎稳打，用最小的代价取得了最大的防疫成果。通过对比疫情期间中国和美国疫情防控的政策和效果，可以探索中美医保制度的差异，加深学生对我国基本医疗保险改革内容的理解，增强学生的制度自信。

| 教学案例二 | 主旨 |
| --- | --- |
| 新冠疫情期间，中国政府从自身国情出发，因时因势不断调整防控措施，最大限度地保障了人民生命健康，以良好的防控成效保障经济社会持续健康稳定发展。《柳叶刀》杂志发表的一篇论文称，2020年1月1日至2021年12月31日期间，全球额外死亡病例估计有1820万人，美国超额死亡率每10万人179.3人；中国超额死亡率仅为每10万人0.6人。新冠疫情爆发以来，中国率先控制住了疫情，实现复工复产，成为2020年世界唯一实现经济正增长的主要经济体。无论在保持经济增长还是疫情防控方面，中国取得的成绩有目共睹。 | "自信自立" |

【解读】在中国特色社会主义理论体系的指导下，中国在医疗保障体系改革方面取得了巨大成就，实现了医疗保障制度全民覆盖和医疗保障运行广泛覆盖，初步构建起了多层次的医疗保障体系，实现了基本医疗保险基金总体平稳运行等。疫情期间，中美疫情防控政策及成效形成鲜明对比，突出了我国国家制度的优越性。通过此案例，可以增强学生的爱国热情，坚定学生对马克思主义的信仰、对中国特色社会主义的信念，坚定道路自信、理论自信、制度自信、文化自信，坚持自信自立。

（3）药品集中带量采购制度

以药品集中带量采购制度为切入点，通过对比新旧药品采购模式，启发学生思考药品集中带量采购制度新在哪里，从而引导学生学习我国医疗保障制度改革内容等知识点。

| 教学案例三 | 主旨 |
| --- | --- |
| 实施药品集中带量采购制度改革是新阶段深化医保改革的着力点、创新点，是进一步深化医药卫生体制改革的重要制度安排。在旧的分散采购模式下，政府如果放松管制，各地经销商便可与各地方医疗机构进行直接交易，因此商业贿赂现象时有发生，不良的行业生态也导致某些药品价格虚高，看病贵等问题难以解决。为了解决部分药品定价虚高的问题，部分地区开始探索集中带量采购模式，开始了药品采购制度的创新。 | "守正创新" |

| 教学案例四 | 主旨 |
| --- | --- |
| 在药品集中带量采购制度下,医保、医疗、医药"三医"联动,通过公开、公平、充分的市场竞争确定药品价格,政府以此为依据科学合理地制定医保基金支付标准,引导虚高价格回归合理水平,可以有效减轻患者费用负担,防治医药领域腐败,推动行业高质量发展。 | "守正创新" |

**【解读】** 完善的医疗保障能够减轻群众就医负担,增进民生福祉,维护社会和谐稳定。医药服务供给则关系人民健康和医疗保障功能的实现。因此,要推进医保、医疗、医药"三医"联动改革,加强政策和管理协同,更好满足群众的就医需求。药品集中带量采购制度是对以往药品采购制度的改进与完善,是为了促进药品采购制度更加成熟而进行的创新和探索,推动了有效市场与有为政府更好地结合,较好地发挥了市场在资源配置中的决定性作用,也促进了国内制药企业的创新发展。这一制度创新体现了党和国家坚持守正创新的立场观点方法,教师在课程教学时可以以此制度创新激发学生的守正创新意识。

（4）"新农保"改革的政策效应

以论文"The Power of Social Pensions: Evidence from China's New Rural Pension Scheme"【Wei Huang, Chuanchuan Zhang. *American Economic Journal: Applied Economics*, 2021, 13（2）】为例,引导学生对公共经济学、健康经济学、劳动经济学等多学科知识进行梳理和应用,提升学生解决复杂问题的综合能力和高级思维,形成多学科知识整合分析思维。

| 教学案例五 | 主旨 |
| --- | --- |
| 以文章"The Power of Social Pensions: Evidence from China's New Rural Pension Scheme"为例,分析我国基本养老保险制度改革政策效应,介绍"新农保"政策等养老保险制度的内容。教学中进行情景模拟,让学生假设自己为研究者,思考可以从哪些方面进行研究设计。教师在教学中坚持问题导向思维,引导学生进行探究式学习。 | "问题导向" |

【解读】 "The Power of Social Pensions： Evidence from China's New Rural Pension Scheme"是经济学尖端期刊 *American Economic Journal: Applied Economic* 发表的较新的研究我国社会保障制度的文章，作者为张川川等国内知名学者。一方面，通过向学生展示有关养老保险制度的最新研究进展，加强学生对"新农保"政策的了解，有利于学生深入理解养老保险制度等课程知识；另一方面，通过对文章中的政策评估方法进行介绍，导入双重差分法这一政策效应评估的因果分析框架，帮助学生理解现阶段主流的经济学因果推断思维方式，拓展学生的学术视野。同时，坚持问题导向，通过高质量期刊论文的导读，提出具有多学科背景的论文研讨题目，引导学生应用专业知识进行探究式学习。通过角色扮演的形式，引导学生思考如果自己要进行"新农保"政策评估，可以用到哪些经济学理论、运用哪些政策效应评估方法，思考如何进行论文设计、如何开展论文研究，使学生从前沿论文中得到更多借鉴与启发。

（5）全国一盘棋，增强社保基金可持续性

党的二十大报告指出，完善基本养老保险全国统筹制度，发展多层次、多支柱养老保险体系。本课程以养老保险全国统筹为例，讲授其实施进程展现的政策制定者的系统观念和政治智慧，引导学生把握国家最新政策，帮助学生更好地理解我国社保基金筹资模式等相关课程知识，培养统筹观念和全局意识。

| 教学案例六 | 主旨 |
| --- | --- |
| 为进一步完善我国社会保险制度，相关部门要牢固树立责任共担意识，构建合理的责任分担机制，确保可持续发展。建立养老保险基金中央调剂制度是实现养老保险全国统筹的第一步，其主要内容包括在现行企业职工基本养老保险省级统筹基础上，建立养老保险中央调剂基金，对各省份养老保险基金进行适度调剂，确保基本养老金按时足额发放。目前，企业职工基本养老保险已经实施全国统筹。通过展示改革历程，让学生了解改革的背景和体现出的政策制定者的全局观和系统观。 | "系统观念" |

【解读】 在课程讲授的过程中，注重引导学生树立系统观念。以养老保险基金中央调剂制度为例，分析其作为实现养老保险全国统筹的第一步，在均衡地区间企业职工基本养老保险基金负担，实现基本养老保险制度可持续发展方面的作

用。该制度从我国基本国情和养老保险制度建设实际出发，在不增加社会整体负担和不提高养老保险缴费比例的基础上，通过中央调剂基金筹集、基金拨付、基金管理、中央财政补助，合理均衡地区间基金负担，实现基金安全可持续，实现财政负担可控，确保各地养老金按时足额发放，注重把握好全局和局部、当前和长远、宏观和微观、主要矛盾和次要矛盾、特殊和一般的关系，充分坚持了系统观念。

（6）社会保障体系改革中的格局与情怀

以电影《我和我的家乡》引入，通过观看电影片段和教师讲述电影情节的形式，创设情景，提高学生对社会保障体系改革对农民带来重要影响的感性认识。

| 教学案例七 | 主旨 |
|---|---|
| 党的二十大报告中指出，社会保障体系是人民生活的安全网和社会运行的稳定器。要健全覆盖全民、统筹城乡、公平统一、安全规范、可持续的多层次社会保障体系。社会保险是社会保障体系的重要组成部分，要努力实现基本保险制度全覆盖，让全民共享国家发展成果。 | "胸怀天下" |

【解读】教师通过播放视频和复述电影情节的方式，让学生了解中国医保制度的改革成果。在电影《我和我的家乡》中，张北京的表舅患了甲状腺疾病，却以为自己没有医保，不得不借外甥的医保卡看病。这其实从一个侧面反映了早期我国医保覆盖面有限的问题。众所周知，将医保卡借给他人使用是违法行为。幸好，表舅妈早就给表舅买了基本医疗保险，大病小病都能报销，表舅的看病难问题得到了解决。电影中表舅的故事比较贴切地展现出我国基本保险制度不断完善，医保覆盖面不断拓宽，从而解决了人民的看病难问题，给人民带来了切实的福利，让全民共享国家发展成果的现状。这部电影体现了党和国家坚持胸怀天下，为百姓谋福利的立场、观点和行为。而通过观看电影片段，可以引发学生的情感共鸣，使学生感受到我国社会保障制度的温度和力度。

# 教学小结

习近平总书记在党的二十大报告中指出，从现在起，中国共产党的中心任务就是团结带领全国各族人民全面建成社会主义现代化强国、实现第二个百年奋斗目标，以中国式现代化全面推进中华民族伟大复兴。对于如何实现这个目标这一问题，习近平总书记指出，要做到"六个必须坚持"：必须坚持人民至上，必须坚持自信自立，必须坚持守正创新，必须坚持问题导向，必须坚持系统观念，必须坚持胸怀天下。这"六个必须坚持"深刻揭示了习近平新时代中国特色社会主义思想根本的政治立场、科学的思想方法，它们构成相互联系、内在统一的有机整体，是习近平新时代中国特色社会主义思想的精髓。"六个必须坚持"是党的二十大报告的重大理论贡献，是对习近平新时代中国特色社会主义思想世界观和方法论的科学概括。财政学课程教学中有很多教学素材来自各级政府的财税政策和实践，"六个必须坚持"是教师在组织教学素材，特别是设计教学案例和教学互动应遵循的指导思想和基本原则。

本课程以案例讨论和启发式教学方式将课程思政元素渗透进专业教学中的教学特点，体现了习近平新时代中国特色社会主义思想的世界观和方法论在教学中的运用。不仅要讲清课程中的基本概念和基本理论，还要在保持课程的科学性及系统性的基础上，突出重点、难点，并努力反映本学科的新成就、新动向。本课程中的部分案例以"六个必须坚持"作为指导思想和基本原则，讲述中国财政故事。除此以外，本课程大量使用案例讨论和启发式教学方式，将各级政府的财税政策和实践等作为教学素材，深入贯彻马克思主义的世界观和方法论。

高校教师在日常教学中应准确认知将习近平新时代中国特色社会主义思想融入专业课程的重要性，深入挖掘教学案例中的思政元素，再将之合理恰当地嵌入教学过程。要通过新颖有效的教学方式，让学生既能够系统学习专业知识，又能在学习过程中迸发出强烈的爱国情怀和价值认同感，提升学生的系统思维能力，完成培养社会主义建设者和接班人的历史责任。

# 近代化学基础（Ⅰ）-1

（无机化学及化学分析）

# 周加贝

## 教学团队简介

　　周加贝,副教授,专注于信息化教学技术的应用研究以及大班授课与小班研讨相结合的教学模式探索。曾获得第二十五届全国教师教育教学信息化交流活动典型作品奖、第二届全国高校混合式教学设计创新大赛一等奖、四川省教学创新大赛二等奖等荣誉。主持四川省教改项目2项,主持建设国家级线上线下混合式一流课程1门(排名第2)、四川省线上线下混合式一流课程1门(排名第1)、线上一流课程1门(排名第1)。作为团队成员获国家级教学成果二等奖、四川省教学成果一等奖。教学成果得到《光明日报》、新华社等媒体的报道,并在校内外主讲课程改革经验分享讲座160余场。

鲁厚芳，教授，国家级一流本科课程"近代化学基础"负责人、四川省一流本科课程"近代化学基础（线下）"负责人；主编理论教材《近代化学基础》、实验教材《工科化学实验》及教学辅导用书《近代化学基础学习指导》；完成多项省级、校级教改项目；获四川省第八届高等教育优秀教学成果二等奖、四川大学第三届"星火校友奖教金"等荣誉。

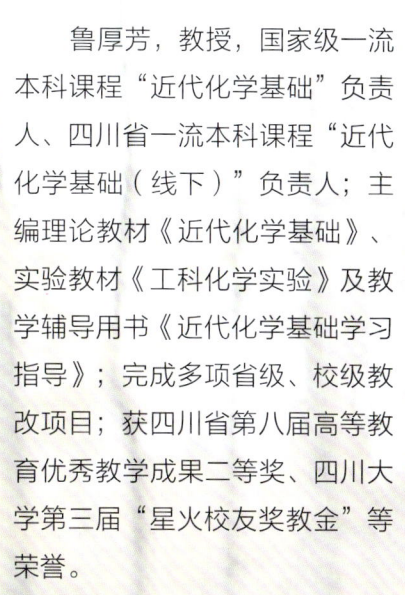

鲁厚芳

赖雪飞,讲师,擅长用"以学为中心"的教学理念实施轻度混合式教学,组织丰富多样的课堂活动,进行课程思政教育研究和全过程考试改革研究。主持四川大学教改项目5项,参编理论教材《近代化学基础》和教学辅导用书《近代化学基础学习指导》。参加国家级一流本科课程"近代化学基础"和四川省一流本科课程"简明大学化学·物质结构部分入门"的建设工作。获得四川省教学成果二等奖、四川大学十佳青年教师教学奖、四川大学五粮春青年教师优秀教学奖等荣誉。

赖雪飞

# 龙沁

龙沁，讲师，擅长根据专业特点完善教学内容，开展教学改革。参编理论教材《近代化学基础》和教学辅导用书《近代化学基础学习指导》。参加国家级一流本科课程"近代化学基础"和四川省一流本科课程"简明大学化学·物质结构部分入门"的建设工作。获得四川省教学成果二等奖、四川大学教学成果一等奖等荣誉。

# 赵强

赵强，教授，善于依据专业特点改进教学内容，开展教学改革。主编理论教材《近代化学基础》。参加国家级一流本科课程"近代化学基础"和四川省一流本科课程"简明大学化学·物质结构部分入门"建设工作。获得四川大学教学成果一等奖等荣誉。

何菁萍，讲师，积极参与教材建设和课程建设，开展教学改革和教学方法研究活动。主编理论教材《近代化学基础》和教学辅导用书《近代化学基础学习指导》。主持完成四川大学教改项目1项。参加四川省一流本科课程"简明大学化学·物质结构部分入门"的建设工作。获得四川省教学成果二等奖、四川大学教学成果一等奖等荣誉。

何菁萍

谭光群，副教授，积极参与教材建设和课程建设，开展教学研究活动。参编理论教材《近代化学基础》和教学辅导用书《近代化学基础学习指导》，主持完成四川大学教改项目1项。参加了四川省一流本科课程"简明大学化学·物质结构部分入门"的建设工作。获得四川省教学成果二等奖、四川大学教学成果一等奖等荣誉。

# 谭光群

章洁，讲师，善于紧密结合各专业特色，开展区别化教学。参编理论教材《近代化学基础》、教学辅导用书《近代化学基础学习指导》和实验教材《工科化学实验》。参加四川省一流本科课程"简明大学化学·物质结构部分入门"的建设。获得四川大学教学成果一等奖等荣誉。

——章洁

张涛,副教授,积极参与教材建设和课程建设工作,开展翻转课堂教学研究活动。参编教材《近代化学基础》和教学辅导用书《近代化学基础学习指导》。获得四川大学教学成果一等奖等荣誉。

张涛

# 课程信息

### 1. 课程简介

本课程作为新工科基础化学课程体系的核心课程，主要面向大一学生，希望通过两学期的教学，为学生后续专业课程学习及化工素养培养奠定坚实基础，从知识目标、能力目标、价值目标三个方面夯实"中国特色、世界一流"的办学定位。

### 2. 课程类型：必修课

### 3. 学时：48 学时

### 4. 学分：3 学分

### 5. 授课对象：化学工程学院大一学生

### 6. 课程教材

四川大学化学工程学院. 近代化学基础——无机化学与化学分析分册 [M]. 第 4 版. 北京：高等教育出版社，2022.

### 7. 参考资料

- 宋天佑. 无机化学 [M]. 长春：吉林大学出版社，2018.
- 王一凡等. 基础化学 [M]. 第 2 版. 北京：化学工业出版社，2019.
- 孟长功. 无机化学 [M]. 北京：高等教育出版社，2018.
- Burdge J, et al. Chemistry: Atoms First [M]. New York: McGraw Hill Education, 2020.

### 8. 教学目标

**知识目标**：理解基本化学原理，具备扎实工科基础化学知识和技能，了解现代化学发展动态和学术前沿。

**能力目标**：将化学知识用于复杂工程问题的合理描述，选择或设计可行的实验路线和方案。具有自主学习能力、知识系统化整合能力和科学思维方法。

**价值目标**：深刻认识化学化工在人类文明发展中的作用，坚定勇攀科学高峰的信念和化工服务人类发展的使命，具有引领行业未来发展的责任担当。

### 9. 教学手段

本课程采用大量信息化教学手段，如智慧教室多屏展示，雨课堂签到、答题和互动，SPOC 平台[1]学情分析，混合技术，等等。

### 10. 成绩评定方式

| 评分项 | 分值（分） | 评分细则 |
| --- | --- | --- |
| 线上学习 | 40 | 线上资源学习 15 分、课前测验 5 分、课前讨论 5 分、思维导图绘制 5 分、竞技化教学 10 分。 |
| 课堂表现 | 20 | 通过雨课堂统计，考察课堂参与度及学习情况。 |
| 课后作业 | 20 | 根据学生的作业完成度给分。 |
| 课程实践 | 20 | 根据学生的创新能力、表达能力和社会责任感给分。 |

---

1. SPOC 平台是小规模私有在线课程平台（Small Private Online Course）的缩写，这个概念最早由美国学者阿曼德·福克斯提出和使用。

## 13. 教学流程设计（见下图）

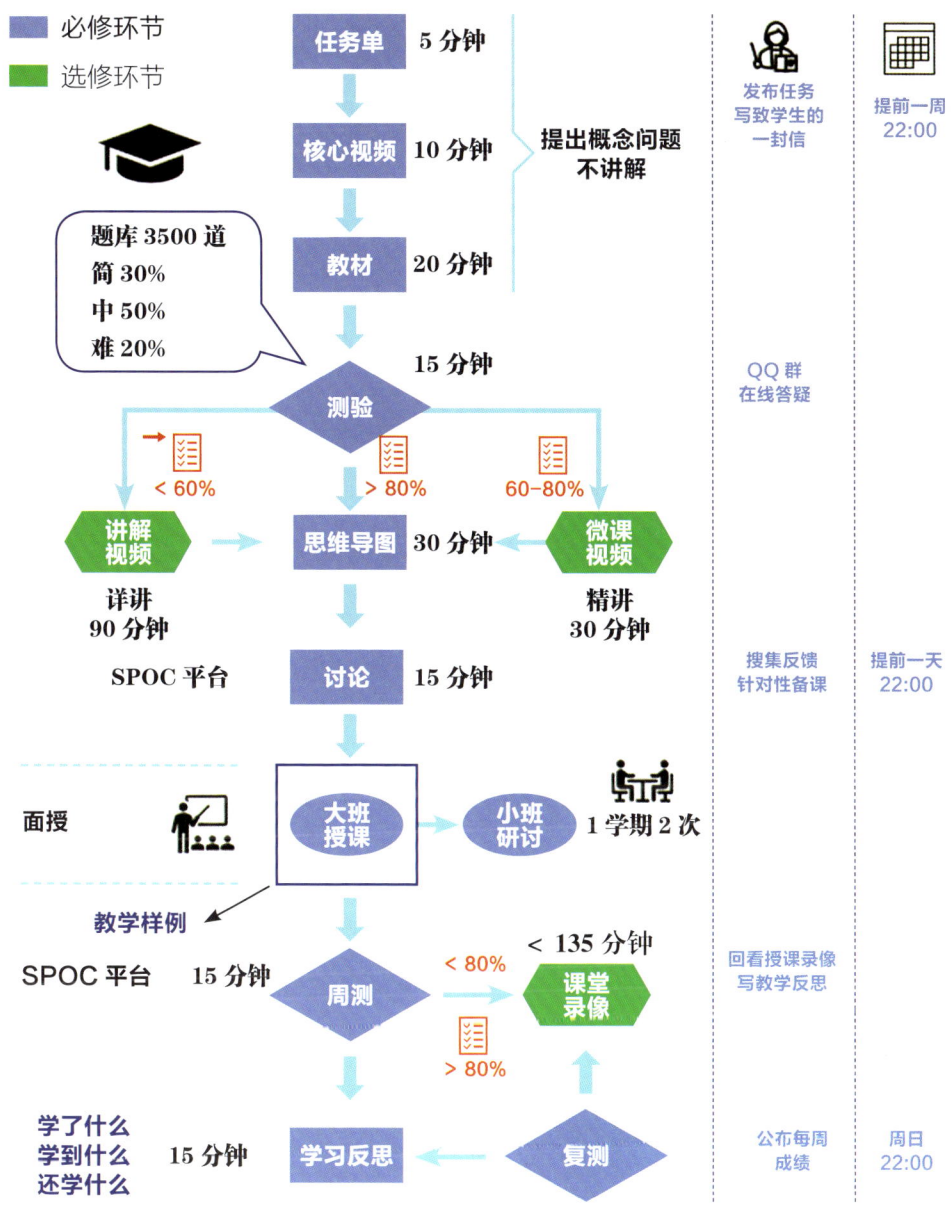

▶ 教学流程设计图

### 14. 课堂情况展示

▶ 学生手机互动答题

▶ 教师在进行混合现实展示

▶ 随机点名研讨

近代化学基础（Ⅰ）-1

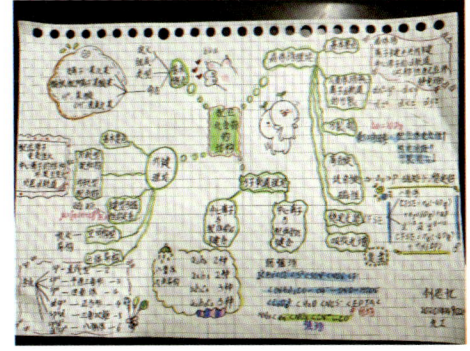

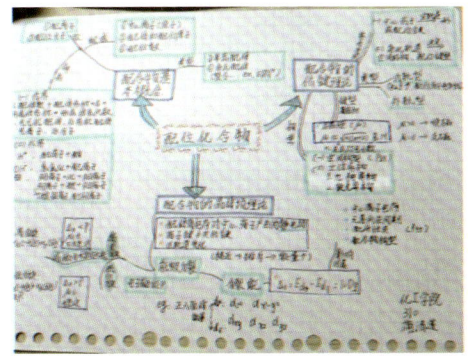
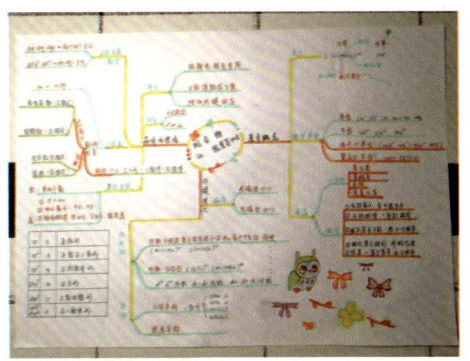

▶ 部分学生思维导图作品

## 教案展示（课后小班研讨环节）

课后小班研讨环节

### 1. 学情分析

本课程主要面向本科大一年级学生，他们大部分态度认真，有较强的学习能力，而且对化学学习有兴趣。师生互信度高，并已经养成了良好的课前 SPOC 学习习惯和课堂互动习惯，学会了手绘思维导图。经第 1 次小班研讨破冰，师生彼此较为熟悉，因此本课省去破冰环节和暖场环节。

### 2. 教学内容及目标

本课系教师教授完本节知识点后的小班研讨环节，时长为 1 学时。本课教学目标如下：

**知识目标：** 巩固结构化学知识难点，复习核外电子排布和分子轨道理论。

**能力目标：** 加强学生合作意识及针对特定对象进行有效表达的能力。

**价值目标：** 培养公益意识（本课大作业科普视频将用于凉山彝族自治州支教活动）和敬业精神。

### 3. 课前任务设计

让学生阅读部分文献节选，文献信息如下：

Ronaldo C. Gennari, Rossano Lang, José A. Eiras, Manuel H. Lente Effects of Sintering Process on the Structural, Dielectric, and Optical Absorption Properties of KNbO3 - based Ceramics[J]. *Journal of the American Ceramic Society*, 2019, 7(102).

### 4. 课上任务设计

| 时长 | 教学内容 | 备注 |
| --- | --- | --- |
| 10分钟 | 知识回顾 | （1）利用思维导图的内容对前三章的内容进行回顾。<br>（2）选择绘制得较好的思维导图给其他同学作参考。 |
| 15分钟 | 讨论题 | （1）基于晶体场理论讨论烧结温度对于陶瓷颜色的影响。<br>（2）步骤：独立思考—内部讨论—分组汇报—教师总结。<br>（3）课程思政要求：学生需对自己的科学素养有高要求，符合学校的人才发展目标。 |
| 10分钟 | 归纳总结1 | （1）从晶体场能级分裂出发，讨论前三章哪些地方出现过能级分裂相关概念。<br>（2）步骤：独立思考—依次汇报—教师总结。<br>（3）课程思政要求：让学生学会如何挖掘理论背后的原理。 |
| 10分钟 | 归纳总结2 | （1）从C和O电负性差值出发，讨论前三章哪些理论可以用静电相互作用力进行解释。<br>（3）步骤：独立思考—依次汇报—教师总结。 |

### 5. 教学反思

①借助讨论题，可以从原理上更好地总结和归纳方法。

②适度加入破冰环节和互动环节，可以让学生讨论时更放松。

▶ 知识讲解

▶ 知识回顾

▶ 独立思考

▶ 归纳总结

▶ 分组研讨

# 物理化学（Ⅰ）-1

# 李娟琴

## 教师简介

李娟琴，博士，化学工程学院副教授。多年来一直承担本科"物理化学"课程教学工作，主持校级教改项目1项，发表教改论文6篇，参与《物理化学习题精解》编写，积极参与物理化学MOOC课程建设。2013年度获四川大学青年骨干教师奖，2017年度获评教育部在线教育研究中心智慧教学之星，"物理化学（I）-2"被认定为2020年课程思政榜样课程，多次获四川大学课堂教学质量优秀奖。主要从事光诱导电子转移和燃料裂解反应动力学的研究，主持国家自然科学青年基金项目1项、校青年基金项目1项，参研多项横向合作项目。

# 课程信息

### 1. 课程简介

"物理化学"是化学与化工类专业的一门基础理论课,分为"物理化学(Ⅰ)-1"和"物理化学(Ⅰ)-2",分别在上下两学期讲授。其中,"物理化学(Ⅰ)-1"主要包括以下内容:热力学基础、多组分多相系统热力学、化学热力学、相平衡和统计热力学基础。

### 2. 课程类型:必修课

### 3. 学时:48 学时

### 4. 学分:3 学分

### 5. 授课对象:化学工程与工艺、制药工程、高分子、材料等化学化工及相关专业大二学生

### 6. 课程教材

天津大学物理化学教研室. 物理化学 [M]. 第 6 版. 北京:高等教育出版社,2017.

### 7. 参考资料

- 周鲁. 物理化学教程 [M].(第四版). 北京:科学出版社,2017.
- 印永嘉,奚正楷,张树永,等. 物理化学简明教程 [M]. 第 4 版. 北京:高等教育出版社,2007.
- 傅献彩,沈文霞,姚天扬,等. 物理化学 [M]. 第 5 版. 北京:高等教育出版社,2009.
- Peter Atkins, Julio de Paula, James Keeler. Atkins' Physical Chemistry[M].11thed. New York: Oxford University Press,2021.

### 8. 教学目的及教学要求

(1)教学目的

通过本课程的教学,使学生了解物理化学研究问题的一些特殊方法(如热力学方法、动力学方法、量子力学方法和统计热力学方法等)及其中包括的一般科

学原理；使学生具备针对具体过程和问题提出假设、建立模型，理论联系实际、分析、解决具体问题的能力。重点培养学生利用热力学原理和动力学原理处理化工生产中常见问题的能力，为学生后续课程的学习和进一步掌握最新的科技成果打下必要的理论基础。

（2）教学要求

本课程要求学生系统掌握热力学的基本理论和研究方法，构建系统的知识体系，学会利用热力学原理分析和理解化学变化和相变化的基本规律，理解热力学分析和解决问题的一般过程；能够综合运用物理化学及其他相关学科的知识和原理，设计灵活多样的问题解决方案。

### 9. 教学重点及难点

（1）教学重点

物理化学的基本概念、基本理论和基本定律，公式的适用条件及推导过程，公式之间的逻辑关系。

（2）教学难点

热力学的基本概念、统计热力学基础知识，尤其是有关化学热力学的逻辑推理和计算公式的适用条件。

### 10. 教学计划（48 学时）

| 章节 | 教学内容 | 学时 |
| --- | --- | --- |
| 第一章 热力学基础 | 第一节 气体的 pVT 性质<br>第二节 基本概念和术语<br>第三节 热力学第一定律<br>第四节 热容量<br>第五节 等温功和绝热功<br>第六节 实际气体的热力学性质<br>第七节 热力学第二定律<br>第八节 熵和熵增原理<br>第九节 亥姆霍兹函数和吉布斯函数<br>第十节 封闭系统的热力学函数关系 | 14 |

| 章节 | 教学内容 | 学时 |
|---|---|---|
| 第二章 多组分多相系统热力学 | 第一节 偏摩尔量<br>第二节 化学势<br>第三节 气体组分的化学势<br>第四节 溶液中的两个经验定律<br>第五节 液态混合物<br>第六节 理想稀溶液与非理想稀溶液<br>第七节 稀溶液的依数性质 | 6 |
| 第三章 化学热力学 | 第一节 化学反应的焓变<br>第二节 化学反应的熵变<br>第三节 化学反应的方向和限度<br>第四节 化学平衡的相关计算<br>第五节 反应耦合与同时化学平衡 | 9 |
| 第四章 相平衡 | 第一节 单组分系统相平衡<br>第二节 二组分系统气液平衡<br>第三节 二组分系统固液平衡 | 13 |
| 第五章 统计热力学基础 | 第一节 引言<br>第二节 统计热力学基本概念<br>第三节 最概然分布与 Boltzmann（玻尔兹曼）分布<br>第四节 粒子配分函数的计算<br>第五节 热力学量的统计热力学关系式<br>第六节 热力学定律的统计力学解释<br>第七节 反应平衡常数的统计热力学计算<br>第八节 系综（相依粒子体系） | 6 |
| 总学时 | | 48 |

# 教案展示
## （第四章第一节"单组分系统相平衡"）

单组分系统相平衡

| 课程概况 |||
|---|---|---|
| 周次 | 第13周，第12次课 ||
| 章节名称 | 第四章 相平衡<br>第一节 单组分系统相平衡 ||
| 授课方式 | 理论课（√）；实践课（　）；实习（　） | 教学时数　3 |
| 教学目标 | 本章学习中学生除了要记忆和理解相律、相图的概念、原理和公式等基础知识和基本理论外，还应形成以下能力和素质：<br>①能够对相图进行归类、分析、对比并建立相互联系，形成系统的知识框架。<br>②能够从科学研究和生产生活中发现科学现象，提出科学问题，利用相图相关原理和方法进行解释、研究、分析和判断。<br>③能够综合运用物理化学及其他相关学科的知识和原理，设计灵活多样的问题解决方案，明确个人的义务和责任。<br>希望通过本章内容学习，学生能够深化对辩证唯物主义的认识，形成系统的科学思维，能够采用科学的世界观和方法论观察、分析和解决问题并做出预测，并借由分析和解决生产生活中的现象和问题，体现社会责任感、创新意识和科学发展意识。 ||
| 学情分析 | 学生以材料科学专业为主，相图部分内容将对其专业知识的学习起到重要的助力作用。学生大部分已上过"大学物理"和"近代化学基础"的课，有一定的前期知识准备。 ||

| | 课程概况 | | |
|---|---|---|---|
| 教学设计 | ①引入"诗情'化'意"板块，让学习不枯燥，在潜移默化中展开课程思政，让学生感受化学的诗意，爱上化学。<br>②在独立组分数的分析过程中引入TPS模式（Think-Pair-Share），引导学生进行启发式、探究式学习。<br>③采用雨课堂智慧教学模式，及时了解学生知识掌握的情况。<br>④引入课堂演示实验，增强互动，提高学习兴趣。<br>⑤介绍我国物理化学家黄子卿在三相点的测量方面做出的杰出贡献，让学生感受科学家们的家国情怀。<br>⑥超临界流体工艺探索，理论联系实际，实现知识、能力、素质有机结合，培养学生解决复杂问题的综合能力和高级思维。 | | |
| 教学内容提要 | | 时间分配（分钟） | 备注 |
| 教师通过介绍本章绪论——前沿及背景知识，让学生认识和了解相平衡研究的意义，以及相平衡研究的方法是相律和相图，并介绍本章的知识结构和脉络。<br><br>CONTENTS 章节目录<br>1 单组分系统相平衡<br>2 二组分系统气液平衡<br>  2.1 液相完全互溶的气液平衡相图<br>  2.2 液相部分互溶的气液平衡相图<br>  2.3 液相完全不互溶的气液平衡相图<br>3 二组分系统固液平衡<br>  3.1 固相完全互溶的固液平衡相图<br>  3.2 固相部分互溶的固液平衡相图<br>  3.3 固相完全不互溶的固液平衡相图<br>  3.4 生成化合物的固液平衡相图 | | 10 | 注意"同一相"的限制。 |

| 教学内容提要 | 时间分配（分钟） | 备注 |
|---|---|---|
| 1 单组分系统相平衡<br>1.1 基本概念和定义<br>（1）相和相数（$P$）<br>（2）物种数（$S$）<br>（3）独立组分数（$C$）<br>$$C = S - R - R'$$<br>独立浓度限制条件 $R'$ 在分析的过程中容易出错，$R'$ 也是确定独立组分数的重要参数之一。<br>$R'$ 包括：a. 当规定系统中部分物种只通过化学反应由另外物种生成时，由此可能带来的同一相的组成关系；b. 当把电解质在溶液中的离子亦视为物种时，由电中性条件带来的同一相的组成关系。 | 15 | 注意"同一相"的限制。 |
| 在分析独立组分数时，以 $CaCO_3$ 的分解反应为例。在此可以引入"诗情'化'意"板块，引入公式和诗作《石灰吟》，让学生感受到化学自有诗意，喻事喻理于诗。<br>$CaCO_3(s) \xrightarrow{加热} CaO(s) + CO_2(g)$<br>$CaO(s) + H_2O(l) \longrightarrow Ca(OH)_2(s)$<br>$Ca(OH)_2(s) + CO_2(s) \longrightarrow CaCO_3(s) + H_2O(l)$ | 10 | 引入"诗情'化'意"板块。 |
| 例题分析：分析食盐水溶液的独立组分数。<br>首先，让学生独立思考该问题。（Think）<br>然后，让学生分小组讨论，谈论各自的理解。（Pair）<br>最后，将小组意见整合，选一名代表和全班同学分享。（Share）<br>采用探究式、启发式教学模式（即TPS模式），让学生自己通过分析讨论得出最终的正确结论，而不是仅由教师讲授得到结论。 | 15 | 采用TPS教学模式。 |
| 教师作如下总结：<br>由此可见，独立组分数与物种数的选择无关，独立组分数并不依赖于我们对体系认识的复杂程度而改变。因而确定物种数时，应当遵守尽量简单的原则。 | 10 | 采用探究式、启发式教学。 |

| 教学内容提要 | 时间分配（分钟） | 备注 |
|---|---|---|
| 1.2 相律的推导<br>$$F = C - P + 2$$（吉布斯相律）<br>教师带领学生了解吉布斯相律的推导过程，让学生知其然，也知其所以然。 | 15 | |
| 教师利用雨课堂智慧教学模式进行课堂练习，及时了解学生对上述知识的掌握情况。 | 5 | 采用雨课堂智慧教学模式。 |
| 1.3 单组分系统两相平衡热力学方程<br>（1）克拉佩龙方程<br>$$\frac{dp}{dT} = \frac{\Delta_\alpha^\beta H_m}{T \Delta_\alpha^\beta V_m}$$<br>注：利用克拉佩龙方程可以在单组分系统的相图上求出任意两相平衡线的斜率。<br>（2）克拉佩龙—克劳修斯方程（克—克方程）<br>$$\left. \begin{array}{l} \dfrac{d\ln p}{dT} = \dfrac{\Delta_{vap} H_m}{RT^2} \\ \ln \dfrac{p_2}{p_1} = \dfrac{\Delta_{vap} H_m}{R} \left( \dfrac{1}{T_1} - \dfrac{1}{T_2} \right) \\ \ln p = -\dfrac{\Delta_{vap} H_m}{R} \dfrac{1}{T} + C \end{array} \right\}$$ **克—克方程** | 10 | |
| 注：利用克—克方程易于计算液体的摩尔蒸发焓或固体的摩尔升华焓，易于求解某温度下的饱和蒸气压。<br>对比学习：<br>$$\frac{d\ln K^\ominus}{dT} = \frac{\Delta_r H_m^\ominus}{RT^2}$$ **范霍夫方程**<br>$$\frac{d\ln p}{dT} = \frac{\Delta_{vap} H_m}{RT^2}$$ **克—克方程** | 10 | |

| 教学内容提要 | 时间分配（分钟） | 备注 |
|---|---|---|
| 课堂练习<br><br>Knowing that the vaporization enthalpy ($\Delta H_{vap}$) for diethyl ether is 26 kJ/mol, that for water is 40.79 kJ/mol, and that for mercury is 59 kJ/mol, and knowing that the vaporization entropy ($\Delta S_{vap}$) for diethyl ether is 84.5 J/(Kmol), that for water is 109.4 J/(Kmol), and that for mercury is 93.7 J/(Kmol), it is safe to say that:<br> A) The increase in boiling temperature with increasing pressure is larger for mercury than water or diethyl ether.<br> B) The increase in boiling temperature with increasing pressure is larger for diethyl ether than water or mercury.<br> C) The increase in boiling temperature with increasing pressure is larger for water since it has the larger entropy of vaporization.<br> D) The increase in boiling temperature with increasing pressure is the same for the three substances.<br> E) With the information provided we can not tell how pressure affects the boiling temperature.<br><br>注：采用克—克方程尝试求解，思路如下：<br><br>$$\frac{\mathrm{d}\ln p}{\mathrm{d}T} = \frac{\Delta_{vap}H_m}{RT^2}$$<br><br>$$\frac{\mathrm{d}T}{\mathrm{d}\ln p} = \frac{RT^2}{\Delta_{vap}H_m}$$<br><br>$$\Downarrow \quad T = \frac{\Delta_{vap}H_m}{\Delta_{vap}S_m}$$<br><br>$$\frac{\mathrm{d}T}{\mathrm{d}\ln p} = \frac{R\Delta_{vap}H_m}{(\Delta_{vap}S_m)^2}$$ | 5 | 知识点综合应用，挑战更高难度。 |
| 1.4 单组分系统相图<br><br>1.4.1 水的相图<br><br>（1）绘图<br><br>（2）读图：面、线、点<br><br>教师要提醒学生，相图表示的是在一定温度、压力范围的相平衡状态，并不是全范围的情况，从而帮助其正确认识相图。可结合学生喜爱的电影《冰雪奇缘》中的相关情节展开讲解，提高学生的积极性。 | 5 | 演示实验、课堂互动。 |

| 教学内容提要 | 时间分配（分钟） | 备注 |
|---|---|---|
| 课堂动手小实验：空矿泉水瓶吐白烟。<br>注：通过简单的实验，学生可以直接、具体、直观地理解相变过程。<br>学生也可课下扫码观看视频，学习相关知识。<br>提醒学生注意：<br>①三相点和冰点是两个不同的物理量。<br>②三相点是物质自身的特性，不能加以改变。 | 5 | |
| 课程思政：介绍我国物理化学家黄子卿先生在三相点的测量方面做出的杰出工作。科学家的爱国情怀、社会责任感和高尚人格就像春风细雨，潜移默化地引导学生树立正确的世界观、人生观和价值观。 | 5 | |
| 1.4.2　$CO_2$的相图<br>对比掌握水的相图和$CO_2$的相图，分析两者的异同。<br>1.5　超临界流体<br>　　超临界流体兼有液体和气体的双重特性，扩散系数大，黏度小，渗透性好，与液体溶剂相比，可以更快地完成传质，达到平衡，促进高效分离过程的实现。<br>　　常见的超临界流体有$CO_2$、氨、乙烯、乙烷、丙烷、丙烯、乙醇、丁醇、水等。<br><br>**超临界流体萃取应用实例**<br>**从啤酒花中提取啤酒花浸膏工艺**<br>▶**传统方法** 常采用二氯甲烷浸取，萃取物一般为暗绿色糊状物，浸膏中α-酸含量不足40%，含大量杂质，残留溶剂不易去除而影响质量。<br>▶**SC-$CO_2$萃取** 选择性高，浸膏中α-酸含量高达98.9%，不含有机溶剂，农药、重金属等全部去除，且能够保持天然色泽和气味。 | 5 | 理论联系实际，实现知识、能力、素质有机结合，培养学生解决复杂问题的综合能力和高级思维。 |

| 教学内容提要 | 时间分配（分钟） | 备注 |
|---|---|---|
| 推荐相关文献资料供学生课下学习：<br>• 周子皓，张若曦，连俊青，等. 超临界流体在化学方面的应用 [J]. 广东化工，2017，44（2）.<br>• 韩玉谦，李钐，隋晓，等，超临界 $CO_2$ 萃取啤酒花浸膏的工艺研究 [J]. 青岛大学学报，1999，14（1）.<br>• FormatoA，GalloM，IannielloD，et al. Supercritical fluid extraction of α- and β-acids from hops compared to cyclically pressurized solid-liquid extraction[J]. *The Journal of Swpercritical Fluids*, 2013（84）.<br>最后采用思维导图对本次课程进行梳理和总结。<br>在本次授课中，教师首先介绍了相平衡的背景知识和本章的知识框架，使学生对本章知识有整体认识。<br>在分析独立组分数时，以 $CaCO_3$ 分解反应为例，顺势引入"诗情'化'意"板块，让学生感受到化学自有诗意，在学习知识的同时感受化学的美。<br>在讨论食盐水的独立组分数时采用 TPS 模式进行探究式教学，加强了学生的课堂参与感，让学生通过自己的分析得出"独立组分数与物种数的选择无关，独立组分数并不依赖于我们对体系认识的复杂程度而改变。因而确定物种数时，应当遵守尽量简单的原则"的重要结论。<br>采用雨课堂智慧教学模式可以及时了解学生的知识掌握情况。<br>整个教学过程流畅，课前对教学的设计得到了较好的实现，学生积极性高，课堂参与度高。<br>本课设计也存在一些不足之处，如学生对抽象概念的理解还是有难度，在后续的课程中教师应尽可能做到形象、直观地讲解，使学生易于理解。 | 10 | 引导学生开展拓展学习。 |

# 机械设计

# 张鹏

## 教学团队简介

张鹏，副研究员，硕士生导师。承担"机械设计""机械设计创新与实践""本科毕业设计"等课程的教学任务，并担任四川大学机械创新设计大赛负责人。参与了省级精品在线开放课程"机械设计"课程建设、"机械设计"SPOC课程建设、四川省"机械设计"课程"探究式"教学模式及评价体系改革研究教改项目。主要从事纳米摩擦学、超精密表面制造理论基础研究，聚焦等离子体加工技术与装备开发，涉及材料表面工程、半导体制造等领域。负责国家自然科学青年基金项目、中国博士后基金项目、国家重点研发计划子课题、四川省重点研发计划项目等多个国家级、省部级科研项目，国家重点实验室开放基金项目和企业横向课题。在 Nature Communications、Tribology International、Wear 等权威期刊发表 SCI 论文 17 篇。

指导本科生获 2021 全国大学生等离子体科创竞赛国赛一等奖、第八届中国国际"互联网+"大学生创新创业大赛省级金奖、大学生机械创新设计大赛校级二等奖、四川大学优秀毕业论文一等奖等荣誉。

# 陈朝浪

陈朝浪，副研究员，承担"机械设计""机械设计创新与实践""本科毕业设计"等课程的教学任务，是机械创新设计大赛、大学生创新创业大赛等学科竞赛的优秀指导教师。参与了四川省精品在线开放课程"机械设计"建设、"机械设计"SPOC课程建设、四川省"机械设计"课程"探究式"教学模式及评价体系改革研究教改项目。主要从事机械表界面微纳技术、仿生微纳制造、油水分离技术、多场耦合仿真分析、分子动力学模拟等方面的研究。主持四川省重点研发项目和摩擦学国家重点实验室开放基金项目等多个科研项目，参与国家重点研发项目、国家自然科学基金项目等多项国家级项目。2021年获中国机械工业科学技术发明二等奖。在 ACS Applied Materials Interfaces、Journal Membrane Science 和《机械工程学报》等国内外期刊上发表SCI论文20余篇，1篇论文入选ESI高被引论文。担任 ACS Applied Materials Interface、Advanced Materials Interfaces、Journal of Materials Processing Technology 等10余种期刊的审稿人，兼任中国机械工程学会高级会员。

指导本科生获大学生机械创新设计大赛省级三等奖。

马咏梅，副教授，承担"机械设计""机械原理""机械设计创新与实践""本科毕业设计"等课程的教学任务，是四川大学机械创新设计大赛指导教师。主持了国家级精品在线开放课程"机械原理"建设、"机械设计"SPOC课程建设以及包括四川省精品在线开放课程"机械设计"建设、四川省"机械设计"课程"探究式"教学模式及评价体系改革研究在内的6项教改项目。主要从事机械结构设计、机械系统振动理论等方面的研究，发表论文40余篇，获多项发明专利和实用新型专利授权。任西南地区机械设计教学研讨会副理事长。

荣获四川大学"星火校友奖教金"一等奖、四川大学唐立新教学名师奖、四川大学优秀教学奖一等奖、四川大学教学成果一等奖等，连续多年获四川大学课堂教学质量优秀奖。

——马咏梅

林光春，教授，承担"机械设计""机械设计创新与实践""本科毕业设计"等课程的教学任务，是四川大学机械创新设计大赛指导教师。参与了四川省精品在线开放课程"机械设计"课程建设、"机械设计"SPOC课程建设、四川省"机械设计"课程"探究式"教学模式及评价体系改革研究教改项目。主要从事机械设计理论及方法、机构学及工业机器人等方面的研究。主持或参与国家自然科学基金项目、国家863计划、四川省科技支撑计划和应用基础等国家级、省部级科研项目40余项。已发表论文60余篇，其中SCI论文和EI收录论文10余篇。主编或参编本科教材4本。曾获四川省农机局科技进步三等奖、四川大学教学成果奖一等奖、四川大学教学创新大赛二等奖。

——林光春

# 高山

高山，讲师，承担"机械设计""机械原理""机械设计创新与实践""机械方案优化及结构创意实践""本科毕业设计"等课程的教学任务，是四川大学机械创新设计大赛指导教师。参与四川省精品在线开放课程"机械设计"建设、四川省"机械设计"课程"探究式"教学模式及评价体系改革研究教改项目。主要从事机械设计及理论和机电设备运动控制方面的研究及教学工作。参与国家自然科学基金项目2项，作为项目负责人或者主要参研人员参加了校级青年基金项目及各类横向项目10余个。参加多项教改项目和实验室建设项目，曾获四川大学教学成果二等奖。

## 课程信息

### 1. 课程简介

"机械设计"是面向机械类专业二年级本科生开设的一门工程技术基础必修课，旨在培养机械工程领域高技术人才。本课程具有较强的系统性、综合性、工程性，是机械类教学计划中承上启下的主干课程。本课程注重机械设计知识的基础性、实用性、整体性和先进性，结合学科前沿、工程实际，追求知识、能力和素养一体化教育，强调所学知识的贯通和综合运用。本课程注重培养学生的大系统观、大工程观和宏观思维，引导学生学习认识、分析、设计现代机器的基本思路和方法，以案例分析、方案和结构设计任务为出发点，训练学生的产品创新设计意识和能力；要求学生掌握通用机械零部件的设计原理、方法和机械设计的一般性知识，具有设计简单机械装置的能力，具备运用标准、规范、手册、图册和查阅有关技术资料的能力。

### 2. 课程类型：必修课

### 3. 学时：48 学时

### 4. 学分：3 学分

### 5. 授课对象：机械类专业二年级本科生

### 6. 课程教材

- 吴宗泽，吴鹿鸣. 机械设计 [M]. 北京：中国铁道出版社，2016.
- 梁尚明，马咏梅. 机械设计学习与考研指导 [M]. 北京：中国铁道出版社，2014.

### 7. 参考资料

（1）专著

- 王大康，卢颂峰. 机械设计课程设计 [M]. 北京：中国铁道出版社，2015.
- 濮良贵，等. 机械设计 [M]. 第 9 版. 北京：高等教育出版社，2013.
- 邱宣怀. 机械设计 [M]. 第 4 版. 北京：高等教育出版社，1997.
- 成大先. 机械设计手册 [M]. 第 5 版. 北京：化学工业出版社，2008.
- Aaron D Deuschman, Walter J Michels, Charles E Wilson. Machine Design: Theory and Practice[M]. New York: Macmilian Publishing Co., Inc，1975.

（2）网址

四川大学超星学习通线上MOOC平台：https://mooc1-api.chaoxing.com/phone/coursedoor?courseId=222723959。

（3）软件

机械设计自主学习软件（自编软件，课程中心下载）。

### 8. 教学要求

（1）优化教学方法，遵循工程逻辑

教师在教学时要合理运用启发式、讨论式、探究式、项目式的教学形式，体现"学生主体、教师主导"的教学思想，明确课程教学理念，以学生为中心，以问题为出发点，以学习成果为导向，培养学生形成工程思维、主动实践意识以及解决实际问题能力，训练学生形成追根究源、格物致知专业能力。

● **实现"两性一度"课程教学设计方式：** "两性"是指高阶性和创新性，"一度"是指挑战度。也就是说，教师要坚持课程思政与专业知识相结合，设计知识点与学习层次和教学方法的对应关系图；设置课前预习题、知识点掌握情况问卷、随堂练习以及章节测试，注重高阶性；引入学术研究、科技发展前沿成果案例，设计十人小组综合应用训练，体现创新性；设计两人小组模拟实战"机械结构设计"案例库，体现挑战度。

● **实现"小组探究式"教学模式：** 教师在教学时要贯穿小微"项目"合作式的实践教学，遵循工程逻辑，强调设计过程的系统观、知识运用与实践，培养学生工匠精神和团队协作意识，以适应新工科发展需求。

● **灵活运用丰富的教学资源：** 教师要充分利用课内、课外、线上、线下的教学资源，导入优秀思政案例，引入科技前沿成果，设置课前预习和随堂练习题库，设计知识点掌握情况调查问卷，优化基于SPOC的各章节测试题库；积极建设和完善中国大学MOOC和超星学习通"学银在线"平台课程资源，上传授课录像、科普视频、优秀设计作品案例，发布开放性讨论议题，增加师生课外互动途径。

（2）融入思政元素，符合时代背景

无论是面向"工业4.0"还是国家建设"制造强国"的战略需要，机械设计的对象正在发生巨大的变化，逐步从机械化、自动化向数字化、智能化发展。机械产品的设计面临着重大的挑战，设计准则变得复杂，设计选择变得多样，设计结果具有更多不确定性,而且对设计效率的要求变高。因此,课程教学的立场和原动力也需要与时俱进。

● **培养科学精神:** 教师要引导学生从历史发展的维度,了解以齿轮为代表的机械零部件从产生到设计制造、工业应用,再到大规模使用的过程,培养学生的科学精神。

● **培养国家情怀:** 教师要注意实现思政教学与知识教学的一体化,在知识传授的过程中培养学生的国家情怀。以齿轮为例,教师可通过介绍机械设备的关键零部件——齿轮,让学生了解制造技术的核心技术链以及我国的齿轮制造产业的现状,了解高端齿轮零部件是如何制约我国航空航天、精密仪器等领域发展的,让学生明白"制造强国"的意义,明白齿轮的加工、设计与制造技术在国家"制造强国"建设中的意义。

● **激发哲学思想与创新意识:** 教师要结合前沿的科学技术,向学生介绍科创比赛中的优秀作品,激发学生的创新意识,鼓励其基于第一性原理,在机械设计上形成突破现有制造体系和设计理念的潜在意识。

# 教案展示(第八章 "齿轮传动")

齿轮传动

## (一)教学目标

**认知目标:** 让学生了解齿轮的基本特点、传动的失效形式和设计准则,熟悉齿轮材料和热处理方式;清楚齿轮精度与参数,掌握齿轮疲劳强度、弯曲强度设计方法;熟悉齿轮结构的设计与传动润滑方式。

**技能目标:** 让学生学会分析齿轮受载与失效形式,正确选择齿轮传动类型、材料与润滑方式;掌握载荷的计算方法,分析齿轮传动受力,学会校核齿轮的接触疲劳强度、弯曲疲劳强度,以及主要传动参数的选择。

**情感(素养)目标:** 让学生成立学习小组和结构设计小组,共同完成任务,培养团队合作能力;通过分享,训练学生的描述、表达能力。让学生分小组分享齿轮传动设计的应用实例,加深知识理解,学会合作、交流与沟通。

### （二）教学重点及难点

①教学重点。本章的教学重点有：齿轮传动的失效形式、齿轮材料及其热处理；齿轮传动受力分析；接触强度计算；齿根弯曲疲劳强度计算。在强度计算中，利用公式建立的力学模型、理论根据、公式中各参数的意义及公式的应用是重点。其中直齿圆柱齿轮的强度计算具有典型性和代表性，要求重点掌握。

②教学难点。本课程的教学难点有：齿轮传动的受力分析；斜齿圆柱齿轮受力分析。

### （三）教学计划

| 教学内容 | 学时 |
| --- | --- |
| 8.1　齿轮传动基本要求与应用 | 0.5 |
| 8.2　齿轮传动的失效形式和设计准则 | 0.5 |
| 8.3　齿轮常用材料及许用应力 | 1 |
| 8.4　齿轮传动精度等级及其选择 | 0.5 |
| 8.5　齿轮的计算载荷 | 1 |
| 8.6　标准直齿圆柱齿轮传动的强度计算 | 2 |
| 8.7　标准斜齿圆柱齿轮传动的强度计算 | 1 |
| 8.8　标准直齿锥齿轮传动的强度计算 | 1 |
| 8.9　齿轮的结构设计 | 0.5 |
| 8.10　齿轮传动的润滑 | 0.5 |
| 习题研讨课 | 1.5 |

本章为"机械设计"课程重点内容，涉及的知识点和考点较多，需要教师多次课、分层次地讲解，并穿插课堂练习，结合应用案例开展教学。

### （四）教学设计

**1. 第一堂课（教学内容：8.1~8.4）**

（1）知识回顾（5分钟）

教师带领学生回顾机械传动系统的功能以及分类，宏观对比不同传动方式的优缺点。

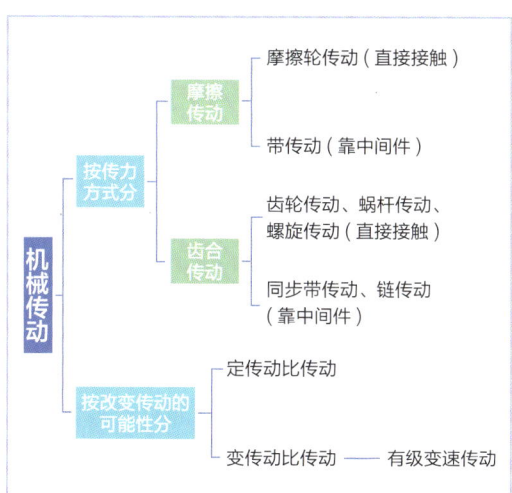

▶ 机械传动系统的分类

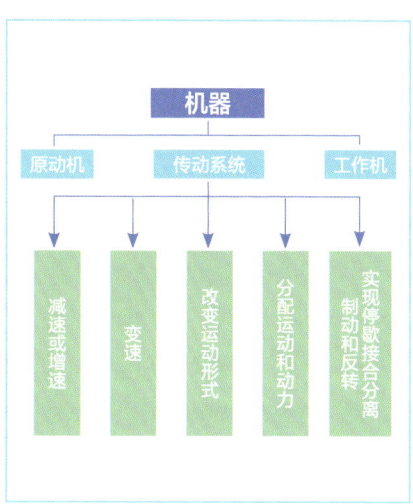

▶ 机械传动系统的功能

（2）新课引入（5分钟）

教师导入齿轮的应用场景，明确本章学习要求。

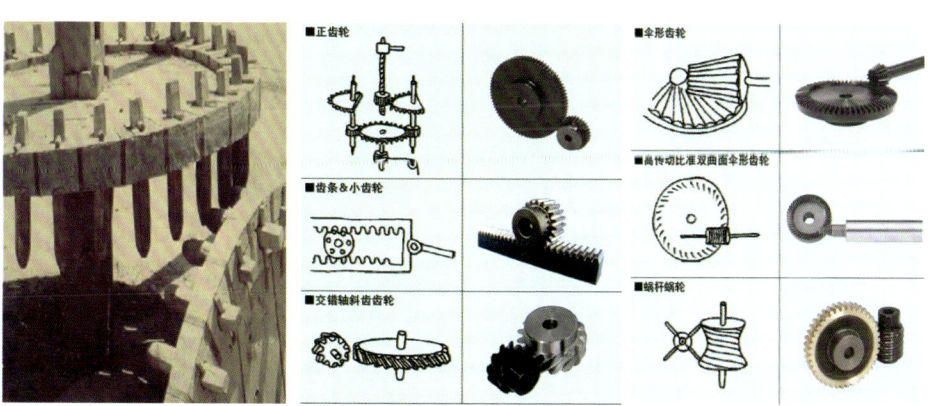

▶ 齿轮的外观及分类

 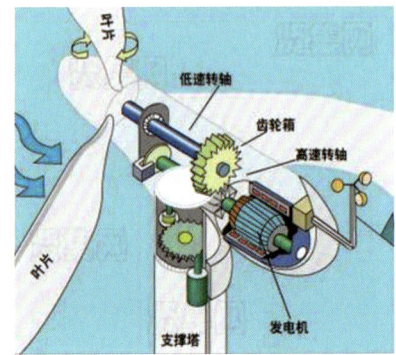

▶ 齿轮的结构

齿轮传动是机械传动中的主要类型，齿轮传动的形式很多，应用也较为广泛。因此，齿轮传动是本课程重点内容之一。研究齿轮传动，首先得从齿轮失效形式出发，分析齿轮失效的各种原因，从而探索相应的预防措施和计算准则。

教师引入案例"三峡齿轮齿条爬升式升船机"，让学生理解齿轮传动的工程意义。

（3）主要内容教学（35分钟）

①齿轮传动基本要求与应用。（10分钟）

A.介绍齿轮传动的优缺点（分析原理）。

• 齿轮传动的优点：传动效率高；结构紧凑；工作可靠，寿命长；具有稳定的传动比；承载能力强，传递功率和转速适用范围广。

• 齿轮传动的缺点：制造和安装精度要求高，价格贵，振动和噪声较大，不宜用于传动距离过远的场合。

B.介绍齿轮传动的分类（展示实例图）。

• 按轴的布置方式，可分为平行轴齿轮传动、相交轴齿轮传动、交错轴齿轮传动。

• 按齿线相对于齿轮母线的方向，可分为直齿锥齿轮传动、斜齿锥齿轮传动、人字齿锥齿轮传动、曲线齿锥齿轮传动。

• 按齿轮传动工作条件，可分为开式齿轮传动、闭式齿轮传动和半开式齿轮传动。开式齿轮传动中轮齿外露，灰尘易落在齿面；闭式齿轮传动中轮齿封闭在箱体内，可保证良好的工作条件，应用广泛；半开式齿轮传动比开式齿轮传动工作条件好，大齿轮部分浸入油池内并有简单的防护罩，但仍可能有外物侵入。

- 按齿廓曲线，可分为渐开线齿轮传动、摆线齿轮传动、圆弧齿轮传动。
- 按齿面硬度，可分为软齿面传动（两轮或其中一轮齿面硬度≤350HBW）、硬齿面传动（两轮的齿面硬度均>350HBW）

②齿轮传动的失效形式和预防措施（10分钟）

齿轮传动安装形式（开式、半开式、闭式）、使用情况（低速、高速、轻载、重载）、材料性能及热处理工艺不同（齿轮较脆、较韧，齿面较硬、较软），会导致不同的失效形式。

**轮齿折断：** 根据折断原因，可分为疲劳折断、过载折断等；据折断程度，可分为局部折断（大齿轮）、全齿折断（小齿轮）等。预防措施有增大齿根过渡圆角半径、增大轴及轴承的刚度、使轮芯具有足够的韧性、提高齿面硬度、减小齿面粗糙度、增大模数、对齿根进行喷丸或碾压等强化处理等。

▶ 轮齿折断

**齿面点蚀：** 常发生于闭式软齿面传动中。点蚀常首先出现在靠近节线的齿根表面上，其形成与润滑油的存在密切相关。点蚀发生后，传动系统振动加大、噪声明显，以至于齿轮不能正常工作而使传动失效。为避免齿面点蚀，应进行齿面接触疲劳校核，一般可以通过提高齿面硬度、加大分度圆直径、合理选用润滑油等措施进行改善。

  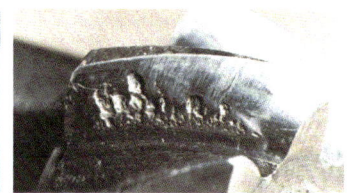

▶ 齿面点蚀

**齿面磨损：** 磨粒磨损是开式齿轮传动的主要失效形式。齿面磨损使齿厚减薄，侧隙增大，齿廓正确形状被破坏，工作时产生冲击、振动和噪声，缩短齿轮的工作寿命。为避免磨损齿面，可采取以下措施：选用合适的齿轮材料和热处理方法提高齿面硬度，保持润滑油清洁和定期换油，采用合适的润滑和密封装置，选用黏度较高的润滑油和合适的极压添加剂，提高精度，减小齿面粗糙度等。

▶ 齿面磨损

**齿面胶合：** 主要发生在高速重载齿轮传动中（如航空齿轮的传动中），有时也在润滑不良的低速重载齿轮传动中出现（一般为冷胶合）。要避免出现齿面胶合，可采取以下措施：在润滑油中加入极压剂；采用修缘齿轮，减小啮入冲击；采用较小的模数来减小齿顶、齿根啮合处的滑动速度；采用适当增大啮合角的变位传动，均衡节点两侧齿面上因摩擦而产生的瞬时温升；等等。上述措施均可提高齿面抗胶合能力。对于冷胶合，还可以采取改善其偏载情况、降低齿面粗糙度、选用黏度大的润滑油等措施来预防。

▶ 齿面胶合

**齿面塑性变形：** 软齿面（如正火齿轮）低速重载、频繁启动或过载传动齿轮都可能导致齿面塑性变形。提高齿面材料的硬度，选用黏度较高的润滑油，将有助于防止或减轻齿面发生塑性变形。

③齿轮常用材料、热处理及许用应力。（10分钟）

A. 齿轮常用材料。

应注意，齿轮的齿面要硬，齿芯要韧。齿面要有足够的硬度，以获得较高的抗点蚀、抗磨损、抗胶合和抗塑性变形的能力。齿芯有足够的强度和韧性，以便在循环载荷和冲击载荷作用下有足够的齿根弯曲强度。此外，用于制作齿轮的材料还需具有良好的机械加工和热处理工艺性，且价格低廉。常见的齿轮制作材料有材料钢（45号钢板/中碳钢/低碳钢/铸钢）、铸铁（HT350/QT600-3）、非金属等。

齿轮的选材原则可总结为以下四点：满足工作条件的要求，考虑齿轮尺寸大小、毛坯成型热处理和制造方法，考虑经济性，考虑配对齿轮的强度。

B. 齿轮热处理。

齿轮热处理包括调质、正火、表面淬火、渗碳淬火、氮化等方法。其中调质和正火，可以改善机械性能，增大强度和韧性，主要用于软齿面；表面淬火、渗碳淬火、氮化，可提高接触强度、耐磨性、抗冲击能力，主要用于硬齿面。

配对齿轮均采用软齿面时，小齿轮受载次数多，故材料应选好一些的，热处理硬度稍高于大齿轮（约为30~50HBS）。

开式齿轮传动多是按齿根弯曲疲劳强度进行设计，并考虑磨损的影响将模数适当增大（10%~15%）。

高速重载齿轮传动可能出现齿面胶合，故需校核齿面胶合强度。

| 常用材料 | 牌号 | 热处理方法 | 硬度（HBW） | 应用举例 |
| --- | --- | --- | --- | --- |
| 优质碳素钢 | 35 | 正火 | 150~180 | 低速轻载的齿轮或中速中载的大齿轮 |
| | 45 | | 162~217 | |
| | 50 | | 180~220 | |
| | 45 | 调质 | 217~255 | |
| 合金钢 | 35SiMn | | 217~269 | |
| | 40Cr | | 241~286 | |

| 铸钢 | ZG45 | 正火 | 163~197 | 重型机械中的低速齿轮 |
|---|---|---|---|---|
| | ZG55 | | 179~207 | |
| 球墨铸铁 | QT700-2 | | 225~305 | 可用来代替铸钢 |
| | QT600-2 | | 229~302 | |
| 灰铸铁 | HT250 | | 170~241 | 低速中载、不受冲击的齿轮。如机床操纵机构的齿轮 |

| 表面处理齿轮 | | | 齿芯硬度（HBW） | 齿面硬度（HRC） | 应用举例 |
|---|---|---|---|---|---|
| 优质碳素钢 | 35 | 表面淬火 | 180~210 | 40~45 | 高速中载、无剧烈冲击的齿轮。如机床变速箱中的齿轮 |
| | 45 | | 217~255 | 40~50 | |
| 合金钢 | 40Cr | | 241~286 | 48~55 | |
| | 20Cr | 渗碳淬火 | | 56~62 | 高速中载、承受冲击载荷的齿轮。如汽车、拖拉机中的重要齿轮 |
| | 20CrMnTi | | | 56~62 | |
| | 38CrMoAlA | 氮化 | 229 | >850HV | 载荷平稳、润滑良好的齿轮 |

C.许用应力。（教师通过板书，明确各物理量的意义与取值方式，让学生掌握查表方法）

根据接触疲劳极限 $\sigma_{H\,lim}$ 和弯曲疲劳极限 $\sigma_{F\,lim}$，确定许用接触疲劳应力 $[\sigma_H]$ 和许用弯曲疲劳应力 $[\sigma_F]$。

$$[\sigma_H] = \frac{\sigma_{H\,lim}}{S_{H\,min}} Z_N$$

$$[\sigma_F] = \frac{\sigma_{F\,lim}}{S_{F\,min}} Y_{ST} Y_N = \frac{\sigma_{FE}}{S_{F\,min}} Y_N$$

许用应力与材料、齿面硬度、应力循环次数等因素有关。

根据国家标准 GB/T 3480.5—2008《直齿轮和斜齿轮承载能力计算第5部分：材料的强度和质量》，齿轮的接触疲劳极限 $\sigma_{H\,lim}$、弯曲疲劳极限 $\sigma_{F\,lim}$ 可以由公式计算得出，或在相关的专业图表中查到。

接触疲劳强度寿命系数 $Z_N$、弯曲疲劳强度的寿命系数 $Y_N$，根据被计算齿轮的应力循环次数 N，在对应图表中查取，以修正无限寿命实验得到的疲劳极限，获得许用值。

当载荷稳定时，$N=60\gamma n t_h$；

当载荷不稳定时，$N=N_v=60\gamma \sum_{i=1}^{n} n_i t_{hi} \left(\dfrac{T_i}{T_{max}}\right)^m$。

上述公式中的 $n$ 指齿轮转速，$\gamma$ 代表齿轮同侧齿面啮合次数，$t_h$ 代表齿轮总工作时间，$N_v$ 代表等效循环次数，$m$ 代表载荷系数（应力状态指数）。

最小安全系数 $S_{Hmin}$、$S_{Fmin}$ 考虑载荷数据和计算方法的正确性、使用场合以及对齿轮的可靠性要求等，按下表查取。

| 可靠度要求 | 齿轮使用场合 | 失效概率 | 最小安全系数 | |
| --- | --- | --- | --- | --- |
| | | | $S_{Fmin}$ | $S_{Hmin}$[①] |
| 高可靠度 | 特殊工作条件下要求可靠度很高的齿轮 | $\dfrac{1}{10\ 000}$ | 2.00 | 1.50~1.60 |
| 较高可靠度 | 长期连续运转和较长的维修间隔；设计寿命虽不很长，但可靠度要求较高；齿轮失效将造成较严重的事故和损失 | $\dfrac{1}{10\ 000}$ | 1.60 | 1.25~1.30 |
| 一般可靠度 | 通用齿轮和多数工业齿轮 | $\dfrac{1}{100}$ | 1.25 | 1.00~1.0 |
| 低可靠度[②] | 齿轮设计的寿命不长，对可靠度要求不高，易于更换的不重要齿轮；设计的寿命虽不短，但对可靠性要求不高 | $\dfrac{1}{10}$ | 1.00 | 0.85[③] |

①在经过使用验证，或对材料强度、载荷工况及制造精度拥有较准确的数据时,可取下限值。
②一般齿轮传动不推荐采用此栏数值。
③采用此值时,可能在点蚀前先出现齿面塑性变形。

④齿轮传动精度等级及其选择。（5分钟）

其中，GB/T 10095.1—2008、GB/T 10095.2—2008 规定，圆柱齿轮传动共分为 13 个精度等级。根据国家标准《圆柱齿轮精度制第 1 部分：齿轮同侧齿面偏差的定义和允许值》，0～2 级为待发展的精度等级，3～5 级为高精度等级，6～8 级为中等精度等级，9～12 级为低精度等级。

常用齿轮转动精度等级及其选择详见下表。

### 常用齿轮传动精度等级及其选择

| 精度等级 | 工作条件与适用范围 | 圆周速度 $v/(m \cdot s^{-1})$ | | 齿面的最后加工 |
| --- | --- | --- | --- | --- |
| | | 直齿 | 斜齿 | |
| 3 | 用于最平稳且无噪声的极高速下工作的齿轮；特别精密的分度机构齿轮；特别精密机械中的齿轮；控制机构齿轮；检测精度等级为 5、6 级的测量齿轮 | >50 | >75 | 特精密的磨齿和珩磨；用精密滚刀滚齿或单边剃齿后的大多数不经淬火的齿轮 |
| 4 | 用于精密分度机构的齿轮；特别精密机械中的齿轮；高速涡轮机齿轮；控制机构齿轮；检测精度等级为 7 级的测量齿轮 | >40 | >70 | 精密磨齿；大多数用精密滚刀滚齿和珩齿或单边剃齿 |
| 5 | 用于高平稳且低噪声的高速传动中的齿轮；精密机构中的齿轮；涡轮机传动的齿轮；检测精度等级为 8、9 级的测量齿轮；重要的航空、船用齿轮箱齿轮 | >20 | >40 | 精密磨齿；大多数用精密滚刀加工，进而研齿或剃齿 |
| 6 | 用于高速下平稳工作，需要高效率及低噪声的齿轮；航空、汽车用齿轮；读数装置中的精密齿轮；机床传动链齿轮；机床传动齿轮 | ≤15 | ≤30 | 精密磨齿或剃齿 |

| 精度等级 | 工作条件与适用范围 | 圆周速度 $v/(m\cdot s^{-1})$ | | 齿面的最后加工 |
|---|---|---|---|---|
| | | 直齿 | 斜齿 | |
| 7 | 在中速或大功率下工作的齿轮；机床变速箱进给齿轮；减速器齿轮；起重机齿轮；汽车以及读数装置中的齿轮 | ≤ 10 | ≤ 15 | 无须热处理的齿轮，用精确刀具加工。对于淬硬齿轮必须精整加工（磨齿、研齿、珩磨） |
| 8 | 一般机器中无特殊精度要求的齿轮；机床变速齿轮；汽车制造业中不重要齿轮；冶金、起重机械齿轮；通用减速器的齿轮；农业机械中的重要齿轮 | ≤ 6 | ≤ 10 | 滚、插齿均可，不用磨齿；必要时剃齿或研齿 |
| 9 | 用于不提出精度要求的粗糙工作的齿轮；因结构上考虑，受载低于计算载荷的传动用齿轮；低速不重要工作机械的动力齿轮；农机齿轮 | ≤ 2 | ≤ 4 | 不需要特殊的精加工工序 |

（4）课堂互动环节（5分钟）

教师通过问卷和提问的方式让学生回答下列问题，巩固本堂的知识点。

① 回顾不同类型的齿轮传动应用场景，如日常生活、航空航天、精密仪器等。

② 回顾齿轮传动与其他的传动方式的优缺点以及不同类型齿轮传动的特点。

③ 根据实物图识别齿轮类型并说明其工作条件。

## 2. 第二堂课（略）

## 3. 第三堂课（略）

## 4. 课后复习作业

（1）简答题

①齿轮齿条、螺旋传动、曲柄滑块机构、凸轮机构、卷筒和钢丝绳，都能够把回转运动变成直线运动，其中哪些能把直线运动变成回转运动？

②齿轮常用材料为锻钢。哪些齿轮材料采用何种热处理方法可获得软齿面或可获得硬齿面？工艺过程如何？

③QT600-3、HT350分别是什么材料？其性能有什么不同？各用于什么场合？

④为什么人字齿轮和圆锥齿轮不用加宽？

⑤齿轮传动设计计算中，一般已知条件是什么？求出哪些参数就可以确定该齿轮传动的尺寸？（分别按直齿圆柱齿轮、斜齿圆柱齿轮、直齿锥齿轮填表）

| 齿轮传动类型 | 一般已知条件 | 需求参数 |
| --- | --- | --- |
| 直齿圆柱齿轮 | | |
| 斜齿圆柱齿轮 | | |
| 直齿锥齿轮 | | |

⑥一对齿轮传动，怎样判断大、小齿轮中哪个不易出现齿面点蚀？

⑦一对齿轮传动，怎样判断大、小齿轮中哪个不易出现齿根弯曲疲劳折断？

⑧为什么齿形系数与模数无关？

⑨同一齿数的直齿圆柱齿轮、斜齿圆柱齿轮和圆锥齿轮的齿形系数是否相同？

⑩与直齿轮传动强度计算相比，斜齿轮传动强度的计算有何不同之处？

⑪一对圆柱齿轮传动，小齿轮和大齿轮在啮合处的接触应力是否相等？

⑫一对圆柱齿轮传动，如大、小齿轮的材料及热处理的情况均相同，则其接触疲劳许用应力是否相等？

⑬一对圆柱齿轮传动，如其接触疲劳许用应力相等，则大、小齿轮的接触疲劳强度是否相等？

⑭一对圆柱齿轮传动，小齿轮和大齿轮在齿根处的弯曲应力是否相等？

⑮一对圆柱齿轮传动，如大、小齿轮的材料及热处理情况均相同，则其弯曲疲劳许用应力是否相等？

⑯一对圆柱齿轮传动，如其弯曲疲劳许用应力相等，则大、小齿轮的弯曲疲劳强度是否相等？

⑰斜齿圆柱齿轮传动的法面模数、端面模数、分度圆直径、齿顶圆直径、中心距、齿宽、螺旋角等参数和尺寸，哪些需要圆整？哪些需要取标准值？

⑱为什么斜齿圆柱齿轮传动的承载能力要比直齿圆柱齿轮传动的承载能力强？

### (2) 小组训练 (2人一组)

要求：根据下面的设计方案图，参考原始数据，选择电机设计直齿圆柱齿轮传动。

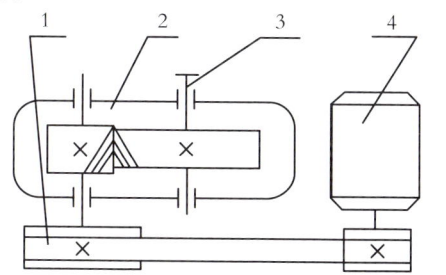

1—V 带传动；2—减速器；
3—输出轴； 4—电动机

传动简图

▶ 设计方案图原始数据

| 参数 | 题号 | | | |
| --- | --- | --- | --- | --- |
| | 1 | 2 | 3 | 4 |
| 减速器输出轴转矩 T/(N·m) | 154 | 160 | 228 | 249 |
| 减速器输出轴转速 n/(r/min) | 155 | 150 | 104 | 96 |

注：载荷平稳，单向运转，工作年限5年，每年250个工作日，每日工作16小时。

### (3) 直齿圆柱齿轮传动的设计计算

请注意，直齿圆柱齿轮传动的设计计算、直齿轮结构尺寸的确定可参考本课程教材和《机械设计手册》。大齿轮的孔径是根据与其相配合的轴径来确定的。下面是供参考的齿轮零件图。

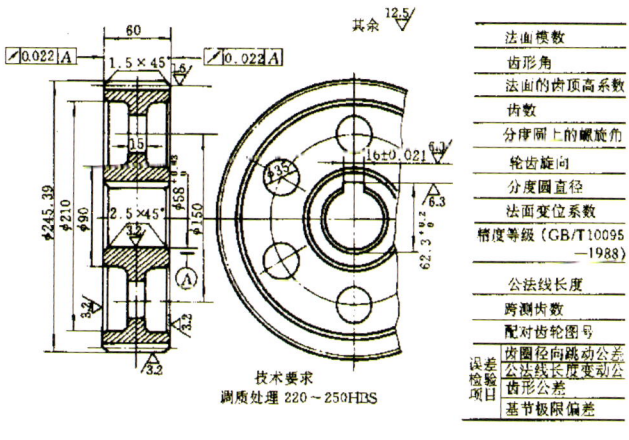

▶ 齿轮零件图

# 教学小结

### 1. 过程考核评价

发布课前问卷可以快速了解学生对该章知识的预习情况，使学生对学习内容加深印象，带着问题听讲。以第八章为例，该章包括四部分内容：齿轮传动的失效形式和设计准则、齿轮常用材料和许用应力、齿轮传动精度等级及其选择、齿轮的受力分析及强度计算。教师在课末针对每部分内容发布调查问卷，了解学生对知识点的掌握程度，准确定位学生知识盲区。教师在问卷中针对知识的掌握程度设置了4个选项，供学生选择：A.0～25%（没有掌握），B.25%～50%（部分掌握），C.50%～75%（基本掌握），D.75%～100%（完全掌握）。学生填完问卷后，教师统计学生填写的内容并制作可视化图形，从而直观地看到学生的互动参与度、问卷与随堂练习完成度以及对每个知识点的掌握情况。

此外，在本章主要内容授课完成时，教师发布单元检测题，考查学生对本章知识的综合掌握情况，分析学生对知识点的理解偏差或疏漏。以第八章为例，教师设置了40道测试题，发现其中5、8两道题学生的正确率较低。教师通过超星学习通生成的单元测验结果统计图，发现了上述两题的常见错误选项，并分析了错选的原因——部分学生忽略了题干中的前提条件，直接选择了课本中结论性的语句。因此，在下堂课知识点回顾环节，教师需要重点强调该知识点的理解与运用。

### 2. 教学反思

过程考核评价的方法有课堂问卷、随堂测试、课后小组作业等，它能够更直接地反映学生的课堂参与度与薄弱环节，是课程成绩的重要组成部分。对知识点掌握程度、授课方式与授课效果的及时评价反馈，能够帮助教师及时调整授课策略、改变授课重点，从而提高教学效果。

# 华冠丽服
## 服饰文化与中国精神

## 教学团队简介

杨璐铭，本课程负责人，博士，教授，博士生导师，四川大学轻工科学与工程学院服装与服饰设计系主任。长期承担本科教学工作，为本科生开设"华冠丽服：服饰文化与中国精神""皮革制品及品牌赏析""设计创新：走进'格子'，出演'格韵'"等多门美育类课程。主持课程中包含四川省线下一流本科课程1门、四川省线上线下混合式一流本科课程1门、四川大学美育示范课程1门、四川大学课程思政榜样课程2门、四川大学通识教育核心课程1门、四川大学"探究式—小班化"示范课程1门，其中2门课程入选四川大学课程示范教案。课程深受广大师生好评，美育示范课程学生推荐率连续三年100%，排名第一。创新教学创新模式被四川发布、《四川大学报》、腾讯网等各大媒体报道推广，起到了良好的示范辐射作用。

十余年来，全身心投入本科教学，倾心培养学生，致力于"以学生为中心"的教学改革探索，主持教学改革项目十余项。创建"三维立方"课程思政教学模型，切实推进了"美育+思政"协同育人。教学成果突出，多次受邀在校内外分享教改经验。获国家教学成果奖二等奖、四川省高校美育示范案例一等奖、四川省青年教师风采大赛一等奖、四川省高校教师教学创新大赛二等奖、四川大学教学创新大赛一等奖、四川大学姜维平优秀教学奖、四川大学唐立新教学名师奖、四川大学"五粮春"青年教师教学奖、四川大学教学成果二等奖、四川大学一流课程建设先进个人、四川大学"探究式—小班化"教学质量优秀奖、四川大学本科课堂教学质量优秀奖等多项教学奖项。

蔡端懿，本课程主讲教师，博士。四川大学艺术学院设计与媒体艺术系教师，艺术学院西南民族民间设计研究中心指导教师。主要研究方向为视觉传达设计、文化遗产的可持续设计、品牌形象设计等。为本科生开设"装饰图案设计""设计史""品牌形象设计"等课程，主持教学改革项目两项。"装饰图案设计"入选四川省一流本科课程，获评四川大学美育改革示范课程、创新教学示范课程。先后获全国大学生艺术展演美育改革优秀案例一等奖、四川省大学生艺术节美育改革优秀案例一等奖、四川大学教学创新竞赛一等奖，及四川大学优秀师德教师、优秀创新创业指导教师、优秀课程教学质量奖等。带领学生高质量完成多个落地专业展演及设计任务，指导学生在大学生创新创业训练计划项目、中国"互联网+"大学生创新创业大赛和各级专业设计竞赛等比赛中获得佳绩，并多次获优秀指导教师奖。

时昱，本课程主讲教师，四川大学轻工科学与工程学院服装与服饰设计系专业教师。从事服装文化与服饰设计相关研究二十余年，长期承担本科教学工作，为本科生开设"华冠丽服：服饰文化与中国精神""时装设计作品集制作""服装设计原理""服装概论""服装创意设计""服装专业学术讲座"等多门美育类课程。常年担任多项学科竞赛、大学生创新创业项目、学生社团与协会的指导教师，曾先后获得四川大学青年骨干教师、四川大学本科课堂教学质量优秀奖、四川大学"探究式—小班化"教学质量优秀奖等多项荣誉。

　　曾琦，本课程主讲教师，四川大学轻工科学与工程学院服装与服饰设计系专业教师。长期负责本科教学一线工作，主讲美育类课程"时尚手袋创意设计""服饰陈列""皮革制品设计与开发""革制品设计史论""皮革制品及品牌鉴赏"等。其中，"革制品设计史论"与"皮革制品及品牌赏析"先后被评为四川省一流本科课程。对本科教学全情投入，热情奉献，先后主编《包袋设计基础》（中国轻工业出版社，2018）、《流行包袋设计基础》（中国轻工业出版社，2011）、《计算机辅助三维皮革制品设计》（中国轻工业出版社，2009），参编《纺织服装营销学》（中国纺织出版社，2018）等多本本科专业教材，主持或参与校级教改项目数项。先后获四川大学"五粮春"青年教师教学奖、四川大学"探究式—小班化"教学竞赛二等奖、四川大学"探究式—小班化"教学示范教师、四川大学教学成果二等奖、四川大学本科教学质量优秀奖、四川大学十佳青年教师教学奖等十余项教学奖励。

　　姚云鹤，本课程主讲教师，四川大学轻工科学与工程学院服装与服饰设计系教师，主要研究方向为时尚服装服饰设计及服饰历史文化研究。长期承担本科教学工作，先后主讲或参与了"革制品画技法""设计与构成""革制品设计与开发""革制品计算机二维辅助设计""基础素描""少数民族服饰""设计素描"等多门美育类课程。参与了四川大学通识教育核心课程"华冠丽服：服饰文化与中国精神"，四川省一流本科课程"革制品设计史论""皮革制品及品牌赏析"的建设工作。

　　从教以来，全身心投入本科教学，历年来指导学生参与各级专业设计大赛，先后获奖百余项，同时也获得多项设计大赛的指导教师奖。近年来多次获得四川大学非标答案优秀奖、四川大学大学生创新创业教育优秀指导教师、四川大学本科生优秀毕业论文指导教师奖、四川大学本科课堂教学质量优秀奖、四川大学大学生课外科技实践活动优秀指导奖等荣誉。

　　王磊，本课程主讲教师，博士，四川大学历史文化学院副教授，主要研究方向为世界历史。为本科生开设了"世界现代史""英国史""西方文化·历史篇""世界史学术前沿"等课程以及通识核心教育课"欧洲的兴衰：历史、文明与精神"，为研究生开设了"近现代国际关系史专题研究""英国史""英国民族史"等课程。荣获四川大学青年骨干教师，2019年度四川大学历史文化学院"珠峰"奖教金、四川大学教学先进个人等荣誉奖励。

　　姜英，本课程主讲教师，四川大学文学与新闻学院副教授，硕士生导师，四川省委宣传部、四川省新闻工作者协会新闻阅评专家，现任四川省新闻教育学会秘书长。主要研究方向为新闻传播业务、新闻伦理、媒介融合。长期担任四川大学文学与新闻学院本科生课程"新闻编辑""新闻评论"以及硕士研究生课程"新闻编评研究"等的教学工作，同时担任四川大学通识教育核心课程"生命哲学：爱、美与死亡"及"华冠丽服：服饰文化与中国精神"的主讲教师。注重理论和实践的结合，多次参与省市级新闻从业人员的培训与交流，力求将马克思主义新闻观融入新闻教学与研究中，坚持与时俱进，获得了学生的一致好评。

王巍，本课程主讲教师，四川大学轻工科学与工程学院服装与服饰设计系教师，英国伯明翰城市大学（Birmingham City University）访问学者。主要研究方向为计算机辅助服装设计、西南少数民族服饰文化、三维人体及服装建模、功能鞋服设计。主持四川省科技厅重点研发项目1项、发表SCI论文3篇，EI论文2篇，授权国家发明专利2项。参与国家社科基金1项、制定四川省地方标准2项、国家标准计划1项，参与完成纵向科研项目9项，横向科研项目8项。荣获四川大学全英文授课教学质量优秀奖、四川大学大学生课外科技实践活动优秀指导教师奖等奖项；指导学生参加教育部教育管理信息中心主办的全国信息技术应用水平大赛、"创青春"全国大学生创业大赛、中国年轻设计师创业大赛、中国纺织类高校创意创新创业大赛等大型赛事，获奖20余项。

祝蔚，本课程主讲教师，四川大学轻工科学与工程学院学院人才培养与科研管理办公室主任。毕业于四川大学服装设计与工程专业，后留校工作，至今已有20余年，先后担任本科生辅导员、轻工科学与工程学院团委书记、教学科长等。坚持贯彻"立德树人"观念，全身心投入本科生培养工作。着力加强第二课堂建设，打造"专业+"系列学生活动，其中"衣秀杯"服装设计大赛已经成为学院学生活动的亮丽名片。近年来积极参与学院教研教改工作，如国家级新工科研究与实践项目、生物质科学与工程创新班建设等，并获校级教学成果一等奖两项。个人先后获得优秀分团委书记、校园文化先进个人、四川大学青年骨干教师、校级优秀共产党员、唐立新服务标兵奖、本科教学管理工作先进个人等多项荣誉和奖励。

# 课程信息

### 1. 课程简介

《释名·释衣服》曰："衣，依也，人所依以芘（庇）寒暑也。"人类文明的发展与服饰演变历史相伴随行，服饰早已在御寒、蔽体的基础上发展为"物美人美，物我同一"的一门艺术。郭沫若曾说："服装是文化的表征，衣裳是思想的形象。"服饰作为一种符号和象征，不仅能表明穿衣者的品味、个性、气质，也能反映其追求、理想和情操，更能体现一个民族文化的状态。可以说，哪里有生活，哪里就需要服饰美。

李白诗云："云想衣裳花想容。"通过对本课程的学习，我们可以打开历史的衣橱，欣赏每一个历史阶段的服装，从东西方文化的交流与碰撞中，剖析中国服饰变革的轨迹；从传统文化的传承与发扬中，领略服饰搭配艺术中的东方美学与智慧；从服饰文化传播形式的演变中，探寻当代社会国风盛行背景下服饰的审美本源。

### 2. 课程类型：选修课

### 3. 学时：42 学时

### 4. 学分：2.5 学分

### 5. 授课对象：四川大学本科生

### 6. 课程教材

贾玺增. 中外服装史 [M]. 上海：东华大学出版社, 2018.

### 7. 参考资料

- 黄能馥. 中国成都蜀锦 [M]. 北京：紫禁城出版社, 2006.
- 赵敏. 中国蜀绣 [M]. 成都：四川科学技术出版社, 2011.

### 8. 教学目标

**价值目标：** 深度剖析和阐释服饰文化中的中国精神内涵和底蕴，在潜移默化中引导学生以美润心、以美培元，增强文化自信。

**能力目标：** 以中华服饰为载体，培养学生认识美、爱好美和创造美的能力，以及品牌赏析能力、团队协作能力、表达沟通能力、创新创造能力等。

**知识目标：** 让学生了解图形创意、色彩构成等基本原理，掌握历代服饰文化的传承、演变等基础知识，激发其美学爱好。

### 9. 教学重点及难点

**（1）教学重点**

通过历史资料、博物馆藏品及影视剧中的人物服饰赏析，深入探讨我国汉服文化的历史演变进程及现代化传承；引导学生认识中国传统色彩与五行、方位、季节等自然万物的内在联系，了解色彩应用中由具象到意象的文化内涵与功能属性，加深对中国传统文化中"天人合一""道法自然"的自然观与世界观的理解；了解图像所蕴含的中国精神与中华民族"尚真、尚善、尚美"的文化理念以及广大人民在"图必有意、意必吉祥"的纹样特征中所寄托的美好生活愿景；以古画、文化遗迹、名著中的代表形象与热门影视剧人物为引，认知汉装华服的代表服制内容，了解如何进行当代的文化传承与创新；从古代的"冠礼""笄礼"及"婚礼"切入，探讨传统冠饰、头饰在人生责任与社会角色转变上的重要意义；从身边的事例探讨玉文化在当代中国的承继与创新，体悟对中华优秀传统文化的自信与认同；了解古今中外鞋履文化的形制发展、审美嬗变与差异，探寻中华服饰的文化品格、精神皈依与民族服饰文化的活态传承与品牌复兴；介绍具有代表性的、融合了中国智慧和中国精神的国潮服饰，展现中国现代服饰文化的感性之美、理性之美和共情之美。

**（2）教学难点**

时尚所蕴含的审美思想是多元的、包容的，既可以是对传统服饰文化精髓的传承与创新，也可以是中西服饰文化的融汇。但是，当代大学生的时尚审美素养并不健全，过度的装饰与对流行服饰的盲目效仿都是学生在追求时尚审美过程中的常见现象，导致其非常容易忽略服饰中蕴含的文化思想。因此，本课程需要从文化、工艺、审美等方面进行现代时尚审美教育，以帮助学生找到时代审美风尚的密码。

### 10. 教学计划

| | |
|---|---|
| 第一讲 | 霓裳羽衣：服饰文化的古往今来 |
| 第二讲 | 锦绣未央：品历代汉服之美 |
| 第三讲 | 道法自然：服饰色彩中的东方美学与智慧 |
| 第四讲 | 课堂讨论：服章之美，礼仪之大 |
| 第五讲 | 华夏意匠：传统服饰纹案中的尘世愿望 |
| 第六讲 | 国风潮涌：解国粹之源，品赏衣之道 |

华冠丽服：服饰文化与中国精神

| 第七讲 | 华衣汉服：其来有自，复兴有方 |
| --- | --- |
| 第八讲 | 峨冠云鬓：中国古代的配饰文化 |
| 第九讲 | 温润如玉：传统配饰中的人格与情怀 |
| 第十讲 | 芒鞋竹杖：观中外鞋履而后论复兴 |
| 第十一讲 | 西风东渐：东西方文明的碰撞与交流 |
| 第十二讲 | 以衣传神：媒介中的服饰表达与中国精神 |
| 第十三讲 | 守艺复兴：非遗传承与国潮服饰焕新 |
| 第十四讲 | 汇报展示：微视频作业展示及教师点评 |

## 教案课件展示（第十三讲"守艺复兴：非遗传承与国潮服饰焕新"）

### 1. 本讲教学目标

①认知目标：引导学生了解四川地区纺织类非物质文化遗产如蜀绣、蜀锦、羌绣的精湛技艺及其所蕴藏的生活智慧；感受中国现代服饰文化的感性之美、理性之美和共情之美。

②能力目标：培养学生持续探索和传播中华丝织文明所蕴含的审美价值、文化价值及精神内涵的能力；激发学生传承工匠精神的热情；引导学生掌握出席正式场合的穿着礼仪；提升学生的时尚审美素养，加强学生的时尚审美认同。

③情感目标：让学生在体验非遗之美和国潮之美的过程中达到悦耳悦目、悦心悦意、悦志悦神的效果，实现以美润心、以美培元。从中华优秀的传统服饰文化和国潮服饰文化中汲取营养，引导青年学生在中华优秀服饰文化的传播和发扬中发挥主体引领作用，培育学生强烈的文化自信、文化自立、文化自觉和文化认同。

### 2. 本讲教学内容

以三星堆新一轮考古丝绸蛋白的发现为切入点，在课堂中渗透非遗之美。为学生讲解四川地区纺织类非物质文化遗产如蜀绣、蜀锦、羌绣的精湛技艺及其所蕴藏的生活智慧；通过介绍具有代表性的、融合了中国智慧和中国精神的国潮服饰，让学生感受中国现代服饰文化的感性之美、理性之美和共情之美。

### 3. 本讲的教学重点及难点

（1）教学重点

发挥非遗以美动人、以美育人的功能，通过对非遗审美知识的讲授、视频图片的展示以及师生间的互动，发掘并阐释非遗的审美意蕴；激发学生传承严谨认真、精益求精、追求完美的工匠精神；规范学生的服饰礼仪，引导学生在生活中感受他人的涵养与文化素质。此外，中华民族历久弥新的文化基因和审美哲学经过当下时尚潮流的激活和赋能，使国潮文化被当代大学生认可和接受。在此背景下，本讲将国潮文化融入新时代大学生思想政治教育，力图用中华文化根基涵养大学生思想文化建设，引导学生树立正确的人生观、价值观、世界观。

（2）教学难点

充分运用四川地区纺织类非物质文化遗产中所蕴藏的丰富美育资源，促进学生审美和人文素养的提升，增强学生的民族自豪感、认同感、责任感。

### 4. 学情分析

通过前面12节课的讲解，学生对中华历代服饰比较典型的形制、文化、纹样、色彩、穿着礼仪已经有了比较深刻的认知，但对构成中华服饰文化重要元素的丝织文明及其制作工艺还不了解，对国潮时尚的审美认同亦缺乏认知，存在盲目跟风和过度消费等现象。

### 5. 教学设计

本讲主要以BOPPPS教学模型[1]为基础，有机融合启发式教学、实物教学等多样化教学方法进行教学设计，深入实施"大班授课、小组研讨"课堂教学及多学科知识融合教育，努力培养学生的历史文化修养、审美鉴赏能力、小组协作能力和文化自信、文化认同感。

课堂教学主要分为6个阶段：导入—明确教学目标—前测—参与式学习—后测—总结，以保证学生有效果—有效率—有效益地进行课堂学习。

---

1. BOPPPS是一种教学设计模式，是加拿大教师技能培训机构（Instructional Skills Workshop，ISW）提出的。其中B即导言（Bridge-in）、O即目标（Qutcome），PPP分别指前测（Pre-test）、参与式学习（Participation）、后测（Post-test），S即（Summary）。

（1）导入

教师通过课件展示国家级纺织类非物质文化遗产名录，通过介绍学生初到四川时便接触到的一些非物质文化遗产，如川剧、郫县豆瓣、皮影戏、跷脚牛肉等，让学生了解与日常生活紧密相关的与纺织相关的非物质文化遗产。

（2）明确教学目标

在导入课程教学主题后，教师明确本次授课的目标，引导学生带着心理预期进行学习，提高学习成效。

（3）前测

明确教学目标后，在超星学习通上发布问题"你的家乡有哪些纺织类非物质文化遗产？"，引发学生的兴趣和思考。抽取1～2名学生发言，介绍其家乡的纺织类非物质文化遗产。

（4）参与式学习

①第一部分：三星堆文化。

参与式学习第一部分的内容为三星堆文化，教师可通过视频教学、启发式教学、案例教学等方式引导学生学习。

A. 视频教学。

播放《胖娃上成都》微视频，让学生在观看的过程中注意该视频呈现了四川地区的哪些非物质文化遗产。

播放央视频短片《三星堆考古手记：丝织品初现》，介绍三星堆新一轮考古中关于蚕丝蛋白及丝绸痕迹的重大发现，从考古角度证实了古蜀国的传说有所本、有所依。向学生普及一下知识：古蜀国是桑蚕文明的发源地；古蜀大地的丝绸文明孕育了发达的丝织技术，为蜀地提供了纺织品的原材料——丝绸和丝线，不仅给蜀地纺织品的出现奠定了雄厚的物质基础，也为蜀地纺织品的发展兴盛创造了产业和文化环境。

B. 启发式教学。

教师通过启发式教学方法，引导学生理解《胖娃上成都》微视频所展现的三星堆青铜立人形象，介绍四川大学在三星堆新一轮考古发现中，参与祭祀区5号器物坑考古发掘工作，出土黄金面具的情况，并以此为引子，介绍在三星堆遗址90余年的考古发掘过程中，四川大学参与的重要发掘工作，激发学生的集体荣誉感。

▶ 四川大学参与黄金面具发掘工作新闻截图

C. 案例教学

教师以纵目青铜面具为案例，介绍其代表的古蜀国文明。通过介绍蜀王蚕丛教民蚕桑、"先蚕娘娘"嫘祖育蚕制衣等传说，让学生感受丝绸文明与蜀地的紧密关系。

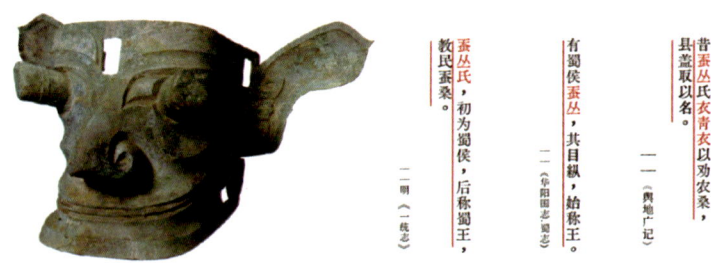

▶ 课件截图：蜀王蚕丛教民蚕桑

嫘祖——美丽聪颖的"先蚕娘娘"

▶ 课件截图：嫘祖育蚕制衣传说

②第二部分：蜀锦织造技艺。

参与式学习第二部分的内容为国家级非物质文化遗产蜀锦织造技艺，教师可通过案例教学、随堂测试、视频教学等方式开展教学。

A.案例教学。

从历史角度介绍经国务院批准列入第一批国家级非物质文化遗产名录的蜀锦织造技艺。

▶ 课件截图：蜀锦织造技艺

案例一：介绍"五星出东方利中国"锦护膊以及"讨南羌"锦，让学生了解以下知识：随着南方丝绸之路的开通及贸易的推动，蜀锦的纹样一改自西周以来以几何纹样、云雷纹为主的特征，发展为在云气间奔驰的各种祥禽瑞兽，加织各种吉祥铭文，被视为智慧和祥瑞的象征。

▶ 课件截图："五星出东方利中国"锦护膊及"讨南羌"锦

案例二：介绍"一经一纬"中蕴藏着的生活大智慧：首先，古人认为经线相当于人的筋骨，纬线相当于人的血肉，在学习的过程中，必须先把握好知识体系的经线，如《三字经》《道德经》《易经》《黄帝内经》《诗经》等；其次，纺织作为最早的手工业，蕴藏着非常深刻的管理哲学，如经营学等。

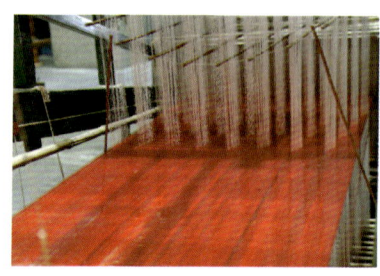

▶ "一经一纬"中蕴藏着生活大智慧

案例三：介绍现藏于成都蜀锦织绣博物馆的三星堆青铜立人像龙纹礼衣复原件，引导学生注意三星堆青铜立人像的发掘证明了蜀地3000多年前已有成熟的丝织刺绣，从而纠正了过去认为蜀绣始于清代中期的说法，把蜀绣的出现时间往前推到了商代。

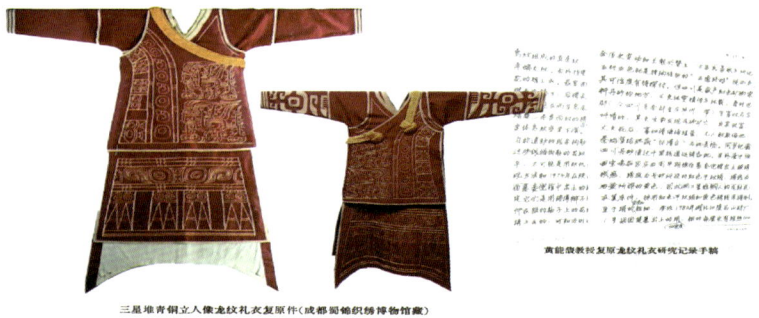

三星堆青铜立人像龙纹礼衣复原件（成都蜀锦织绣博物馆）

▶ 课件截图：三星堆青铜立人像龙纹礼衣复原件

B. 随堂测试。

介绍成都"锦官城"之称的由来以及"锦江""锦里"等地名的由来。讲解蜀锦对宋锦、云锦所产生的深远影响及三者之间的区别。请学生在超星学习通上回答有哪些包含"锦"字的成语。

播放视频，介绍"五星出东方利中国"锦护膊的前世今生，请学生回答"五星出东方利中国"所蕴藏的深意。

C. 视频教学。

播放介绍2012年成都老官山西汉墓出土的迄今为止世界上最早的提花机模型的相关视频，了解其织造"五星出东方"锦护膊的过程。通过视频吸引学生注意，让其了解上述织机模型通过花本、综片储存了大量的信息，结集了古人的聪明才智，其重要性可见一斑。此外，上述织机模型的出土也证明了西汉早期蜀地织造业的繁盛。

播放蜀锦织造技艺的活态表演相关视频，介绍全国最大的蜀锦织绣文化传承基地与研究中心、全国唯一拥有全套手工蜀锦制作工艺的蜀锦历史文化展示的专业场馆——蜀江锦院（成都蜀锦织绣博物馆）。

▶ 蜀锦织造技艺活态表演

③第三部分：国潮。

参与式学习的第三部分内容为"国潮"，教师可通过案例教学、启发式教学、视频教学、翻转课堂等方式引导学生学习。

A. 启发式教学

教师引出下列案例：前几年，演员吴京身着梅花牌运动服的照片成为当年流行的表情包。作为新中国成立初期的代表性服装，梅花牌运动服见证了新中国体育事业的发展：1982年李宁在第六届世界杯体操赛上拿下6项冠军，梅花牌运动服是其领奖服；1984年美国洛杉矶奥运会中国代表队的专用服装，也是梅花牌运动服。

教师通过启发式教学，引导学生透过现象看本质：梅花牌运动服的"翻红"，一方面代表着当今人们审美的多元，另一方面也反映了中华民族自豪感的日益增强。中国人不再迷信舶来品的精妙，转而为"国潮"感到由衷自豪。同学们经常也把"国潮"挂在嘴边，那究竟什么是国潮呢？

B. 视频教学

播放视频《"国潮"崛起！你骄傲了吗？》，引导学生从视频中找到"国潮"的定义。

播放 2018 纽约时装周中国李宁"悟道"秀场片段，介绍同年出现在纽约时装周秀场的中国品牌——老干妈、波司登、太平鸟服饰等。为学生做以下解读：2018 年成为"国潮"元年，"为情怀买单"也成为热门词。所以，当消费者看到在街头巷尾常见的国货出现在时装周现场，被世界潮流殿堂认可时，他们在心里产生了一种共同体骄傲感。"国潮热"展现的是人们对国家现在和未来发展的积极心理状态，是对民族文化的认同，更是文化自信的提升。此外，教师可以从"国潮"的表现形式、载体、影响范围等方面再次强调"国潮"的迅速火爆看似是一种偶然的社会现象，其实是中国经济快速发展的必然结果，其背后有着经济、文化等多方面的原因。

播放电视剧《觉醒年代》中北大教授辜鸿铭演讲片段，让学生感受"中国人的精神"。

播放介绍东京奥运会中国队领奖服设计创作过程的视频。东京奥运会中国队领奖服设计师叶锦添，用了近四年的时间，打磨出"符合中国人气韵和身体结构"的中国体育代表团领奖服。

播放 2021 年 10 月 30 日央视《开讲啦》中北京服装学院教授刘莉讲述 2022 北京冬奥会中国运动员比赛服设计过程的片段，引导学生学习如何通过科学化的服装结构和面料设计、跨尺度协同减阻等技术帮助运动员提升赛场表现。教师可作如下补充：2020 年中国杯世界花样滑冰大奖赛中，北京服装学院刘莉教授团队将手工镶嵌水钻工艺、苏绣非遗绣花技艺、渐变渐染的贴布绣工艺应用于中国花样滑冰比赛服设计。这些既美观又实用的比赛服，既提升了运动员的自信心，又展现了中国的国家形象。

C. 案例教学

案例一：2008 年北京奥运会上，随着李宁先生脚踩祥云点燃了奥运会主火炬，中国人的民族自豪感也被点燃。李宁品牌几经战略调整，在 2018 年以"中国李宁"的全新面孔重新出发，在纽约时装周上将经典的运动风格与传统中国文化融合，以"悟道"为主题，传递国人"自省、自悟、自创"的精神内涵。

案例二：近些年在校园、秀场等出现的现代时尚现象，如闪耀着科技乐观主义的Y2K（Year 2 Kilo）生活美学等。通过华裔设计师高莹（YING GAO）的交互式服装设计作品，解读后现代主义的时尚设计趋势——乐观主义、未来复古主义、科技乌托邦主义。

案例三：从复古服饰的流行趋势了解流行服装产品的生命周期。

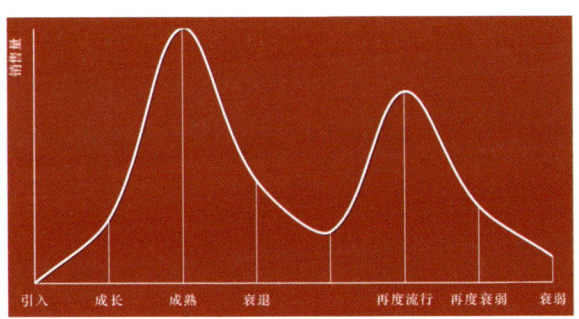

▶ 流行服装产品的生命周期

案例四：国潮风格设计的反面案例"江南布衣（JNBY）"，其设计的服饰充斥着猎奇元素的内容，直接影响着穿着者的审美、性格和价值感。教师应通过此案例向学生传达"猎奇也要有底线"的观念。

案例五：国学泰斗楼宇烈先生的名言警句。教师应通过此案例让学生认识到如下道理：高级的"国潮"应该传承文化背后的中国精神。

"我们现在虽然高喊要保护、传承、发扬我们的传统文化，但如果我们没有树立起一种文化的主体意识，那么，我们这样去保护它，反而会使它丧失本来的民族特性。尽管表面上做得轰轰烈烈，结果——用一句现在时髦的话来讲——反而是解构了我们的传统。"

——楼宇烈

▶ 课件截图：国学泰斗楼宇烈

D. 翻转课堂。

引导学生进行互动,互动话题为"'人类高质量男性'如何正确穿着西装"。

▶ 课堂互动

（5）后测

教师应引导学生注意:"国潮"热背后不仅是中国制造、中国品牌的崛起,更是中国情怀、中国自信、中国精神的彰显。为考查学生对本次授课内容的掌握程度,教师通过课堂互动"如何发展国潮——你所知道的国产品牌"进行后测。

（6）总结

教师通过对《中国服装行业"十四五"发展指导意见和2035年远景目标》的解读,向学生强化非遗文化传承和"国潮"品牌焕新的内涵。"国潮"焕新不仅蕴含了中华文化基因,包含了中国人的情感链接、精神认同和价值观念,还推动了中华文化基因的审美创造,展现了中国文化的感性之美、理性之美和共情之美。因此,要想让"非遗热"和"国潮热"澎湃不息,我们需要不断提高文化自信、加强文化自觉,才能共同见证新时代的盛世中国。

▶ "国潮"品牌焕新的内涵

### 6. 课程考核

（1）课堂讨论

教师组织学生讨论以下问题：你的家乡有哪些国家级纺织类非物质文化遗产？"五星出东方利中国"这几个字蕴藏了什么含义？在全球化的时代，面对西方文化的影响，中国应该如何保护"国潮"文化？

（2）课堂测试

教师让学生完成测试题。

（3）课堂互动

教师提前准备一粒扣、二粒扣、三粒扣、双排扣西装各一套，在超星学习通上随机抽选4名男生，开展"'人类高质量男性'如何正确穿着西装"课堂互动。

### 7. 教学手段

①实物展示：让学生触摸感受蜀锦产品，加深学生的理解和对知识的吸收。

②启发式教学：抛出疑问，启发学生思考，锻炼学生的思辨能力。

③课堂互动：通过超星学习通随时下发问题及讨论话题，及时掌握学生对知识点的理解程度，鼓励学生使用讨论发言或弹幕对不清楚的地方进行提问。

④翻转课堂：通过分组讨论和小组发言，提高学生的课堂参与度，让学生成为课堂的主体，引导学生主动探索和解决问题。

⑤讲授：以电子课件为主要授课手段，引入图片、视频等教学内容，提高学生的学习兴趣。

# 教学小结

集体备课活动是本课程得以顺利开展的关键。在每学期开课前、期中、期末等重要时间节点，课程组教师都会进行集体备课活动，对阶段性教学成果进行总结并开展教学反思。在每学期开课前，课程组教师会对该学期课程内容进行规划及安排；期中，会对前期授课所遇到的问题进行总结并想办法改进，根据前期上课教师所反馈的情况，及时调整课程内容；期末，会就本学期学生参与度、课堂活跃度、作业完成度、培养目标达成度等展开深入讨论，并结合各自专业背景，从不同角度深度解析课程主题，力求实现专业知识通识化，引导学生从了解基础知识到激发高阶思维的转变。课程组教师还会根据前一学期的课程总结对下一学期的授课内容、板块衔接方式、考核方式、互动手段等做出相应的调整，力求为学生营造有情、有义、有爱、有温度的课堂育人氛围，打造有川大特色、有中国温度、有社会影响力的通识教育核心课程。

▶ "华冠丽服：服饰文化与中国精神"课程研讨会现场

# 生物大数据

# 金垚

## 教师简介

金垚，四川大学海外引进人才，四川大学轻工科学与工程学院副教授、博士生导师，法国膜学会"最佳博士论文奖"获得者，四川省海内外高层次人才，四川省天府峨眉计划特聘专家。

承担四川大学轻工科学与工程学院生物工程专业本科核心课程"生物信息技术（全英文授课）""生物大数据""生物工程设备及过程控制""生物工程专业实验-3""生产实习""认识实习""科研训练"以及研究生课程"生物信息学"的教学工作，年均教学时长达280学时。主要从事以传质调控为基础的膜分离过程强化研究以及以多组学技术为基础的生物质发酵机理研究。主持包括国家自然科学基金面上项目在内的多项科研项目，参与国家重点研发计划1项；在国际重要期刊上发表高水平学术论文40余篇，累积影响因子超过300。主持以线上线下混合教学为主题的四川大学教改面上项目1项，中国轻工业联合会教改项目1项，参与国家级新工科研究与实践项目"轻纺食品类传统产业改造升级的研究与实践"并已顺利结题。连续6次受邀担任四川大学新教师教学能力培训的教学导师，多次受邀以主讲嘉宾的身份参加本科教学学术创新论坛等交流活动。

担任中国大学MOOC网"生物信息技术"课程主讲人，四川省第二批一流本科线上线下混合式课程"生物大数据"负责人，四川省第三批一流本科线上课程"生物信息技术"负责人，四川大学英文授课品牌课程"生物信息技术"负责人。曾获第三届高校教师教学创新大赛全国二等奖、第三届高校教师教学创新大赛四川省一等奖、四川大学第三届"探究式—小班化"教学竞赛一等奖、四川大学第六届教学创新大赛一等奖、四川大学教学成果三等奖，并多次荣获四川大学优秀教学质量奖、四川大学优秀实习指导教师、四川大学本科优秀毕业论文指导教师、四川大学硕士优秀毕业论文指导教师等荣誉。

# 课程信息

**1. 课程类型：** 必修课

**2. 学时：** 40 学时（线上 22 学时＋线下 18 学时）

**3. 学分：** 2 学分

**4. 授课对象：** 本科三年级学生

**5. 开课学期：** 春季

**6. 先修课程：** "生物化学""微生物学""生物反应工程""分子生物学""基因工程"等

**7. 课程教材**

陈铭. 生物信息学 [M]. 第 4 版. 北京：科学出版社，2022.

**8. 参考文献**

- David W. Mount. BIOINFORMATICS: Sequence and Genome Analysis[M]. 2nd ed. New York: Cold Spring Harbor Laboratory Press, 2004.
- 蒋彦，王小行，等. 基础生物信息学及应用 [M]. 北京：清华大学出版社，2003.
- Andreas D. Baxevanis, B.F.Francis Ouellette . Bioinformatics: A Practical Guide to the Analysis of Genes and Proteins[M]. Hoboken: John Wiley & Sons, Inc, 2001.
- 王禄山，高培基. 生物信息学应用技术 [M]. 北京：化学工业出版社，2008.
- 许忠能. 生物信息学 [M]. 北京：清华大学出版社，2008.
- 孙啸，陆祖宏，等. 生物信息学基础 [M]. 北京：清华大学出版社，2005.
- 刘娟. 生物信息学 [M]. 北京：高等教育出版社，2014.

**9. 数字化教学资源**

① 四川大学 SPOC 平台：https://www.icourse163.org/spoc/course/SCU-1205806810?tid=1467136703。

② MOOC 平台：https://www.icourse163.org/course/SCU-1449283164 。

③ 其他数字化教学资源：

- 因美纳测序平台：https://www.illumina.com/.cn。
- 牛津纳米孔测序平台：https://nanoporetech.com/。
- Chi-plot 数据分析平台：https://www.chiplot.online/。
- EChart 数据可视化图库：https://echarts.apache.org/zh/index.html。
- Tablea 数据可视化平台：https://www.tableau.com/。
- PyMOL 可视化平台：https://pymol.org/2/。
- Swiss-Pdb Viewer 软件：https://spdbv.unil.ch/。
- Autodock 分子对接软件：https://autodock.scripps.edu/。
- 美国犹他大学遗传学学习中心：http://learn.genetics.utah.edu/。
- 美国冷泉港实验室 DNA 学习中心：https://dnalc.org/。
- 美国国家人类基因组研究所官网：https://www.genome.gov/pages/education/。
- 全球蛋白质数据库：http://pdb101.rcsb.org/。

### 10. 课程目标

生物技术与信息技术是"十四五"规划重点部署领域，服务国家重大发展战略。"生物大数据"是生物技术与信息技术交叉融合类的新兴课程，以培养适应中国式现代化建设需要的"新生物工程"专业人才为目的，是新工科课程体系中定位为"前沿与交叉"，为学生继续深造提供支撑的一门核心专业课程。

本课程面向生物工程专业学生未来的科研和工程实际，旨在引导学生从知识、能力、价值等三个层面组装"新生物工程"核心胜任力，助力学生成长为能适应中国式现代化建设需要的、生物技术产业智能制造转型紧缺的学科交叉"接口"型专业技术人才。

（1）知识目标

学生通过本课程的学习和探索，能够熟练阐释主要生物技术的现代科学原理，有效分析各类不同测序技术产生的生物数据，并充分了解生物信息领域的学科前沿进展。

（2）能力目标

学生通过本课程的学习和锻炼，能够通过团队协同工作解析复杂生物技术问题中产生的大数据，能够基于数据分析凝练报告，并初步具备生物工程专业的系统思维能力。

（3）价值目标

学生通过本课程的学习和锻炼，可以树立生物技术的行业责任感，提升对生物技术的行业自信心。

## 11. 教学方式

本课程实施"线上学理论,线下求应用"的教学新范式,将线上的自主学习和线下的教学创新有机结合。本课程的任课教师不进行知识点的专门讲授,而是以课堂讨论引导者的身份帮助学生构建知识体系。本范式的基本思想如下图所示,即以学习目标为导向,引导学生线上自主学习理论知识并参与讨论、答疑,在线下则通过一系列教学方法的创新,注重培养学生的综合分析能力和高阶思维;采用在线平台的单元测试题目,以课堂测验的形式检验学生对知识的掌握情况,并通过课后的非标准答案作业,进一步考核学生对知识的综合应用能力,由此形成一个完整的教学周期。

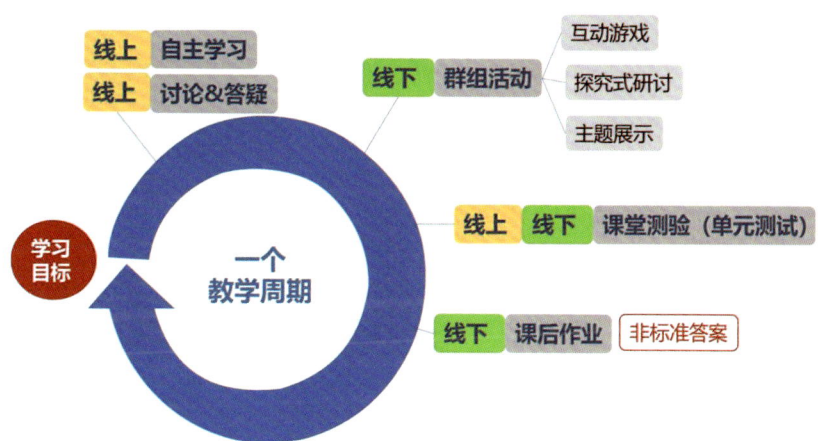

▶ "线上学理论,线下求应用"教学新范式

此外,为了更好地激发学生的学习主观能动性,本课程教学团队计划在行课过程中,构建一个师生学习共同体。具体方法如下:教师每周布置一定时长的线上课程学习任务,学生自行选择合适的时间进入课程平台观看学习视频;教师针对重要章节内容,布置案例分析题目或课堂互动活动主题,学生自行安排时间查阅资料,并为线下教学活动做准备。在线下的教学中,采用探究式研讨、小组讨论、思考—配对—分享、互动游戏等多种多样的课堂活动,着力培养学生总结归纳、信息加工以及分析问题、解决问题的能力。同时,教师利用线上信息平台,发布相关章节讨论主题,让学生各抒己见,教师定期解答学生提出的疑问,实现全过程答疑。上述教学模式能帮助教师更高效地完成教学任务,促进师生在教学过程中相互协作与交流,共享知识资源,培养创新思维能力,实现师生共同进步。

## 12. 教学计划

| 教学内容 | 教学重/难点 | 知识点及要求 | 学时分配 | |
|---|---|---|---|---|
| | | | 线上教学 | 线下教学 |
| 第一章 大数据与生物大数据<br>1.1 大数据的特征与价值<br>1.2 大数据的应用<br>1.3 生物大数据的来源<br>1.4 生物大数据的应用 | 本章教学重点是大数据的特征、生物大数据的来源以及人类基因组计划的实施要点；难点是帮助学生找准课程内涵，使之适应本课程所对应的学科交叉型研究特点 | 【掌握】大数据的特征；<br>【掌握】生物大数据的来源；<br>【掌握】精准医疗的定义、特征与研究手段，并能够运用到指定研究场景；<br>【熟悉】人类基因组计划的实施要点；<br>【熟悉】生物大数据的应用场景；<br>【了解】大数据的应用场景；<br>【了解】人类面对大数据的机遇和挑战 | 3 | 2 |
| 第二章 核酸数据库结构与检索策略<br>2.1 核酸序列数据库<br>2.2 基因组数据库<br>2.3 NCBI 数据库检索策略<br>2.4 Ensembl 数据库检索策略 | 本章教学重点是生物数据格式，教学难点是数据库结构特征和检索策略。其中，NCBI 数据库的各二级数据库之间的网络关系较为复杂且变化较快，如何制订合理的检索策略，既是本章的教学重点，又是难点 | 【掌握】生物数据格式；<br>【掌握】RefSeq 数据库存储特点和检索策略；<br>【掌握】PubMed 数据库的检索策略；<br>【掌握】Ensembl 数据库存储特点和检索策略；<br>【熟悉】NCBI 数据库各二级数据库的存储特点和功能；<br>【了解】核酸数据库的结构演变过程；<br>【了解】除 Ensembl 数据库之外的其他基因组数据库，如 DNA 3D 数据库，特殊功能数据库；<br>【了解】EMBL-EBI 数据库 | 3 | 2 |

| 教学内容 | 教学重/难点 | 知识点及要求 | 学时分配 | |
|---|---|---|---|---|
| | | | 线上教学 | 线下教学 |
| 第三章 蛋白质数据库与结构功能分析<br>3.1 蛋白质数据库概览<br>3.2 蛋白质序列数据库<br>3.3 蛋白质模体和域数据库<br>3.4 蛋白质结构数据库<br>3.5 蛋白质分类数据库<br>3.6 蛋白质结构功能分析 | 本章教学重点和难点均为综合运用不同蛋白质数据库和结构功能分析工具，解决科研或工程实际中蛋白质相关的问题 | 【掌握】UniProt序列数据库结构与检索策略；<br>【掌握】PDB药物综合数据库结构与检索策略；<br>【掌握】ExPASy等蛋白质功能分析工具箱的正确使用与指定蛋白质的合理解析；<br>【掌握】PyMol、AutoDock等蛋白质结构分析工具箱，能够熟练运用；<br>【熟悉】PROSITE模式和域数据库检索策略；<br>【熟悉】SCOP分类数据库结构与检索策略；<br>【了解】蛋白质结构比对中的数学思想 | 3 | 3 |
| 第四章 基因组测序技术原理<br>4.1 第一代测序技术原理及优缺点<br>4.2 第二代测序技术原理及优缺点<br>4.3 第三代测序技术原理及优缺点<br>4.4 三代测序技术的比较 | 本章教学重难点均为第二代测序技术原理的理解和应用。通过恰当的引导，学生应能识别第二代测序产生的真实数据，并能够预测其技术应用场景 | 【掌握】第一代测序技术的原理和优缺点；<br>【掌握】第二代测序技术的原理和优缺点、第二代测序产生数据的识别方法以及其技术应用场景；<br>【掌握】第三代测序技术的原理和优缺点；<br>【熟悉】三代测序技术的比较 | 3 | 2 |

| 教学内容 | 教学重/难点 | 知识点及要求 | 学时分配 | |
|---|---|---|---|---|
| | | | 线上教学 | 线下教学 |
| 第五章 测序方式、质量控制与数据组装<br>5.1 三种测序方式概述<br>5.2 Mate-Pair 建库方式<br>5.3 单端和双端测序<br>5.4 测序结果的存储格式<br>5.5 测序数据的质量控制<br>5.6 测序数据的组装 | 本章教学重难点有二：其一是测序方式的原理，需要教师通过适当的引导，让学生能够针对不同研究需要选择合适的测序方式；其二是数据组装中 Gap filling 的核心原则，需要教师通过适当的引导，让学生能够检查甄别因组装拼接导致的数据偏差，初步具备生物大数据解析能力 | 【掌握】测序的主要方式及选择；<br>【掌握】Mate-Pair 建库的实现原理及建库方式的选择；<br>【掌握】单端和双端测序的技术原理；<br>【掌握】数据组装中 Gap filling 的核心原则；<br>【熟悉】Velvet 拼接工具的操作要点；<br>【熟悉】测序结果的存储格式；<br>【熟悉】测序数据的质量控制方法 | 4 | 3 |
| 第六章 转录组测序原理与分析<br>6.1 C 值悖论<br>6.2 RNA 种类概述<br>6.3 RNA-Seq 技术原理<br>6.4 RNA-Seq 分析流程<br>6.5 RNA-Seq 技术应用与数据解析 | 本章教学重难点均为 RNA-Seq 的分析流程。通过适当的引导，学生能够针对不同的研究场景，进行有效的转录组测序数据解析，提升生物大数据解析能力 | 【掌握】RNA-Seq 技术原理；<br>【掌握】RNA-Seq 分析流程；<br>【熟悉】RNA 的种类及在转录中的特点；<br>【熟悉】RNA-Seq 实验方案设计要点；<br>【熟悉】RNA-Seq 取样关键要点；<br>【了解】C 值悖论的科学内涵；<br>【了解】RNA-Seq 在不同领域的应用 | 3 | 3 |

| 教学内容 | 教学重/难点 | 知识点及要求 | 学时分配 ||
|---|---|---|---|---|
| | | | 线上教学 | 线下教学 |
| 第七章 宏基因组测序原理与分析<br>7.1 宏基因组概述<br>7.2 宏基因组研究意义<br>7.3 微生物及微生物多样性<br>7.4 微生物群落样本测序<br>7.5 宏基因组报告解读<br>7.6 测序质量评估<br>7.7 菌群多样性分析流程 | 本章教学重难点均为菌群多样性的分析流程。教师通过适当的引导，让学生能够针对不同的研究需要，进行有效的宏基因组测序数据解析，并能够基于数据分析凝练形成报告，强化生物大数据解析能力，初步具备数据报告编制能力 | 【掌握】扩增子测序和宏基因组测序技术原理与差异；<br>【具备】宏基因组报告解读能力；<br>【掌握】微生物多样性分析原则；<br>【具备】区别alpha多样性和beta多样性的能力；<br>【掌握】菌群多样性分析的基本流程；<br>【具备】基于数据分析凝练形成报告的能力；<br>【熟悉】宏基因组测序质量评估主要参数；<br>【了解】宏基因组在不同领域的应用 | 3 | 3 |

# 教案展示

大数据与生物大数据

## （一）课时1~2：大数据与生物大数据

### 1. 学情分析、教学目标与要求

**学情分析**：学生在课前已经自主学习了线上部分，对大数据的特征、价值，以及生物大数据的基本概念有了初步的认识。同时，学生已经以小组为单位，在课前针对本节课的讨论主题收集了资料，并提交了主题报告。

**教学目标：** 以群组活动为教学组织形式，以生物大数据领域中的典型案例（精准医疗）为教学载体，以教师提出的定向问题为锚点，引导学生针对领域内的热点问题，整合现代生物与大数据两个学科的特点，初步构建能适应"生物大数据"这一交叉学科的系统性思维。

**教学要求：** 掌握现代生物技术领域典型问题的基本分析工具，初步建立解决问题的分析策略。

### 2. 群组活动

群组活动的教学内容及时间分配情况见下表。

| 教学内容 | | 计划用时（分钟） | |
| --- | --- | --- | --- |
| 一、群组活动规则介绍 | | 3 | |
| 二、本次群组活动的分数构成介绍 | | 2 | |
| 三、开展群组活动"工作坊：BRCA1/2基因的前世今生" | 主题一：BRCA1/2基因是什么？ | 25 | 85 |
| | 主题二：怎么检测？ | 45 | |
| | 主题三：如何分析统计数据？ | 15 | |

群组活动的形式为"抢答+主题展示"，每部分有教师提出的若干个定向问题，这些问题会依次出现在大屏幕上，抢到答题权的小组可以发言。规则如下：

①若抢答组回答准确，则直接得分，并进入下一题；

②若抢答组回答错误，则不得分；

③若抢答组回答不准确，酌情得分；

④若抢答组回答错误或回答不准确，可由其他组补充发言，若补充发言准确，则补充组可得满分。

本次群组活动由三个主题构成，开展流程如下：

**主题一：BRCA1/2基因是什么？**

教师引导学生依次抢答以下问题：

问题1：BRCA1/2基因的定位及编码情况如何？

问题2：BRCA1/2基因具有何种功能？

问题3：BRCA1/2基因与乳腺癌致病有何关系？

问题4：其他想要补充的信息有哪些？

每个问题回答完毕后,由教师总结回答情况并公布正确答案(问题4除外),4个问题都回答完毕后,教师就主题一作总结性发言,强化重要知识点。

**主题二:怎么检测?**

先由学生依次抢答以下问题:

问题5:BRCA1/2基因检测的临床路径是什么?

问题6:BRCA1/2基因检测目前使用最广泛的技术是什么?

问题7:NGS检测的基本流程是什么?

问题8:MLPA检测的基本流程是什么?

问题9:什么是文库制备?

问题10:为什么要进行MLPA验证?

问题11:其他想要补充的信息有哪些?

每个问题回答完毕后,由教师总结回答情况并公布正确答案(问题11除外),7个问题都回答完毕后,教师就主题二作总结性发言,强化重要知识点。

**主题三:如何分析统计数据?**

先由学生依次抢答以下问题:

问题12:除了BRCA1/2基因外,还有没有其他的乳腺癌致病基因?

问题13:其他想要补充的信息有哪些?

上述两个问题回答完毕后,教师就主题三作总结性发言,强化重要知识点,并播放课前准备好的总结性视频资料。

### 3. 课时作业与课堂讨论

**(1)课时作业**

教师明确课时作业的分数构成情况,并布置本课作业。

完成论述报告,说明BRCA1/2基因的前世今生。请注意在报告中回答下列问题:BRCA1/2基因是什么?怎么检测以及如何分析统计数据?

**(2)课堂讨论**

本次课堂涉及的讨论问题一共有8个,具体如下:

问题1:BRCA1/2基因的定位及编码情况如何?

问题2:BRCA1/2基因具有何种功能?

问题3:BRCA1/2基因与乳腺癌致病有何关系?

问题 5：BRCA1/2 基因检测的临床路径是什么？

问题 6：BRCA1/2 基因检测目前使用最广泛的技术是什么？

问题 7：NGS 检测的基本流程是什么？

问题 8：其他想要补充的信息有哪些？

### 4. 课时小结

本教案对应课程的第一章教学内容，旨在以社会广泛关注的典型案例作为载体，鼓励学生结合线上教学内容，自主收集更多学术性文献资料并有针对性地在课堂上展开研讨。本教案已经使用两个学期，其间充分采纳学校督导专家提出的改进建议，将群组活动三个大主题进行了深入的拆分，使其可以更加有效地引导学生对重点问题进行思考，达到培养学生学科思维能力的目的。现行的教学形式能够较为充分地调动学生参与课堂的积极性，教学效果较为理想。

本教案需要进一步改进的地方是抢答环节的组织。由于学生在抢答时积极性较高，教师通过肉眼很难判断学生举手的先后顺序，在开展线上教学时，网络互动教室的电子举手方式也难以避免犯规抢答情况的发生，希望未来可以采用更精准的抢答软件来完成此环节。

### 5. 参考文献

- 基于下一代测序技术的 BRCA1/2 基因检测指南（2019 版）[J]. 中华病理学杂志, 2019（9）.

- 张冬洁, 孟桦, 解云涛. 乳腺癌 BRCA1/2 基因大片段重排的研究进展 [J]. 肿瘤防治研究, 2017（9）.

- Sharon E Plon, Diana M Eccles, et al. Sequence Variant Classification and Reporting: Recommendations for Improving the Interpretation of Cancer Susceptibility Genetic Test Results [J]. *Human Mutation*, 2008, 29(11).

## （二）课时 3～4：核酸数据库

核酸数据库

### 1. 学情分析、教学目标与要求

**学情分析：** 学生在课前已经自主学习了线上教学内容，对核酸数据库和基因组数据库的组织形式、检索策略有了初步的认识。同时，学生已经以小组为单位，在课前针对本节课的讨论主题收集了资料，并提交了论述报告。

**教学目标：** 以群组活动为教学组织形式，以生物大数据领域中的典型案例为教学载体，以教师提出的定向问题为锚点，引导学生针对领域内的热点问题，灵活运用本章线上所学的核酸数据库知识，达到深入理解热点问题背后科学原理的目的。另外，通过案例分析，进一步引导学生构建适应"生物大数据"这一交叉学科的系统性思维。

**教学要求：** 灵活运用核酸数据库，探求社会热点问题背后的科学原理，初步建立大数据类生物问题的信息挖掘、信息分析和信息加工能力。

### 2. 群组活动

群组活动的教学内容及时间分配情况见下表。

| 教学内容 | | 计划用时（分钟） | |
|---|---|---|---|
| 一、群组活动规则介绍 | | 3 | |
| 二、本次群组活动的分数构成介绍 | | 2 | |
| 二、开展群组活动"工作坊：COVID-19" | 主题一：数据库中的 COVID-19 | 25 | 85 |
| | 主题二：突变都变了啥？ | 45 | |
| | 主题三：核酸检测的来龙去脉 | 15 | |

群组活动的形式为"抽签轮答 + 实时主题研讨会"。抽签轮答的规则是：教师根据讨论主题准备 8 个问题，全班共分为 8 个小组，每个小组抽取 1 题并回答，回答准确即可得分；若回答得不准确，其他小组可补充。实时主题研讨会的具体开展方式为：各小组就一共同主题展开研讨，提交研讨结果。

**主题一：数据库中的 COVID-19**

学生根据抽签情况依次回答以下问题：

问题 1：目前我们已知的 SARS-CoV-2 病毒 RNA 编码的蛋白质有哪些？

问题 2：SARS-CoV-2 病毒的基因组信息是否已知？若已知，其序列全长是多少？其 NCBI 登录号是什么？

问题 3：目前数据库中记录的 SARS-CoV-2 病毒的核酸序列主要由哪些测序平台完成？

问题 4：SARS-CoV-2 病毒攻击宿主的分子机理是什么？

每个问题回答结束后，由教师总结回答情况并公布正确答案，强化重要知识点。

**主题二：突变都变了啥？**

学生根据抽签情况回答以下问题：

问题 5：SARS-CoV-2 病毒序列的突变主要发生在什么区域？有哪些主要的突变位点？

问题回答结束后，由教师总结回答情况并公布正确答案，强化重要知识点。

**主题三：核酸检测的来龙去脉**

学生根据抽签情况依次回答以下问题：

问题 6：用于检测新冠病毒的 qPCR 主要步骤和原理是什么？Ct 值是什么？

问题 7：如何判定一份样本的 qPCR 核酸检测呈阳性？

问题 8：在 qPCR 检测中，采用的 Taqman 探针通常为 3 个，也称为三重检测。其中一个探针为正常人体的内标基因（如管家基因），另外两个为新冠病毒的特异性基因。请判断，S 蛋白基因片段和 ORF-1ab 蛋白基因片段哪一个更宜作为新冠病毒的特异性基因探针进行核酸检测？

每个问题回答结束后，由教师总结回答情况并公布正确答案，强化重要知识点。

**实时研讨会**

学生就以下问题，以小组为单位进行实时研讨，现场提交研讨结果。

请判断以下说法是否正确，根据是什么？

采用 RT-PCR 进行的新冠病毒核酸检测中出现"假阴性"的概率比出现"假阳性"的概率高。

学生提交研讨结果后，教师进行评讲并作总结性发言。

▶ 研讨现场

### 3. 课时作业与课堂讨论

教师明确课时作业的分数构成情况并布置本课作业。

课时作业分数构成情况如下（总分为100分）。

◆ 小组研究报告：满分为80分，由教师根据完成情况给分。

◆ 小组课堂表现：满分为20分，由教师根据学生回答情况酌情给分。

#### （1）课时作业

完成关于COVID-19的论述报告。报告中需要明确回答如下3个问题：

①数据库中COVID-19的相关信息。

②突变都变了啥？

③核酸检测的来龙去脉。

#### （2）课堂讨论

本次课堂涉及的讨论问题一共有9个，具体如下：

问题1：目前我们已知的SARS-CoV-2病毒RNA编码的蛋白质有哪些？

问题2：SARS-CoV-2病毒的基因组信息是否已知？若已知，其序列全长是多少？其NCBI登录号是什么？

问题3：目前数据库中记录的SARS-CoV-2病毒的核酸序列主要由哪些测序平台完成？

问题4：SARS-CoV-2病毒攻击宿主的分子机理是什么？

问题5：SARS-CoV-2病毒序列的突变主要发生在什么区域？有哪些主要的突变位点？

问题6：用于检测新冠病毒的qPCR主要步骤和原理是什么？Ct值是什么？

问题7：如何判定一份样本的qPCR核酸检测呈阳性？

问题8：在 qPCR 检测中，采用的 Taqman 探针通常为3个，也称为三重检测。其中一个探针为正常人体的内标基因（如管家基因），另外两个为新冠病毒的特异性基因。请判断，S 蛋白基因片段和 ORF-1ab 蛋白基因片段哪一个更宜作为新冠病毒的特异性基因探针进行核酸检测？

问题9：采用 RT-PCR 进行的新冠病毒核酸检测中出现"假阴性"的概率比出现"假阳性"的概率高，这个说法是否正确？为什么？

### 4. 课时小结

本次课堂活动是学生在学习核酸数据库的相关知识之后展开的，教师在进行课堂设计时仍然以社会热点问题为载体，强化学生对于所学知识的综合运用。另外，教师通过主题研讨的形式，预先将本门课程后期的重点内容（即测序技术）进行了介绍，旨在让学生通过宏观的描述、图示和教师的讲授建立起对测序技术初步的认识，降低学生接下来学习该部分难点内容时的"理解活化能"。

另外，为了增加课堂活动的多样性，此次教学在上一次案例主题研讨会的基础上，进行了比较大的形式调整，由抢答改为了定向问题抽签轮流作答，有效地保证了课堂秩序。此外，本次课堂还增加了实时研讨环节，设置了关于核酸检测"假阴性"和"假阳性"现象的概率问题，供学生讨论，现场气氛热烈，学生参与度和积极性都很高。可以说，本次课堂活动是非常圆满的。教师在下一学期开课前，可以继续优化本次主题研讨的问题，设计更多类似问题8的实例型题目，进一步提升课堂的趣味程度，激发学生的高阶思维能力。

### 5. 参考文献

- Qianqian Li,Jiajing Wu, et al. The Impact of Mutations in SARS-CoV-2 Spike on Viral Infectivity and Antigenicity [J]. *Cell*, 2020(182).
- Wenyang Zhou, Chang Xu, et al. Impact of mutations in SARS-COV-2 spike on viral infectivity and antigenicity [J]. *Briefings in Bioinformatics*, 2022, 23(1).

## （三）课时5～6：基因组测序技术

### 1. 学情分析、教学目标与要求

**学情分析：** 学生在课前已经自主学习了线上教学内容，对第一、二、三代测序技术的原理、优缺点等有了初步的理论认识。另外，每个学生在参加线上学习的同时，根据自己的理解，绘制了三代测序技术的思维导图，并上传到了在线学习平台。

**教学目标：** 本课以"作业互评 + 群组活动"为教学组织形式，通过"以评价促学习，以测验促反思，以讲解促提高"的模式，多维度帮助学生掌握三代测序技术的核心原理和特点，达到深入理解生物数据生成过程中关键技术细节的目的，为学生掌握更高阶的生物信息分析应用奠定基础。

**教学要求：** 掌握三代测序技术的基本原理、优缺点，厘清三代测序技术之间的技术差异，能够甄别生物数据产生过程中的关键因素，形成一定的生物信息勘察能力。

2. 群组活动

群组活动的教学内容及时间分配情况见下表。

| 教学内容 | | 计划用时（分钟） | |
|---|---|---|---|
| 一、课前活动：作业互评 | | 12 | |
| 二、本次群组活动的分数构成介绍 | | 3 | |
| 三、开展群组活动"工作坊：三代测序技术概览" | 活动一：速写测验（Sketch） | 15 | 75 |
| | 活动二：拼图测验（Jigsaw） | 25 | |
| | 活动三：预测测验（Prediction） | 10 | |
| | 活动四：抬头时刻 | 15 | |
| | 活动五：揭晓时刻 | 5 | |
| | 活动六：起立时刻 | 5 | |

学生课前已经在中国大学 MOOC 在线课程平台上提交个人作业（即三代测序技术的思维导图）。课堂上，要求学生从思维导图总结的条理性和全面性两个方面为其他同学的作业打分（系统随机分配 5 份作业）。

**活动一：速写测验（Sketch）**

学生以小组为单位，充分讨论以下问题，用简图的方式在答卷上回答。

问题 1：以双脱氧链终止法技术为例，绘制简图说明第一代测序的流程。

问题 2：以 Illumina Solexa 技术为例，绘制简图说明表示第二代测序的流程。

活动二：拼图测验（Jigsaw）

将14个关于三代测序技术的描述打乱，要求学生以小组为单位，充分讨论，在答卷上正确分类。

打乱的描述为：①低通量测序；②高通量测序；③直接测序；④纳米孔测序；⑤单分子测序；⑥边合成边测序；⑦基于PCR扩增；⑧基于电泳技术；⑨基于荧光染色原理；⑩基于链终止法；⑪可获得较长的片段；⑫可获得很长的片段；⑬需要进行文库制备；⑭核酸片段会被固定在芯片上。

▶ 拼图测验（Jigsaw）活动现场

活动三：预测测验（Prediction）

学生以小组为单位，充分讨论以下问题，在答卷上写上答案并抽签依次回答。

问题3：已知一段DNA序列片段，其模板链序列为3'-CTAGGCTA-5'，请预测此单链在一代测序的四个反应中，分别会产生哪些片段？

ddATP：

ddCTP：

ddGTP：

ddTTP：

活动四：抬头时刻

所有小组在现场提交答卷之后，教师要求学生从小组讨论的氛围中抽离，抬头看大屏幕，就本章重要知识点进行有针对性的讲授，强化学生对重点内容的理解。

活动五：揭晓时刻

公布上述所有问题的答案并进行必要的解析。

活动六：起立时刻

让学生全体起立，用手势回答问题。屏幕上依次出现下列4个关于测序技术的描述，要求学生判断其真假，若为真命题，举右手；若为假命题，举左手；若认为描述复杂无法判断，则将双手交叉置于胸前。本活动开展的目的是确认学生对本节课知识点的掌握情况。

描述 1：二代测序和三代测序都需要 PCR 扩增。

描述 2：二代测序和三代测序都需要构建 DNA 测序文库。

描述 3：二代测序和三代测序都可以对 RNA 进行测序。

描述 4：荧光标记是二代测序和三代测序中重要的技术手段。

3. 课时作业

教师明确课时作业的分数构成情况并布置本课作业。

课时作业分数构成情况如下（总分为 100 分）。

◆ 作业互评：满分为 62 分。

◆ 小组课堂表现：满分为 38 分。其中速写测验（Sketch）满分为 10 分，拼图测验（Jigsaw）满分为 20 分，预测测验（Prediction）满分为 8 分。

课后作业：请用思维导图描述一代、二代、三代测序技术的原理和优缺点。

课堂作业：请回答活动一、二、三的问题。

4. 课时小结

本次课堂活动对应了本课程最核心、最难讲的部分，也是学生最难理解的部分——测序技术的原理。由此可见，本次课堂的设计初衷就是以评代讲、以测代讲，以高效帮助学生补齐知识理解的短板，同时促进学生在理解知识的基础上形成运用知识的能力。由于本部分知识点繁多，教师在课前就要求学生利用思维导图来理清知识脉络，并通过互评环节，实现互相学习和互相借鉴的目标。同时，教师经过精心的设计，将本部分知识点凝练成几个测验题目，有效地传达了本部分内容的重点。本课的教学效果也表明，这几个测验题目，尤其是拼图测验，对于检测学生的学习效果还是能起到一定作用的，只有 1 组学生完全回答正确，其余 7 组学生的回答都出现了不同程度的错误或者缺漏，因此，教师需要进行有针对性的讲解。另外，由于本课知识点较为晦涩难懂，测验题目难度也较大，此次课堂的气氛不如之前开展主题研讨会时热烈，但小组学生之间仍然进行了非常充分的交流，课堂效果理想。

本课堂需要进一步改进的地方是作业互评环节，应制定更完善的评分系统。当前的评分系统只要求学生按照一定的标准打分，并没有设定打分的区间，因此，学生给其他同学打的分都比较高，同学与同学之间得分的区分度较小，很难拉开差距，后期只能加入教师评分来加以区别。下学期开课时，教师可以重新设计评分制度，且继续采用教师评分来制衡。

5. 线上教学资源

- MOOD 平台：https://www.icourse163.org/course/FAFU-1001766004。
- 因美纳测序平台：https://www.illumina.com/。
- 牛津纳米孔测序平台：https://nanoporetech.com/。
- 四川大学 SPOC：https://www.icourse163.org/spoc/course/SCU-1205806810?tid=1467136703。

### （四）课时 7～8：转录组测序

#### 1. 学情分析、教学目标与要求

**学情分析**：学生在课前已经自主学习了线上教学内容，对转录组技术的原理、特点和应用有了初步的认识。另外，教师提前一周布置了一篇转录组研究的学术论文精读任务，学生以小组为单位，利用本章知识，综合原有基础，分别对论文中的某幅图片进行了深入解析，并提交了报告。

**教学目标**：以专项对抗赛为教学组织形式，以领域内高水平学术论文为教学载体，充分调动学生对本课程乃至其他前置专业课程的知识储备，结合线上发布的理论知识视频，促使学生内化知识，以运用于学术论文的解析。通过课堂活动，达到巩固前置知识点、从数据产生到结果分析全过程深入理解转录组技术的教学目的，为学生继续深造奠定基础。

**教学要求**：掌握转录组技术的原理、特点；能够熟练阅读领域内高水平学术论文；能够灵活运用本章理论知识和前置知识，对转录组技术的数据进行解析，并形成一定的信息解析能力。

#### 2. 群组活动

群组活动的教学内容及时间分配情况见下表。

| 教学内容 | | 计划用时（分钟） | |
|---|---|---|---|
| 一、本次群组活动的分数构成介绍 | | 5 | |
| 二、开展群组活动"RNA-Seq 专项对抗赛" | 第一轮：对抗淘汰赛 | 40 | 85 |
| | 第二轮：半决赛 | 25 | |
| | 第三轮：冠军赛 | 15 | |
| | 颁奖仪式及复盘 | 5 | |

### 第一轮：对抗淘汰赛

课前一周，教师已安排各小组通过抽签确定了对抗淘汰赛的对阵方。本轮比赛共有 3 个流程，具体如下。

◆ 汇报：对战小组各派一名成员上讲台，按照先 A 后 B 的顺序，每人 1 分钟，轮流介绍图表，双方均无内容再介绍，则汇报终止。

◆ 发问：按照先 B 后 A 的顺序，依次向对战组成员发问，在对方回答后公布本组准备的答案。

◆ 评判：未参与对战的其他 6 个小组的组长进入评委席，与教师共同组成 7 人评审团，在发问结束后，通过举牌示意的方式投票选出胜出小组（A 或 B），进入下一轮比赛。

### 第二轮：半决赛

在半决赛中，对战小组将就下列问题进行讨论并提交答卷，率先提交且回答正确的小组胜出。若需综合正确率和用时长短判定胜负时，则正确率具有优先级。作答限时 20 分钟。

题面 1：RNA-Seq 的取样点非常重要，请用简图概括文章中的两个测序取样点的制备过程。

题面 2：RNA-Seq 在测序前的样本处理非常重要，请用简图概括文章中菌株样本在取样后的处理流程。

已被淘汰小组也可答题，若答对仍可获得额外 2 分加分。

比赛双方提交答卷后，教师公布答案，并宣布获胜方。

### 第三轮：冠军赛

在冠军赛中，对战小组将就下列问题进行讨论，并提交答卷，率先提交且回答正确的小组胜出。若需综合正确率和用时长短判定胜负时，则正确率具有优先级。作答限时 10 分钟。

题面 3：文章中关于 DEGs 的功能分析，是如何实现的？

已被淘汰小组也可答题，若答对仍可获得额外 2 分加分。

比赛双方提交答卷后，教师公布答案，并宣布获胜方。

比赛结束后，教师在全班举行简短的颁奖仪式并组织学生对比赛情况进行复盘。

▶ "RNA-seq 专项对抗赛"场景

### 3. 课时作业与专项比赛

（1）课时作业

教师明确课时作业的分数构成情况并布置本课作业。课时作业分数构成情况如下（总分为 100 分）。

◆ 小组研究报告：满分为 80 分。

◆ 小组课堂表现：满分为 20 分。进入不同赛段的小组，将获得相应级别的分数。每个完赛小组获 5 分，进入半决赛的小组额外获 2 分，进入决赛的小组额外获 4 分，冠军小组额外获 8 分。

作业题目：根据抽签结果，描述和分析指定文献中对应的图示，并针对此图，准备问题若干，在下次课堂活动中向对战组发起挑战。

（2）专项比赛

本次课堂除了解析论文中的图表之外，还涉及半决赛及冠军赛，题面如下。

题面 1：RNA-Seq 的取样点非常重要，请用简图概括文章中的两个测序取样点的制备过程。

题面 2：RNA-Seq 在测序前的样本处理非常重要，请用简图概括文章中菌株样本在取样后的处理流程。

题面 3：文章中关于 DEGs 的功能分析，是如何实现的？

### 4. 课时小结

本次课堂活动对应了课程的转录组测序技术这一部分教学内容。学生在掌握了测序基本原理之后，通过线上教学视频学习了转录组测序技术的原理、特点和应用。而转录组测序技术是时下非常重要的研究手段，利用该技术进行研究后发表的学术论文的数量呈现出爆炸式增长的趋势。因此，本次教学直接以一篇近期发表的文献为载体,让学生在精读该文献的基础上,通过学生互相发问、教师发问等方式,组织了一次专项对抗赛。在课堂中引入比赛环节,在一定程度增加了课堂的紧张度,学生在比赛中表现得非常积极,课堂氛围热烈。此外,教师组织与教学内容直接相关的高水平学术论文精读,可以让学生直观感受本部分知识可以如何为科研服务。总体而言,教师对教学活动的准备非常充分,在准备的过程中自然而然地实现了对前置知识点的综合运用,在比赛的教师点评环节中也实现了对知识理解的升华,教学效果理想。

本次教学也暴露出一些不足,需要进一步改进。这种不足主要表现在专项对抗赛环节,具体如下。

首先,初赛是对抗淘汰赛的形式,在各小组轮流介绍图表的时候,教师没有提前向学生明确发言时间限制,导致比赛的进度稍显拖沓。因此,教师下期开课时应该在赛前规则中对小组展示时长做出明确要求。

其次,在对抗淘汰赛两组互相发问的环节,有的小组为了赢得比赛,选择了非常刁钻的发问角度,导致评审团对获胜方的评判变得困难。因此,教师下期开课时需要对小组发问的范围做出明确限定。

### 5. 参考文献

Shangjie Yao, Rongqing Zhou, et al. Effect of Co-culture with Tetragenococcus Halophilus on the Physiological Characterization and Transcription Profiling of Zygosaccharomyces Rouxii [J]. *Food Research International*, 2019(121).

# 教学小结

卢梭在《爱弥儿》中谈道："最好的教育就是无所作为的教育，学生看不到教育的发生，却实实在在地影响着他们的心思，帮助他们发挥潜能，这才是天底下最好的教育。""生物大数据"课程团队一直致力于构建一个让教师与学生关系更加对等的学习社区，在这个学习社区，教师和学生之间能够相互影响、相互促进，共同进步。本课程的主讲教师在每节课开始前都会进行非常精心的设计与安排，选取生物大数据领域中的典型案例（如新型冠状病毒COVID-19、乳腺癌基因BRCA1/2等）为教学载体，设置靶向问题，引导学生探求隐藏于生物大数据下的答案，达到深入理解热点问题背后科学原理的目的，让学生感觉学习不再枯燥无味；针对不同难度的学习内容选取适合的教学方式。比如，实践类章节让学生通过以评代讲、以测代讲、拼图测验等多元化方式高效理解知识点，最大程度发挥学生的主体作用，培养团队协作能力；在线下群组活动中开启趣味教学，设置小组互动游戏、探究式研讨、主题展示等环节，给学生创造机会，让其体验成功感，激发学生学习兴趣。可以说，"生物大数据"的课堂是"教师走下讲台，让学生登场唱戏"的课堂，而如何通过持续的、精心的教学设计，激发学生更大的内驱力，帮助学生发挥更大的潜能，则是本课程所有主讲教师需要持续思考的重要命题，毕竟"为党育人，为国育才"是中国高等教育始终不变的初心。

# 材料生物学

## 教学团队简介

尹光福，本课程负责人，教授，国务院政府特殊津贴获得者，四川省学术与技术带头人。长期担任四川大学生物医学工程专业（首批国家级一流本科专业建设点）负责人，2013年至今担任教育部高等学校生物医学工程类专业教学指导委员会副主任委员。主持专业的知识体系重塑与教育模式改革，并以"材料生物学"课程建设为牵引，推动了"从被动筛选应用跨向主动设计调控生物材料"的专业教育思想变革。承担四川省教改项目3项，其中牵头重点项目1项。2018年获四川省优秀教学成果二等奖，2021年获四川省优秀教学成果一等奖，2023年牵头获得国家级教学成果二等奖。主编出版了国内第一本"材料生物学"课程教材（入选国家卫健委和国家教指委"十三五"规划教材）。

材料生物学

杨为中，教授，中国生物医学工程学会生物材料分会委员，中国生物医学工程学会生物材料分会委员，四川省学术与技术带头人后备人选，教学经验丰富、教学成效显著，先后获四川大学唐立新教学名师奖、四川大学姜维平优秀教学奖、四川大学优秀教师等荣誉。近年来，承担国家及省级教改项目 5 项，先后获国家级教学成果一等奖、二等奖，及四川省教学成果特等奖、一等奖和二等奖共 4 项（其中两项二等奖为第一完成人），主持建成国家级一流本科课程及国家级一流本科课程及四川省精品资源共享课程 / 四川省一流本科课程 1 门。

张仕勇，教授，国家级优秀青年人才，承担省级教改项目 1 项，在教学中注重引导学生将知识学习与科技实践相结合，先后指导学生获全国生物医学创新设计大赛一等奖、四川省生物医学工程创新设计大赛一等奖、四川省材料设计大赛一等奖等荣誉，获国家级教学成果二等奖、四川大学创新创业实践教育优秀指导教师。

金蓉蓉，副研究员，在教学中注重现代教育技术和网络公开资源的运用，积极引导学生关注相关领域科技前沿，将知识学习与科技实践相结合，并指导学生获校级大学生创新创业三等奖。在工作中专注于高分子复合材料的生物安全性评价和临床转化应用，并参与 3 部生物材料专著的编写工作。

# 课程信息

### 1. 课程简介

生物医学材料是融合生物学、医学和材料学的原理和方法而设计、合成并应用于医学实践的一类新型功能材料。无论是作为组织器官修复物、药物/基因载体或植入器械，还是用作医学诊断介质，生物医学材料功能的发挥都是基于材料与机体在分子、细胞、组织层次或在器官与系统层次的相互作用及应答，从而获得所需的诊断信息或产生治疗效应的。

材料生物学是研究和探讨材料理化特性对细胞、组织、器官及整个生物体生物学功能的影响规律及其相关机制的科学。本课程围绕"材料组成与结构—材料植入生理环境—材料与机体相互作用—机体生物学响应"这条主线，从机体及材料两个不同的角度及人体分子、细胞、组织、器官与系统等不同层次，阐述生物医学材料与活体的相互作用、生物效应及其发生规律，强调通过组成、结构、形态、表面等材料学因素调控机体微环境，在避免或降低不良反应的同时，增强缺损组织修复与机体治疗的效果。了解和掌握生物医学材料与人体不同层次的相互作用以及机体的应答，可从生物学效应的本质上深入理解生物医学材料，为生物医学材料研究实现从材料筛选及应用延伸的必然王国，向利用和调控材料生物学效应的自由王国的跨越奠定坚实的理论基础。

### 2. 课程类型：必修课

### 3. 学时：48 学时

### 4. 学分：3 学分

### 5. 授课对象：生物医学工程专业本科三年级学生

### 6. 课程教材

尹光福，张胜民. 生物医学材料学　材料生物学 [M]. 北京：人民卫生出版社，2021.

### 7. 教学目的及教学要求

（1）教学目的

在价值观层面，本课程通过介绍生物医学材料领域的当代成就、科学精神和工程伦理，旨在将自信和担当内化于心、外化于行。在专业知识层面，本课程致力于让学生掌握材料组成结构对其在生理环境中的行为特征以及对机体不同层次生命活动的影响规律，深层次理解生物材料的毒性作用或诊疗效应等功能发挥的作用机制。在能力素质层面，掌握以材料生物学理论预测材料生理功能的分析能力以及针对复杂生理环境下特定功能实现而主动设计生物医学材料的创新能力。

（2）教学要求

本课程要求学生掌握以下知识：生物医学材料的发展及其应用领域、材料植入的生理环境特征以及临床应用对材料的基本性能；材料理化特性对细胞、组织、器官及整个生物体等不同层面的生物学功能的影响规律及相关机制。要求学生具有运用材料与人体不同层次的相互作用和应答的因素来分析和表达组织再生微环境和再生修复中复杂工程问题的能力，并能够基于材料理化特性对人体不同层次的生物学功能的影响规律，通过数据收集、信息综合，对生物医学材料的创新研究和设计。

### 8. 教学重点及难点

（1）教学重点

① 生物材料应用的生理环境与宿主反应，如宿主生理环境、材料植入后的组织反应、血液反应及免疫反应等。

② 生物医学材料表面对蛋白质的吸附，如材料表面蛋白质吸附过程、材料表面蛋白质吸附的影响因素、蛋白质吸附对材料生物相容性的影响等。

③ 细胞在生物医学材料表面黏附与铺展的过程，材料表面特性对细胞黏附与铺展的影响。

④ 材料在生理环境中的物质释放与代谢，如植入材料在生理环境中的物质释放机制、不同植入目的的生物材料设计与选择原则、植入材料释放物在体内的代谢途径等。

⑤ 生物医学材料的毒性作用，如金属生物医学材料释放离子的毒性效应、生物陶瓷释放离子的毒性作用、高分子材料的毒性来源及其毒性类型等。

⑥ 生物医学材料的免疫学效应，如掌握人体免疫的特点、植入材料的免疫应答过程、植入材料的免疫反应评价手段、免疫调控型生物材料的设计等。

⑦ 纳米颗粒的体内输运与胞内行为，如纳米颗粒的体内输运过程、体内分布及影响因素，纳米颗粒与细胞器的相互作用等。

⑧ 生物医学材料的组织诱导效应，如磷酸钙生物材料的骨诱导性机制和研究方法、组织诱导性生物材料的设计等。

（2）教学难点

① 生物医学材料的凝血激活与补体激活。

② 生物医学材料表面吸附蛋白质的结构域构象变化与外露。

③ 细胞在材料表面的分子识别与连接机制，细胞铺展驱动力与阻碍力的竞争机制。

④ 金属离子在分子水平的毒性作用原理。

⑤ 植入材料表面细胞黏附行为的分子信号传导过程。

⑥ 纳米颗粒的体内分布与靶向定位，纳米颗粒的氧化应激反应。

## 9. 教学计划

| 教学内容 | 计划学时 |
| --- | --- |
| 绪 论　生物材料学与材料生物学 | 1 |
| 第一章　生物医学材料及其性能要求 | 2 |
| 第二章　生物材料应用的生理环境与宿主反应 | 3 |
| 第三章　生物医学材料表面对蛋白质的吸附 | 6 |
| 第四章　细胞在材料表面的黏附与铺展 | 3 |
| 第五章　材料在生理环境中的物质释放与代谢 | 6 |
| 第六章　生物医学材料的毒性作用 | 6 |
| 第七章　生物医学材料的免疫学基础 | 6 |
| 第八章　生物医学材料的分子生物学基础 | 3 |
| 第九章　纳米颗粒的体内输运与胞内行为 | 6 |
| 第十章　生物医学材料的组织诱导效应 | 6 |

# 教案展示（绪论及第一章）

绪论及第一章

### 1. 教学目的

本次课的教学目的主要有3个：使学生熟悉生物医学材料的发展历史，掌握生物医学材料的基本内涵，掌握生物医学材料的性能要求。

### 2. 教学重点与难点

本次课的教学和难点主要有3个，分别如下：

①生物医学材料的应用目的、植入环境及性能要求。

②材料反应与宿主反应，特别是血液反应、组织反应及免疫反应的相关知识。

③第一代、第二代、第三代生物医学材料的行为特征与研究重点的异同。

### 4. 具体教学安排

本课涉及的章节为绪论"生物材料学与材料生物学"和第一章"生物医学材料及其性能要求"，计划用时为3学时，主要为理论课。

（1）第一节课

教师讲解本课程的绪论部分，介绍生物材料科学研究关注点的演变、材料生物学的内涵及研究内容，通过互动研讨（研讨主题为："BMP"的发现带来的启示）导入课程思政环节，引导学生思考生物医学工程专业学子的初心与使命。

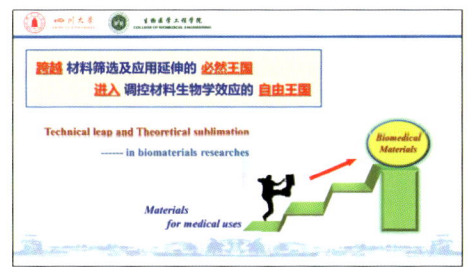
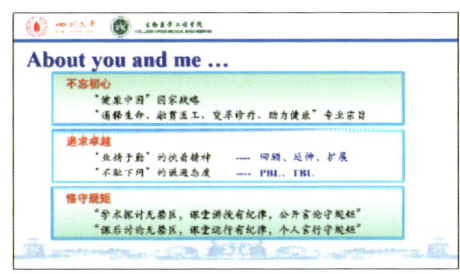

▶课件截图：绪论

在此基础上教师为学生介绍本课程的学习目标、学习要求及考核方式。

▶ 课件截图：本课程的学习目标

（2）第二节课

教师讲授第一章"生物医学材料及其性能要求"，主要内容包括生物医学材料定义演变、生物医学材料应用领域以及生物医学材料基本性能要求等。

在介绍生物医学材料定义演变时，教师先为学生介绍关于生物医学材料的几种经典定义，让其了解生物医学材料定义演变的过程，并在此基础上引导学生对比分析生物材料、生物医学材料及生物技术材料的异同。

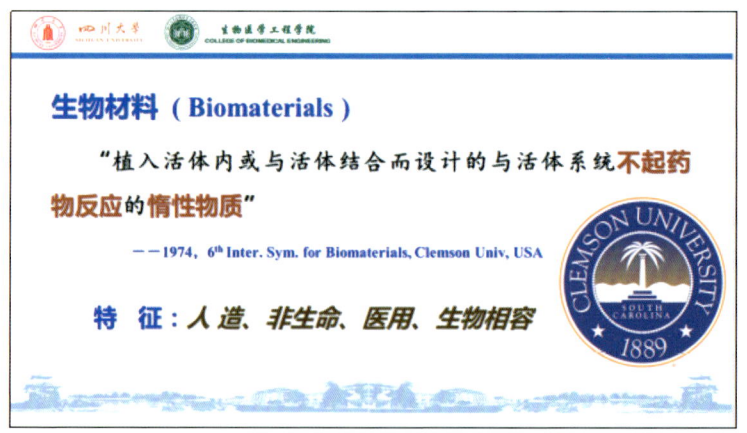

▶ 课件截图：生物材料的定义及特征

在介绍生物医学材料应用领域相关知识时，教师通过导入案例"骨缺损修复材料及靶向药物控释系统"，让学生了解生物医学材料应用的主要领域。

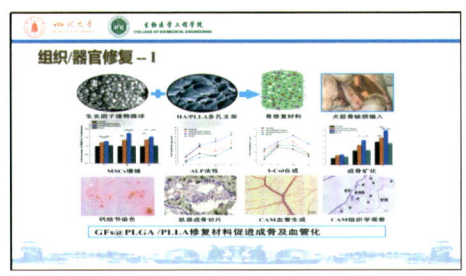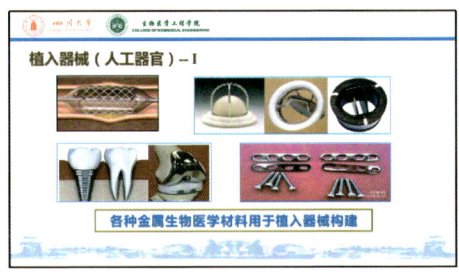

▶ 课件截图：生物医学材料应用的主要领域

在介绍生物医学材料基本性能与要求时，教师通过案例分析、互动研讨等方式，引导学生学习生物医学材料的生物功能性，生物医学材料的生物相容性，血液相容、组织相容与力学相容以及材料反应与宿主反应等知识点。

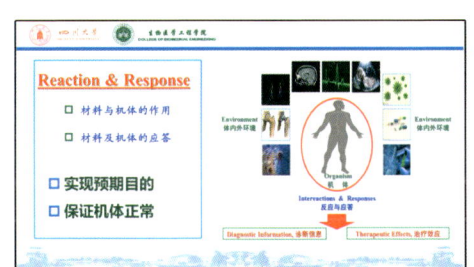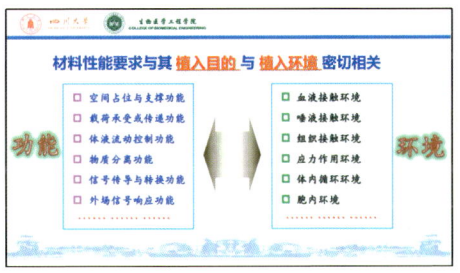

▶ 课件截图：生物医学材料基本性能与要求

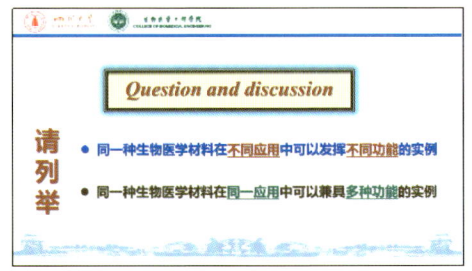

▶ 课件截图：互动研讨

（3）第三节课

教师导入案例"生物活性玻璃的发现"，讲解生物医学材料发展历程、生物医学材料分类方法等知识点，并导入课程思政环节"BME产业与'健康中国'国家战略"。

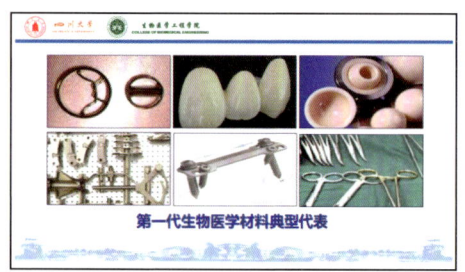
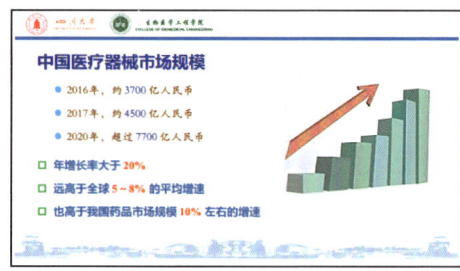

▶ 课件截图：生物医学材料发展历程

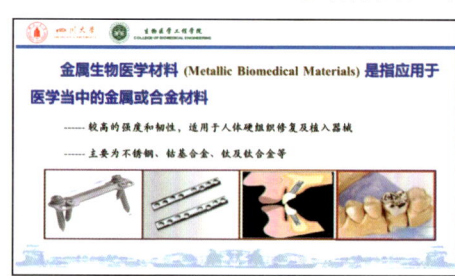
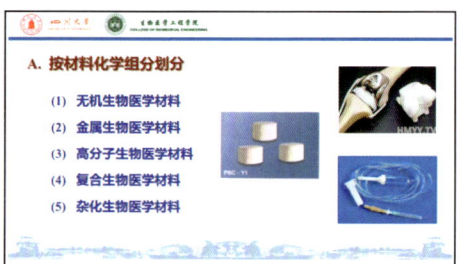

▶ 课件截图：生物医学材料分类方法

### 5. 课堂讨论与课后作业

（1）课堂讨论

知识点学习完毕后，教师带领学生开展课堂讨论，题目如下：

① Urist 关于 BMP 的发现给骨组织修复带来的启示。

② 血液相容、组织相容与力学相容对材料应用的重要意义。

（2）课后作业

教师布置课后作业，让学生完成，题目如下：

① 有人认为，"生物医学材料定义的演变，可以充分展现生物医学材料研究和应用的发展"。谈谈你对此的看法并举例说明。

② 简述生物医学材料的生物功能性的内涵。骨修复材料和血管修复材料分别应具备哪些基本的生物功能性？

③ 简述生物医学材料的生物相容性的内涵。生物医学材料植入后的宿主反应与材料反应各指的是什么？对生物医学材料的应用有什么意义？

④ 按照材料的化学组分，可以把生物医学材料分为哪些类型？生物医学材料的应用特征是什么？

⑤ 什么是杂化生物医学材料？与其他类型生物医学材料相比有什么优势？

▶ 尹光福教授依托智慧教学环境开展探究式——小班化教学

▶ 尹光福教授在课程实践中强调伦理意识和责任担当

▶ 学生开展课堂研讨

▶ 师生通过多元化方式学习知识

# 教学小结

本课程从机体及材料两个不同角度，人体分子、细胞、组织、器官与系统等不同层次，阐述了生物医学材料及医疗器械与活体的相互作用、生物效应及其发生规律，强调从生物学效应的本质理解生物医学材料。

本课程紧密围绕"学生中心、产出导向、持续改进"的工程教育理念，坚持"材料与生物相结、理论与实践相结合、课内与课外相结合"的教学模式组织课程的实施，强力支撑课程教学目标的达成和实现。

本课程具有以下显著特色：

第一，医工融合开启全新教学内容。本课程着眼于生物医学材料科学的未来发展，将生物医学理论与材料学理论融会贯通，把"机体—环境—作用—应答"贯穿课程教学的全过程，引导学生从不同的视角认识材料的生物学效应，实现从关注材料制备表征向注重材料与机体作用过程的根本性转变。

第二，学科引领拓展课程广度深度。本课程充分发挥四川大学生物医学工程学科在"组织诱导性生物材料"的特色优势，将张兴栋院士原创性"组织诱导理论"及学科最新研究成果转化为教学内容和课程案例，依托国家级一流平台推进学生科创实践全覆盖，引导学生理解生物医学材料最新理论的精髓，运用材料生物学理论剖析创新性生物医学材料制品的原理，掌握生物医学材料创新研究的主要环节，紧跟生物医学材料发展的步伐。

第三，模式创新激发热情焕发活力。本课程通过手机互动、案例分析、探究式研讨、课程论文、课件报告及思政元素融入等多样化的教学方式，激发课堂教学的活力、强化责任担当；在课外，以"材料生物学"课程内容为依托，衍生构建了"材料对组织生长诱导效应探索"及"靶向药物/基因载体设计合成与药物递送"两大创新实验平台，并通过项目式拓展学习、跨学科项目式学习社团等举措，激发学生探索求知的热情。

未来，本课程将以生物医学材料的世界科学前沿发展和国家重大需求为导向，以"十四五"期间国家重大重点科研项目为牵引，进一步丰富和优化课程内容、教学案例和视频教学资源，进一步增强"线下课堂"的生机活力，用好课堂教学的主阵地，发挥专业核心课程的引领和示范作用。

# 金声玉振
# 秋集大成

## 四川大学优秀教案课件选

主　编　党跃武　刘　黎
副主编　胡廉洁　白　伟　谭杰丹
　　　　王　鹏　丁宇飞　王苏宁

## 下册

目录

牙周病学 / 1

临床药学服务（I）/ 63

生理学 / 91

护理伦理学 / 121

认识灾难，险中求生 / 147

# 下册

物理化学（I）-1 / 169

遗传学 / 191

科学进步与技术革命 / 211

# 牙周病学

# 赵蕾

## ▌ 教学团队简介

　　赵蕾，医学博士，教授，博士生导师，四川省学术与技术带头人后备人选。现任四川大学华西口腔医院牙周病科主任，兼任中华口腔医学会牙周病学专委会常委，四川省口腔医学会牙周专委会副主任委员，国际牙医师学院（International College of Dentists，ICD）中国区院士。围绕牙周致病微生物与宿主免疫调控机制、牙周病与系统疾病关联机制开展研究。主持国家自然科学基金项目及省部级基金项目7项、药物临床试验质量管理规范（GCP）项目3项。以第一作者/通讯作者在 *Nature Communications*、*Advanced Healthcare Materials*、*Journal of Clinical Periodontology*、*Journal of Periodontology* 等英文核心期刊发表论文20余篇，在中文核心期刊上发表论文50余篇。获得四川省科技进步奖二等奖1项。

叶畅畅，四川大学华西口腔医院牙周病科副主任医师，中华口腔医学会牙周病学专委会青年委员。2014年毕业于日本东京医科齿科大学，获博士学位。2018—2020年于美国加利福尼亚大学旧金山分校访学。担任本科生"口腔内科性"、留学生"口腔医学"，研究生"专业英语"等课程的教学工作，获得四川大学华西口腔医学院青年教师教学比赛二等奖、四川大学首届华西医学MBBS青年教师英语授课比赛三等奖、四川大学第五届教师教学创新竞赛优胜奖等教学奖励以及四川省科技进步奖二等奖等科研奖励。主持国家自然科学基金青年项目1项、成都市科学技术局项目1项。在 Periodontology 2000、《中华口腔医学杂志》等专业期刊发表论文20余篇。

叶畅畅

# 杨靖梅

　　杨靖梅，医学博士，四川大学华西口腔医院牙周病科主治医师、四川大学华西口腔医学院讲师。现任四川省口腔医学会牙周专委会、口腔激光医学专委会委员，中华口腔医学会牙周病学专委会会员。2016—2018 年于荷兰阿姆斯特丹口腔医学中心（Academic Centre of Dentistry Amsterdam，ACTA）进行联合培养博士学习，2018 年获四川大学口腔医学博士学位，从事牙周病学教学、科研和临床工作。擅长常见牙周疾病的诊断、治疗以及多学科综合诊疗。在国内外刊物发表学术论文多篇，主持和参与多项国家级及省部级科研项目，参与"临床牙周病学进展""口腔美学意蕴""Dentistry""口腔临床医学"等课程的讲授。

谢旭东，医学博士，四川大学华西口腔医院牙周病科主治医师、四川大学华西口腔医学院讲师。现任四川省口腔医学会牙周专委会委员。2018—2020年在美国德克萨斯A&M大学贝勒牙学院接受联合培养。毕业后留校，从事牙周病学教学、科研和临床工作，并成功入选四川大学华西口腔医院"新苗计划"。在国内外知名学术期刊发表学术论文20余篇，其中有多篇文章在 Journal of Dental Research、Journal of Clinical Periodontology 等权威期刊上发表。在 Journal of Dental Research 上发表的2篇文章中，有1篇被选为封面文章。先后多次于全国牙周病学学术会议和国际牙科研究协会年会上作口头汇报和壁报展示。主持国家自然科学基金项目、四川省自然科学基金项目等各级科研项目5项，授权国家发明专利1项。参与"临床牙周病学进展""口腔内科学""Dentistry"等课程的教学工作，并担任教学秘书。

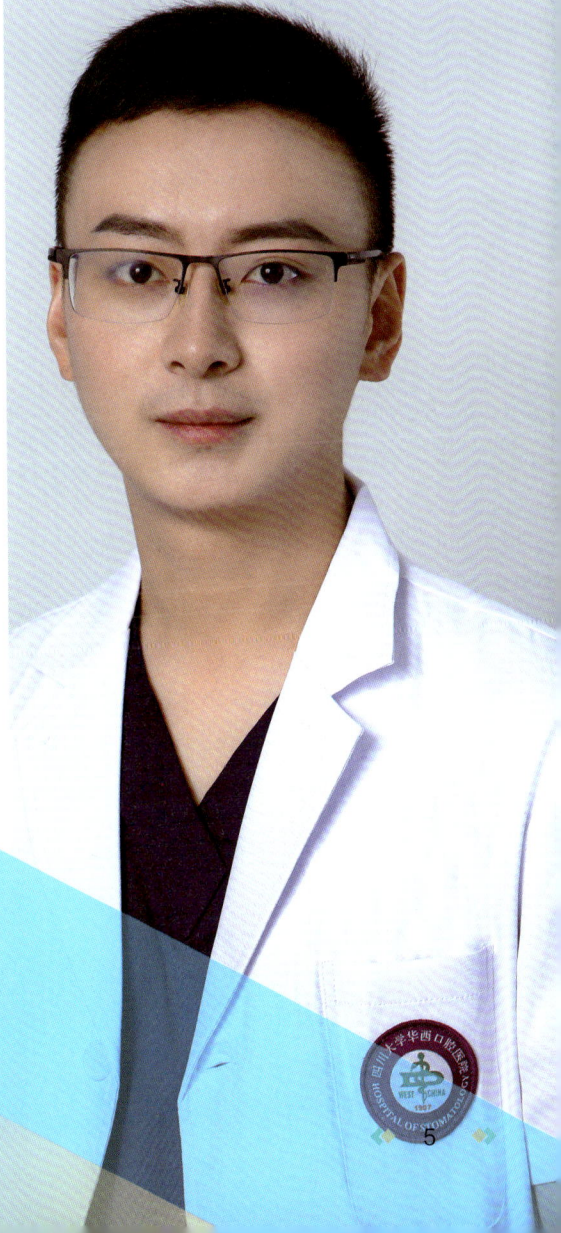

谢旭东

# 孟姝

孟姝，博士，四川大学华西口腔医学院牙周病科副教授。现任中华口腔医学会口腔激光医学专委会常委、中华口腔医学会牙周病学专委会常委、四川省口腔医学会预防专委会副主委、四川省口腔医学会牙周专委会常委、四川省"卫生健康英才计划"中青年骨干。主持国家自然科学基金项目1项，参研多个国家级、省部级科研项目，发表学术论文20余篇，参编专著3部。主要从事各型牙周疾病的诊断和治疗，擅长牙周与修复、正畸等多学科的交叉治疗，牙周再生及美学手术。

刘程程，四川大学华西口腔医学院副教授、硕士生导师。现任中华口腔医学会口腔激光医学专委会委员、四川省口腔医学会口腔激光医学专委会常务委员、四川省口腔医学会牙周专委会委员。主持国家自然科学基金项目2项、省部级项目2项。在国内外期刊发表学术论文60余篇。参编人民卫生出版社《牙周病就医指南》和《牙周科诊疗与操作常规》等学术著作5部，授权国家发明专利4项。擅长牙周病的多学科综合治疗、微创治疗及牙周引导组织再生术等手术治疗。

# 刘程程

郭淑娟，博士、副教授。现任中华口腔医学会牙周病学专委会青年委员、四川省口腔医学会牙周专委会委员、四川省口腔医学会急诊专委会委员、四川省女医师协会口腔专委会委员、四川省干细胞技术与细胞治疗协会理事、四川省干细胞技术与细胞治疗协会标准委员会委员。主持国家级、省市级科研项目5项，参与国家重点基础研究发展计划（973计划）及四川省重点研发计划项目6项，获得四川省科技进步奖一等奖1项、四川省科技进步奖二等奖1项、中华医学科技奖二等奖1项。在国内外发表学术论文30余篇，参编/参译专著5部，主要研究方向为干细胞与生物材料在牙周炎治疗中的转化应用。擅长常见牙周病的诊疗，复杂牙周病的多学科联合治疗，以显微、微创理念为指导的牙龈瘤切除术、牙冠延长术、牙周翻瓣术、牙周辅助加速正畸成骨手术、牙周再生及牙周美学手术等。

# 郭淑娟

# 王骏

王骏,四川大学华西口腔医学院研究员、硕士生导师、临床研究部部长。现任中华口腔医学会牙周病学专委会、口腔美学专委会、口腔医学科研管理分会青年委员。2016 年获四川大学口腔临床医学博士学位。2015—2019 年在美国德克萨斯 A&M 大学贝勒牙学院接受联合培养。主持国家自然科学基金面上项目 2 项、四川省重点研发计划等科技攻关项目,在 Journal of Dental Research 等专业期刊发表论文 20 余篇,获得四川省科技进步奖二等奖、四川省医学青年科技奖、中华口腔医学会科研管理分会青年科学家研讨会"八斗青年"奖等学术荣誉。

# 课程信息

### 1. 课程简介

牙周病学（Periodontology）是口腔医学中一门独立的学科，主要研究牙周组织的结构、生理和病理变化以及牙周疾病的防治。因此，通过学习本课程，学生应该了解牙周组织正常的临床解剖结构、细胞组成特点及生理学功能。上述理论知识对临床工作也具有重要的指导意义。在学习过程中，学生还需要了解牙周病的危险因素及流行病学特点，牙周组织的防御机制、宿主的免疫炎症反应，掌握导致疾病发生的牙周病微生物学基本理论和基本知识，并熟悉牙周病的全身和局部促进因素。希望通过本课程的学习，学生可以将牙周微生物，牙周病促进因素与牙周病发生、发展、类型和转归等联系起来，阐明牙周病的发病机制，为提高牙周病的临床防治水平贡献一份力量。

牙周病学也是侧重研究牙周病的诊断、治疗和预防的临床学科。因此，学生需要从牙周病的特点出发，结合病史收集、临床检查、专科病历记录、临床常规诊断和辅助检查技术等方面，系统掌握牙周病检查和诊断的基本程序，牙龈病、牙周炎、牙周病伴发病变及牙周罕见病的命名历史、病因、临床表现、病程进展及治疗原则。此外，牙周病学还是一门实践性很强的科学，学生需要系统学习牙周病治疗的总体目标，治疗程序，基础治疗及手术治疗的基本原则、基本技术及操作要点，才能够为患者制订个性化的牙周病诊疗计划，取得良好的治疗效果。

"大医精诚，医者仁心。"在"牙周病学"课程讲授过程中，教师不仅应让学生掌握疾病的诊断和治疗技术，还应将"医德医风"教育贯穿始终。通过介绍古今中外的名医故事，培养学生形成济世救人的医德，让他们真正做到以治病救人为本、以仁爱精神为准则。

### 2. 授课类型：必修课
### 3. 学时：18 学时
### 4. 学分：2 学分
### 5. 授课对象：口腔临床医学专业四年级本科生

### 6. 课程教材

- 孟焕新．牙周病学 [M]. 第5版北京：人民卫生出版社，2020.
- Michael G., Newman.Carranza's Clinical Periodontology.12th ed.St. Louis: Elsevier Saunder，2015.

# 教案展示

（一）绪论：逐本溯源，浅谈牙周病学科的发展（授课教师：赵蕾）

逐本溯源，浅谈牙周病学科的发展

### 1. 教学目标

**（1）知识目标**

引导学生掌握牙周病学的定义，了解牙周病学在口腔医学中的重要地位，了解中国牙周病学的学科发展历程。

**（2）能力目标**

引导学生学习牙周病学的定义，了解牙周病学学科发展的历史，帮助学生认识牙周病学在口腔医学及全身健康中的重要地位。

**（3）价值目标**

通过介绍在牙周病学学科历史发展中做出过重要贡献的专家以及国务院印发的《"健康中国2030"规划纲要》，让学生了解口腔健康，尤其是牙周健康的重要性，对学生进行"大医精诚，医者仁心"的医德教育。

### 2. 教学思想

**（1）注重品德教育**

牙周病学是一门与患者联系紧密的临床学科，它不应只是一门有技术含量的学科，而且应该承担延伸人类情感、传播人文精神的职责。通过对牙周病学学科发展的介绍及牙周病学知名专家事迹，让学生知道医生不仅要熟练掌握疾病的诊断和治疗技术，还应始终保持一颗仁爱慈悲的心，真正把以治病救人为本、以仁爱精神为准则深深印在心上，把成为一名医德高尚、医术精良的"大医""良医"作为自己的远大目标。

（2）以学为先，以学促行

为了让学生"以学为先，以学促行"，教师在课堂中引入PBL[1]教学模式，首先随堂介绍牙周病病因学研究的经典文献，让学生通过小组学习，分析凝练经典文献中记录的实验设计思路及研究结果，认识研究的重要价值，掌握牙周病的重要病因学理论。同时提出问题，让学生利用所学知识，设计一项动物学实验研究方案，验证口腔微生物是否为引起牙周组织破坏的"罪魁祸首"。最后，引导学生分析思考，开展讨论，激发学生的主观能动性，训练学生分析及解决问题的能力，促使学生主动学习。

### 3. 教材分析

《牙周病学》（第5版）绪论部分重点介绍了牙周病、牙周病学、牙周病治疗学的发展历史，突出介绍了牙周病在口腔医学中的重要地位。该部分的重点是牙周病学在口腔医学中的重要地位，难点是牙周病病因学的小组讨论及知识延伸。

### 4. 学情分析

本课程的授课对象是口腔临床医学专业本科四年级的学生。他们已经具备一定的口腔医学基础知识，求知欲强，学习热情高，有利于探究式教学的开展。

本章节的电子课件图文并茂，生动有趣地引入了牙周病学学科的发展历史，目的是让学生对牙周病学后续知识的学习产生强烈的兴趣。但学生目前实践经验不多，缺乏对疾病全貌的了解，授课教师应通过临床案例激发其学习的兴趣，同时在教学中加入经典文献的阅读和讨论，激发学生的自主学习动力，帮助其掌握牙周病病因学的重要理论。

### 5. 教学内容

本章主要涉及下列6项内容：

① 牙周病是一种现代疾病吗？

---

1. PBL教学法是Project-Based Learning的简称，是以问题为导向的教学方法。

② 古人如何认识牙周病？
③ 牙周病的病因学探究。
④ 牙周病的治疗方法。
⑤ 牙周病学科的发展。
⑥ 牙周病学在口腔医学中的重要地位。

**6. 教学重难点与应对措施**

（1）教学重点：牙周病学在口腔医学中的重要地位

应对措施：

①引入第五次全国口腔流行病学调查结果，借数据说明牙周病的防控是社会的重点需求。

②引入典型临床案例，包括牙周与牙体牙髓疾病、牙周与口腔修复治疗、牙周与口腔种植治疗、牙周与口腔正畸治疗等方面的案例，以及牙周疾病引发的相关疾病治疗案例，说明防治牙周疾病是重要的口腔临床需求。

（2）教学难点：牙周病的病因学探究

应对措施：

①引入牙周病病因学的研究探索历程，让学生了解牙周病病因学研究的思路。

②引入经典文献，利用PBL教学法。让学生分小组阅读经典文献，凝练研究成果和研究思路，深入了解现代牙周病病因学研究的重要成果。

③采用翻转课堂模式，让学生学以致用，模仿经典文献的研究思路，设计实验研究方案，解决一个研究型问题，从而进一步加深对牙周病病因学相关知识点的理解。

**7. 教学方法**

（1）课堂讲授

通过介绍牙周病学的概念、牙周病学学科发展历史等知识，使学生全面理解牙周病学在口腔医学中的重要地位，将牙周病病因学的相关知识用于研究方案设计和实施。

（2）小组讨论

学生以小组为单位，针对牙周病病因学经典文献进行自主阅读及讨论，然后以小组为单位依次发言，说明经典文献的研究思路及研究成果，并对相关病因学结论进行阐述，最后由教师进行总结。

### (3) 非标准答案思考

要求学生结合经典文献的阅读，提出一个与病因学相关的问题，并根据所学知识设计研究课题方案，对牙周病病因学问题进行实验验证，进一步巩固本课的主要知识点。

### 8. 整体教学路径、教学内容及时间安排

#### （1）整体教学路径（见下图）

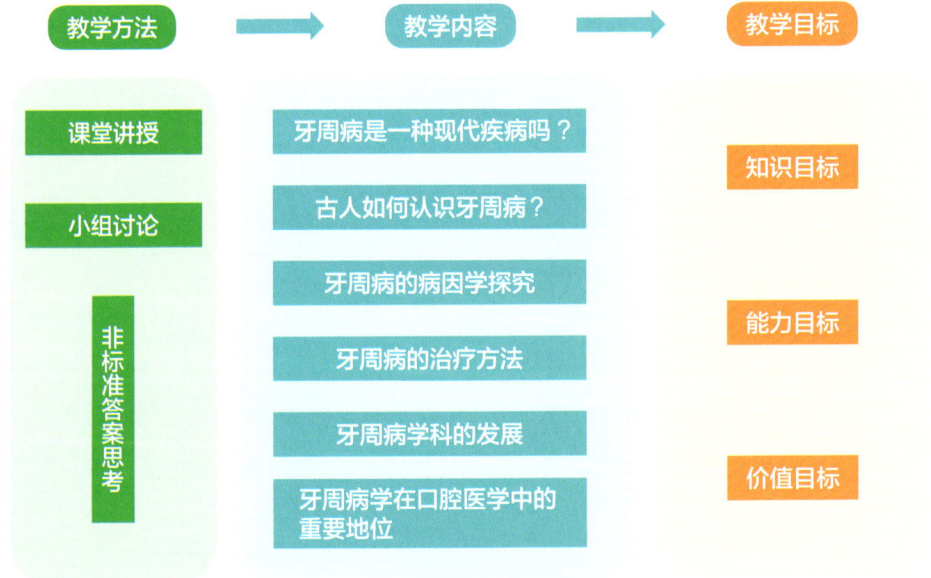

▶ 整体教学路径

#### （2）教学内容及时间安排

| 教学环节 | 用时（分钟） | 教学内容 | 设计意图 |
| --- | --- | --- | --- |
| 课程导入 | 3 | （1）牙周病是一种现代疾病吗？ | 介绍古代社会对牙周病的认识以及古代经典医书对牙周病的描述，说明牙周病的概念、特点，提升学生的学习兴趣。 |

| 教学环节 | 用时（分钟） | 教学内容 | 设计意图 |
|---|---|---|---|
| 本课知识讲解 | 6 | （2）古人如何认识牙周病？<br>通过介绍古人防治牙周疾病的方法、经典中医典籍对牙周病治疗的记载以及古代欧洲社会牙周病外科治疗手段，帮助学生更清晰地认识牙周病学发展史。在此基础上，请学生思考下列问题：牙周病的病因究竟是什么？牙周病的现代治疗方式从何发展而来？让学生对牙周病学产生学习兴趣。 | ①让学生对牙周病的古代治疗手段有一个基本认识。<br>②通过问题引入，让学生思考牙周病的病因及牙周病的现代治疗方式，提高学习兴趣。 |
| | 45 | （3）牙周病的病因学探究<br>教师向学生介绍下列知识：古代文明对牙周病病因学的尝试探索、近代显微镜发明后对牙周病微生物病因学的尝试分析、现代医学对牙周致病微生物的研究及鉴定，帮助学生深入理解牙周病的始动因素，了解牙周微生物学的历史进程及重要意义。 | ①通过讲述牙周病病因学的研究历史、现代牙周病病因学的研究手段，介绍经典的牙周病病因学研究文献，教导学生形成勇于思考、深挖病因的科学精神。 |
| 小组讨论 | 6 | 主题：如何从经典文献中分析研究思路、总结重要的研究成果？<br>教师要求学生在提前阅读上述文献并且做好笔记的前提下，进行小组讨论，阐述经典文献的研究思路及研究成果。<br>学生分组阐述完毕后，教师进行总结。 | ②通过小组讨论，锻炼学生从经典文献阅读中凝练自己的观点的能力，培养科学思维。 |

| 教学环节 | 用时（分钟） | 教学内容 | 设计意图 |
|---|---|---|---|
| 本课知识讲解 | 6 | （4）牙周病的治疗方法<br>教师向学生介绍古代社会对牙周病治疗的探索以及近现代牙周外科治疗技术的蓬勃发展过程，并通过动画视频介绍牙周病现代序列治疗理念及技术。 | ①通过介绍牙周病治疗探索史及成果，引起学生浓厚的学习兴趣。<br>②通过播放动画视频，使抽象的牙周病现代序列治疗流程变得简单易懂，帮助学生宏观理解牙周病序列治疗理念及技术。 |
| | 15 | （5）牙周病学科的发展<br>通过介绍世界尤其是中国现代牙周病学科的发展历史，强调华西口腔医学院在我国牙周病学科发展中所扮演的重要角色。通过对华西口腔医学院著名牙周病学家张举之教授的生平介绍，引导学生树立勇攀高峰的信念。<br>（6）牙周病学在口腔医学中的重要地位<br>通过介绍我国最新流行病学调查结果以及牙周与口腔多学科交叉的病例，说明牙周病学在口腔医学中的重要地位。 | 通过临床病例展示，加深学生对牙周病学重要地位的理解。 |

| 教学环节 | 用时（分钟） | 教学内容 | 设计意图 |
| --- | --- | --- | --- |
| 思政教育 | 7 | 介绍国务院发布的《"健康中国2030"规划纲要》，对学生开展医德医风教育。 | 让学生了解当下的责任与使命，始终保持一颗仁爱慈悲之心。 |
| 知识总结 | 1 | 对上述知识进行简单总结。 | 引导学生巩固主要知识点。 |
| 布置课后作业 | 1 | 布置开放性作业，内容如下：请利用所学的微生物学知识，设计一项动物实验研究方案，验证口腔微生物是否为引起牙周组织破坏的"罪魁祸首"，并撰写一篇500字以上的小论文。 | 让学生在课后作业中大胆地进行科研设计创新。 |

## 近现代医学对菌斑的认识

列文虎克（Leeuwenhoek）
显微镜的发明者

"I didn't clean my teeth (on purpose) for 3 days and then took the material that had lodged in small amounts on the gums above my front teeth…… I found a few living animalcules"

列文虎克应用自制简陋显微镜观察牙垢中微生物的记录笔记。该笔记绘制记录了微生物形状，有球菌、杆菌、螺旋体、梭菌等，与当今在相差显微镜下所见极其相似。

## 牙周病的防控是重大的社会需求

■ 第四次全国口腔健康流行病学调查报告（2018年发布）：我国居民牙周非健康指数显著升高（2016年的非健康指数较2005年都呈上升趋势）：以35岁以上人群为例

90%以上有牙石　　　80%以上有牙龈出血　　　50%以上可检出牙周袋

第三次(2016)和第四次(2005)全国口腔健康流行病学调查报告的比较

|  |  | 12岁组 | | 35—44岁组 | | 65—74岁组 | |
|---|---|---|---|---|---|---|---|
|  |  | 2005年 | 2016年 | 2005年 | 2016年 | 2005年 | 2016年 |
| 牙石 | 检出牙数 | 3.93 | 4.90 | 21.87 | 20.09 | 15.39 | 15.57 |
|  | 检出率 | 59.0 | 67.3 | 97.3% | 96.7% | 88.7% | 90.3% |
| 牙龈出血 | 检出牙数 | 3.75 | 4.94 | 8.77 | 13.77 | 6.18 | 11.25 |
|  | 检出率 |  |  | 77.3% | 87.4% | 68.0% | 82.6% |
| 牙周袋 | 检出牙数 | -- | -- | 2.66 | 3.38 | 2.74 | 4.03 |
|  | 检出率 |  |  | 40.9% | 52.7% | 52.2% | 64.6% |
| 附着丧失 | 检出牙数 |  |  | 1.55 | 1.73 | 3.38 | 5.63 |
|  | 检出率 |  |  | 38.9% | 33.2% | 71.3% | 74.2% |

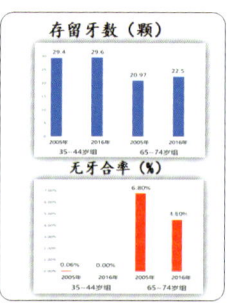

▶ 课件截图：逐本溯源，浅谈牙周病学科的发展

### （二）牙周病的促进因素（授课教师：叶畅畅）

牙周病的促进因素

#### 1. 教学目标

**（1）知识目标**

帮助学生掌握牙周病的局部刺激因素及全身促进因素包含的内容，了解牙菌斑生物膜发展为牙结石的过程，理解激素变化对牙周组织的影响、雌激素变化与牙周疾病相关性，使学生能够根据病史和症状分析出患者可能存在的促进因素。

**（2）能力目标**

通过电子课件引导学生分析牙周病的局部刺激因素、全身促进因素，帮助学生掌握牙周疾病促进因素的特点；拓展学生对牙周疾病系统及案例的学习能力，掌握全身促进因素及局部刺激因素包含的内容，熟悉牙结石形成与矿化的过程，了解激素变化对牙周组织的影响、雌激素变化与牙周疾病相关性。

**（3）价值目标**

通过讲述科学家探索牙周病的始发因子——生物膜牙菌斑形成与矿化的过程，引导学生树立独立研究的科学精神；通过小组讨论培养学生自主学习能力；结合临床病案提高学生学习病案的能力。

#### 2. 教学思想

**（1）重视医德教育**

通过导入病案提出问题，引导学生独立思考；通过讲述患者就诊故事，培养学生树立遵循科学、尊重患者的"医者仁心"精神。

**（2）重视培养学生独立自主学习**

通过翻转课堂、提问、病案讨论等，培养学生形成自主学习的能力，激发学生主观能动性，引导其形成主动思考的习惯，能够结合理论知识与临床实践进行诊断。

**（3）重视理论与实践结合**

通过临床案例引导学生结合课堂内容进行讨论，分析"哪些促进因素导致了案例中患者临床症状的出现"，提升学生的学习兴趣和动力，帮助学生形成临床思辨思维以及勤于思考、勇于实践的医者精神。

### 3. 教材分析

本节课所涉及章节为第五、第六章，重点介绍了牙周的局部刺激因素和全身促进因素，其中第五章重点介绍了局部刺激因素，第六章重点介绍了全身促进因素。具体而言，本节课的授课内容不仅包括牙周病的局部刺激因素，如牙结石、牙体和牙周组织发育异常或解剖缺陷、牙位异常等，以及其可能造成的后果，如菌斑堆积、牙周组织损伤、细菌感染等；还包括牙周病的全身促进因素，如遗传、内分泌紊乱、吸烟、吞噬细胞数量和功能异常、糖尿病、艾滋病、骨质疏松症、精神压力大等，这些因素甚至可能影响宿主对治疗的反应。该部分的重点是促进因素包含的内容，难点是弄明白哪些促进因素是后天可以改变的、哪些是不能改变的。教师需要在具体病案分析的基础上，介绍牙周病的促进因素，将可改变的促进因素和不可改变的促进因素进行对比，以加深学生对重点的理解。

### 4. 学情分析

本课的授课对象是口腔临床医学专业本科四年级的学生，他们已经具备一定的微生物学和口腔解剖学基础知识，求知欲强，学习热情高，这有利于探究式教学的开展。

本章节是牙周病学的入门内容，授课教师应首先引起学生的学习兴趣，同时基于学生的专业特点，在教学中加入临床案例，激发学生的自主学习动力。

### 5. 教学重难点与应对措施

（1）**教学重点**：牙周病的促进因素

应对措施：

①引导学生通过思维导图的方式进行总结。

②通过临床病例及图片，增强学生的兴趣，加强记忆。

（2）**教学难点**：牙结石的形成

应对措施：

引入典型临床病例，图文并茂地解释牙结石的形成过程。

### 6. 教学方法

（1）**课堂讲授**

通过对牙周病局部刺激因素和全身促进因素的介绍，使学生全面理解牙周病的形成，将牙周病的相关知识用于牙周炎的防治。

（2）小组讨论

学生以小组为单位，针对牙周病经典文献进行自主阅读及讨论，然后以小组为单位依次发言，说明经典文献的研究思路及研究成果，并对相关牙周炎局部及全身促进因素进行阐述，最后由教师进行总结。

（3）非标准答案思考

结合经典文献的阅读，提出一个与牙周病促进因素相关的问题，让学生们根据所学设计研究课题方案，对牙周病的形成进行实验验证。进一步巩固本课的主要知识点。

### 7. 整体教学路径、教学内容及时间安排

（1）整体教学路径（见下图）

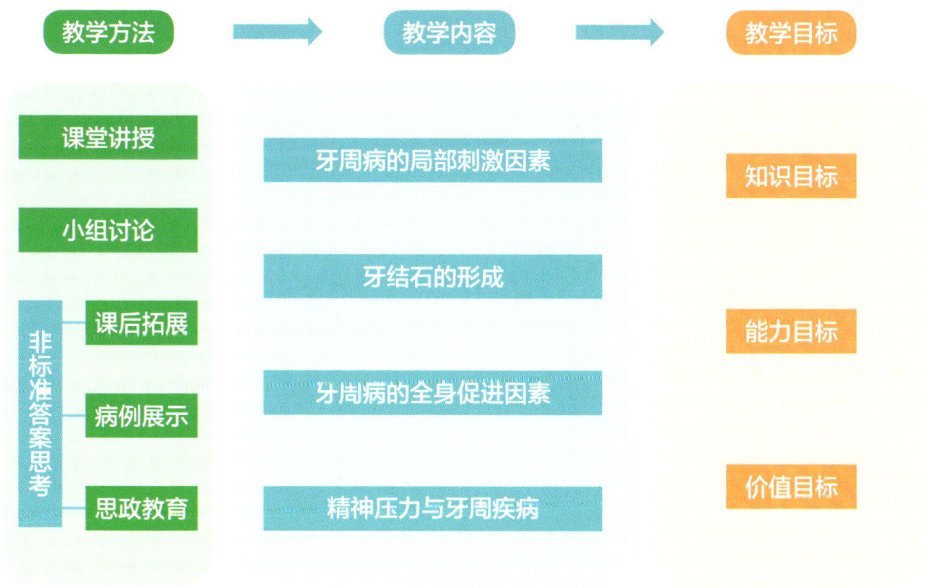

▶ 整体教学路径

（2）教学内容及时间安排

| 教学环节 | 用时（分钟） | 教学内容 | 设计意图 |
|---|---|---|---|
| 课程导入 | 2 | 复习前一节内容。 | 加深学生对牙周组织功能的理解。 |
| 本课知识讲解 | 2 | （1）牙周病的局部刺激因素<br>菌斑生物膜是牙周基本的始动因子。<br>牙结石为菌斑附着和集聚提供理想的条件。<br>其他局部刺激因素有不良修复体，牙列不齐等。 | 让学生了解局部刺激因素导致牙龈发炎的过程。 |
| | 8 | （2）牙结石的形成<br>讲解牙结石形成的过程，介绍牙结石的成分。 | 教导学生形成勇于思考、勇于探索的科学精神。<br>通过提问，锻炼学生解决问题的创新思维。 |
| 小组讨论 | 8 | （3）牙周病的全身促进因素<br>全身促进因素包括激素分泌紊乱、系统疾病、吸烟、精神压力、遗传因素等。<br>在讲授本节内容时，教师需提出以下问题，让学生分小组讨论：在女性的整个生命周期里会经过哪几次大的激素波动，这些激素改变与哪些口腔疾病的发生相关？ | ①通过提问，引导学生思考已学的内分泌学知识。<br>②强化学生对激素波动致病的理解，促使学生利用病理改变说解释疾病的相关症状。 |

| 教学环节 | 用时（分钟） | 教学内容 | 设计意图 |
|---|---|---|---|
| 本课知识讲解 | 8 | （4）精神压力与牙周疾病<br>教师以第一次世界大战期间常见的急性坏死性溃疡性龈炎为例，分析精神压力与牙周疾病的关系。 | 将理论与实践结合，增强学生对本课知识的理解。 |
| 小组讨论 | 15 | 病案：一位正在正畸的青春期女性患者的牙周问题（见下图）。<br> 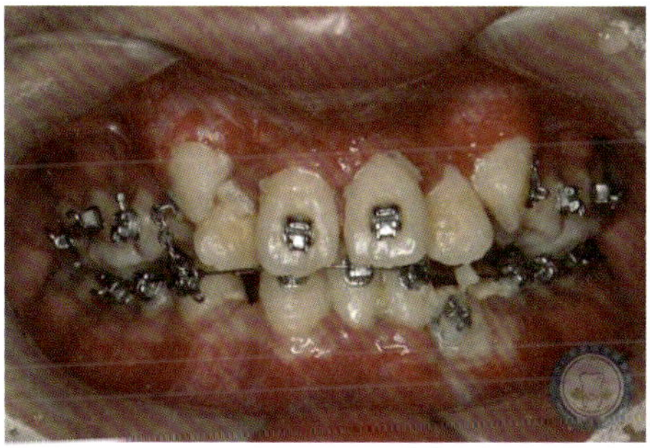<br>讨论：该患者的牙周组织出现了哪些改变？可能有哪些症状？导致上述症状的局部刺激因素和全身促进因素可能有哪些？ | 通过具体的病案分析，检验学生对本课知识的理解和掌握程度。 |
| 知识总结 | 1 | 对上述主要知识进行简单总结。 | 巩固主要知识。 |
| 布置课后作业 | 1 | 作业：请思考，哪些促进因素是可逆的？ | 督促学生课后思考。 |

### （三）牙周健康与牙周炎——精准诊断、有的放矢（授课教师：孟姝）

牙周健康与牙周炎
——精准诊断、有的放矢

#### 1. 教学目标

**（1）知识目标**

通过本课的学习，让学生掌握以下知识：1999年牙周病分类法、2018年牙周病及植体周病分类法、牙周健康的定义与评价标准、牙周疾病的诊断与分期分级、牙龈疾病、慢性牙周炎、侵袭性牙周炎等。

**（2）能力目标**

通过引导学生学习牙周病分类法的发展史，帮助学生认识不同类型牙周疾病的特点；使学生能够对牙周疾病进行正确的诊断并初步掌握治疗原则。

**（3）价值目标**

通过讲述牙周病分类法的历史变迁，引导学生树立思辨的科学精神；通过设置"翻转课堂"帮助学生学习牙龈疾病相关知识，培养学生自主学习的能力；结合临床案例，教导学生培养勤于思考、勇于实践的职业素养。

#### 2. 教学思想

**（1）注重德育**

通过讲述牙周病分类法制定与修改的过程，引导学生树立思辨的科学精神；通过设置翻转课堂，让学生自主学习不同类型牙龈疾病的病因和临床表现，帮助学生形成主动思考、自主学习的态度；通过对临床案例的病因和病理机制的探究过程，教导学生培养生命至上，患者至上的医者精神。

**（2）以学为中心**

为了突出以学为中心的教学思想，教师在课前已布置翻转课堂及参考文献阅读任务，学生在课前自主学习，分组准备翻转课堂课件并在课堂上进行讲解。本课设置了两个讨论题和多个临床案例，引导学生分析思考，开展讨论，激发学生的主观能动性，训练学生运用理论知识结合临床实践进行诊断的能力，促进学生主动学习。

**（3）基础与临床相结合**

引入临床案例，引导学生结合本课所学内容，讨论"慢性牙周炎与侵袭性牙周炎的鉴别诊断"，提升学生的学习兴趣和动力，帮助学生强化临床思辨思维。

### 3. 教材分析

本课所涉及章节重点介绍了 1999 年牙周病分类法和 2018 年牙周病及植体周病分类法（后文简称牙周病新分类法），牙龈疾病、慢性牙周炎和侵袭性牙周炎的特点与临床表现等。本课的授课内容是牙周健康和牙周炎，重点是牙龈疾病、慢性牙周炎和侵袭性牙周炎，难点是牙周炎新分类法。因此，教师需要在介绍牙周病分类法的基础上，讲解慢性牙周炎和侵袭性牙周炎的相关知识，将两种疾病进行对比，以加深学生对重难点的理解。

### 4. 学情分析

本课程的授课对象是口腔临床医学专业本科四年级的学生，他们已经具备一定的口腔医学基础知识，求知欲强，学习热情高，有利于探究式教学的开展。

本课内容将理论知识与临床案例相结合，授课教师首先要引起学生的学习兴趣，再基于学生的专业特点，在教学中加入临床案例，激发学生的自主学习动力。

### 5. 教学重难点与应对措施

（1）教学重点：牙龈疾病、慢性牙周炎和侵袭性牙周炎

应对措施：

①设置翻转课堂，让学生分组自主学习牙龈疾病相关知识，减少学生对知识的"陌生感"，引起学生的学习兴趣。

②坚持知识层层递进的原则：回顾牙周疾病的临床表现，如慢性牙周炎与侵袭性牙周炎的临床表现，引导学生思考牙周炎的临床特点，总结两种疾病的鉴别诊断要点。

③结合临床案例，回顾本课的知识点，帮助学生加深对知识点的理解，并引起学生进一步学习的兴趣，为后续的学习奠定基础。

（2）教学难点：牙周病新分类法

应对措施：

结合参考文献，介绍牙周病新分类法，利用思维导图引导学生自行思考。

### 6. 教学方法

（1）课堂讲授

通过回顾牙周疾病的临床表现以及牙周疾病的分类方法的制定和修改，引导学生学习牙周健康的定义与评价标准、牙龈炎、牙周炎的定义、诊断标准；然后

结合翻转课堂与教师课堂讲授，将理论知识结合临床案例，介绍慢性牙周炎与侵袭性牙周炎的病因、临床特点和诊断。

（2）课堂演示

借助于多媒体和板书，帮助学生形象化地理解细胞电活动。

（3）翻转课堂

学生以小组为单位进行课前资料收集、翻转课堂课件制作，各个小组依次进行汇报，最后教师进行总结。

（4）临床病案讨论

结合临床病案，引导学生巩固本课的主要知识点。

### 7. 整体教学路径、教学内容及时间安排

（1）整体教学路径（见下图）

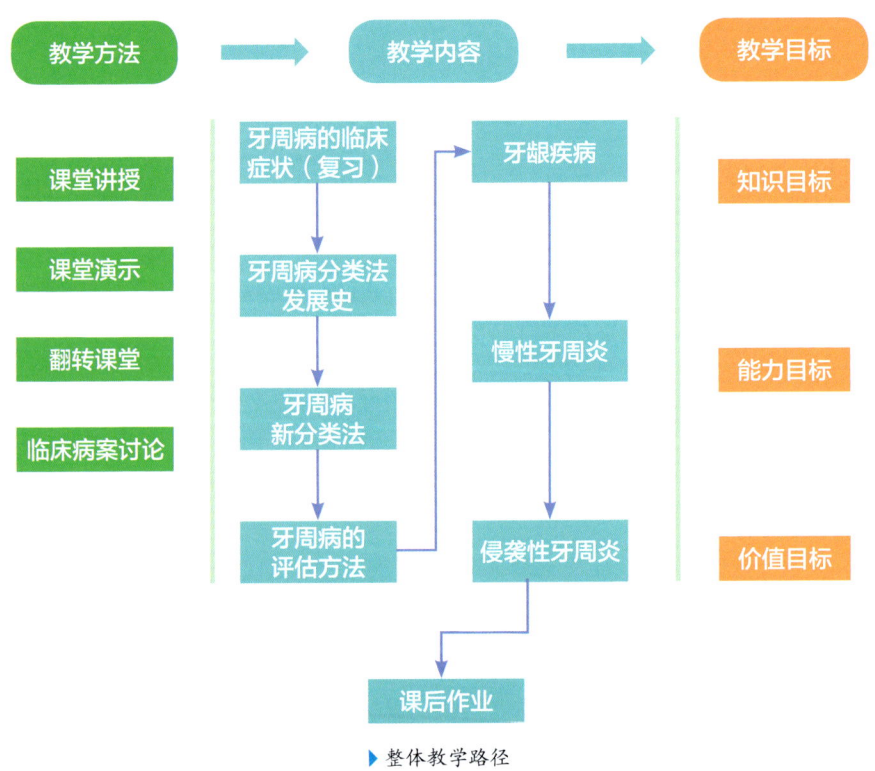

▶ 整体教学路径

## （2）教学内容及时间安排

| 教学环节 | 用时（分钟） | 教学内容 | 设计意图 |
|---|---|---|---|
| 课程导入 | 2 | 通过回顾牙周病的临床症状，让学生复习之前所学知识，并导入本课的内容：什么是牙周健康？<br><br>温故——牙周病的临床症状<br>1 牙龈出血和炎症<br>2 牙槽骨吸收<br>3 牙周袋形成<br>4 牙齿松动移位 | 与前期课程内容相关联，引导学生思考问题。 |
| 本课知识讲解 | 8 | （1）牙周病分类法发展史<br>　　简要介绍1989年牙周病分类法，请学生思考这种分类法有什么不足。（答案：以年龄划分疾病诊断存在缺陷）<br>　　介绍1999年牙周病分类法，请学生思考，1999年牙周病分类法在1989年的基础上做出了哪些改进，该方法是否完美。 | ①讲述牙周病分类法的发展史，启发学生培养思考探索的科学精神。<br>②通过提问，锻炼学生解决问题的创新思维能力。<br>③为牙周病新分类法的学习做好铺垫。 |
| | 10 | （2）牙周病新分类法<br>　　介绍2018年牙周病新分类法，让学生思考2018年的新分类法为什么要做出调整。<br>　　讲解牙周健康的定义和评价标准、牙龈病和牙周炎的诊断标准。<br>　　提出问题：牙龈病与牙周炎如何鉴别诊断？ | ①让学生对牙周疾病的新分类形成基本认识。<br>②让学生掌握牙龈病和牙周炎的主要特征。 |

| 教学环节 | 用时（分钟） | 教学内容 | 设计意图 |
|---|---|---|---|
| 本课知识讲解 | 10 | （3）牙周病的评估方法<br>　　首先，提出牙周病的三步评估法，帮助学生建立临床整体思维。<br>　　接着，介绍牙周炎的分期和分级，提出新分类法中牙周炎分期和分级的关键因素，进而引出新分类法调整之意义。 | ①用图表帮助学生理解牙周病的三步评估法。<br>②通过对牙周炎分期和分级的讲解，使学生建立对牙周炎的全面认识，形成统筹思考问题的能力。 |
| 翻转课堂 | 15 | （4）牙龈疾病<br>　　由各小组依次进行翻转课堂的汇报。各小组汇报主题如下：慢性龈炎、青春期龈炎；妊娠期龈炎、牙龈瘤；白血病的牙龈缺损；药物性牙龈肥大；牙龈纤维瘤病；急性龈乳头炎。<br>　　全部汇报完毕后，教师进行总结和点评。 | ①将特征接近的牙龈疾病分为一组，便于学生对比，突出疾病特点，有利于学生对相关知识的理解。<br>②牙龈疾病病因和临床特点相对简单，通过翻转课堂让学生主动学习和总结，可以加深学生对知识的理解和记忆。 |

| 教学环节 | 用时（分钟） | 教学内容 | 设计意图 |
|---|---|---|---|
| 本课知识讲解 | 25 | （5）慢性牙周炎<br>首先讲解慢性牙周炎的定义、临床特点和诊断依据，然后引入临床案例，引导学生通过图片总结慢性牙周炎的临床和放射学表现，从而做出正确的诊断。<br><br>诊断：牙周炎 Ⅳ期 广泛型 C级 | ①通过讲解慢性牙周炎的定义、临床特点和诊断依据，结合临床案例让学生直观地认识慢性牙周炎的临床表现。<br>②通过对案例中患者临床指标的分析，进一步强化学生对慢性牙周炎临床表现的理解。<br>③介绍慢性牙周炎治疗后的效果，引入牙周系统治疗的概念，让学生对牙周系统治疗有更全面的认识。 |
|  | 15 | （6）侵袭性牙周炎<br>首先讲解侵袭性牙周炎的定义与临床特征，再引入临床案例，引导学生通过病案图片分析侵袭性牙周炎与慢性牙周炎的不同之处。<br>最后，教师进行如下总结：侵袭性牙周炎发病较早，特征性的牙位以及局部刺激物与病变程度与慢性牙周炎均不一致。 | 通过对侵袭性牙周炎病案的展示，增强学生对本节知识的理解和掌握程度。 |

| 教学环节 | 用时（分钟） | 教学内容 | 设计意图 |
| --- | --- | --- | --- |
| 前沿拓展 | 3 | 介绍2018年牙周病新分类法中首次出现的关于植体周病的分类。<br>提出问题：植体周病与牙周病有什么异同？ | ①拓展知识，将理论联系实际。<br>②增强学生对临床问题的理解。 |
| 知识总结 | 1 | 对上述主要知识进行简单总结。 | 巩固主要知识。 |
| 布置课后作业 | 1 | 请使用思维导图绘制牙周健康的评价标准，牙龈炎和牙周炎的临床诊断推导过程。 | 督促学生复习本节内容并加强理解。 |

### （四）牙周罕见病——让罕见被看见，为生命点亮色彩（授课教师：杨靖梅）

牙周罕见病——让罕见被看见，为生命点亮色彩

#### 1. 教学目标

（1）知识目标

掌握遗传性牙龈纤维瘤病、掌跖角化牙周破坏综合征在牙周组织的表现、诊断要点以及治疗策略。

（2）能力目标

熟悉牙周罕见病的防治手段；具备口腔多学科联合的治疗理念，建立口腔与全身系统疾病的关联；初步建立良好的临床思维及临床科研思维。

（3）价值目标

科学、客观地看待疾病，坚持以人为本，提高学生的职业认同感、自豪感及使命感。让学生在掌握基本的口腔疾病诊断及治疗知识的基础上，提高医患沟通能力及语言艺术，致力于促进口腔健康意识的传播。

### 2. 教学思想

**（1）注重思政教育**

通过介绍牙周罕见病，提高学生对牙周罕见病的认识，让其认识到早期发现、早期干预是罕见病防治的最佳途径，规范对这类疾病的治疗流程的理解，让学生掌握科学、系统、规范的罕见病诊疗模式；同时教导学生给予患者更多的关爱，关注患者内心真正的诉求，将人文素养的理念贯彻到临床实践的点点滴滴。

**（2）从临床病例入手**

本课改变了既往在临床实习小课堂中以教师讲授为主的方式，把临床作为教学的开端，使学生自始至终都处于"提出问题—思考解答"的过程中。

**（3）口腔医学与临床医学相结合**

口腔也是人体的重要组成部分，某些疾病可在牙周组织显示一些特征，这些特征可作为全身疾病的重要诊断依据。所以在教学实施阶段，教师需要让学生充分认识到二者之间的相互关系，进一步提升对口腔疾病的临床诊断能力，并使学生能更好地根据患者的病情和易感程度制订合理的口腔疾病治疗计划。

### 3. 教材分析

本课的授课内容是牙周罕见病，重点是遗传性牙龈纤维瘤病、掌跖角化牙周破坏综合征在牙周组织的表现、诊断要点以及治疗策略，难点是如何将单纯牙周炎与反应全身疾病的牙周炎相区别。在学生掌握上述疾病的相关知识的基础上，引导学生多方面、多角度考虑问题，增强对牙周罕见疾病的诊断和判断能力。

### 4. 学情分析

本课程的授课对象是口腔临床医学专业本科四年级的学生。他们已经具备一定的口腔基础知识，求知欲强，学习热情高，有利于探究式教学的开展。

本课讲授内容系牙周病学课程的重要内容之一，但大众目前对该类疾病的关注度较低，认知有限，可供研究的病案也不多，学生对此部分知识的理解可能较为困难。授课教师应首先引起学生的学习兴趣，同时，基于学生对临床问题有较大兴趣的特点，在教学中加入临床病案，激发学生的自主学习动力。

### 5. 教学重难点与应对措施

（1）教学重点：掌跖角化牙周破坏综合征、遗传性牙龈纤维瘤病在牙周组织的表现、发病机制以及治疗策略

应对措施：

①以临床病案导入课程，减少学生对知识的"陌生感"，引起学生的学习兴趣。

②从临床病案入手，层层递进地分析上述两类疾病在牙周组织的表现，然后引导学生对发病机制进行探讨，最后了解疾病的治疗策略。

③将课堂与科研相结合，以"小组讨论—教师总结"的方式，引导学生了解最新前沿知识，加深学生对各知识点的掌握，同时也让学生对口腔罕见病的基本研究方法和思维方式产生初步认识。

④结合临床病案，引导学生回顾本课的知识点，帮助学生进一步加深对知识的理解，并引起学生进一步学习的兴趣，为后续学习奠定基础。

（2）教学难点：掌跖角化牙周破坏综合征、牙龈遗传性纤维瘤病的诊断与鉴别

应对措施：

①通过临床图片/情景展示的方式引入，让学生根据患者的主诉、既往病史、现病史以及口内检查的结果，对患者病情进行初步诊断，在此基础上判断患者需要进行哪些血液学/基因学/影像学方面的检查，从而明确诊断，以此来锻炼学生的临床思维。

②依照教学大纲，让学生讲解以上两类疾病的病因、临床特征、治疗策略以及鉴别诊断，加深他们对牙周罕见病的认识。

③教师对上述疾病的特征等进行总结，分享最新研究进展以及诊疗策略、指南。

### 6. 教学方法

（1）课堂讲授

教师改变了既往在临床实习小课堂中以教师讲授为主的方式，把临床病案作为教学的开端，使学生自始至终都处于"问题—思考解答—进一步的问题—思考解答"的过程中。在这一过程中，教师通过一步步展示患者的检查结果，提出一系列连贯性问题，激起学生的求知欲，充分调动学生的主观能动性，让学生能够跟上教师的思路，并且可以自己提出问题。

（2）课堂演示

借助多媒体和板书，帮助学生形象化地理解这两种疾病。

（3）小组讨论

让学生以小组为单位进行自主讨论，各个小组依次发言，最后教师进行总结。

（4）临床病案讨论

结合临床病案，引导学生巩固本课的主要知识点。

### 7. 整体教学路径、教学内容及时间安排

（1）整体教学路径（见下图）

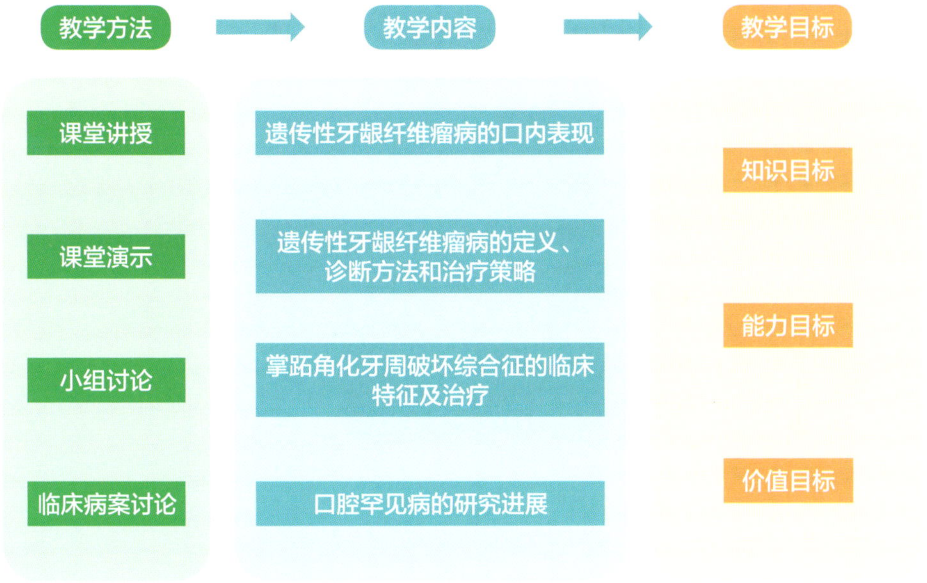

▶ 整体教学路径

（2）教学内容及时间安排

| 教学环节 | 用时（分钟） | 教学内容 | 设计意图 |
| --- | --- | --- | --- |
| 课程导入 | 2 | 通过介绍2020年发布的口腔罕见病名录，引出掌跖角化牙周破坏综合征以及遗传性牙龈纤维瘤病，导入本课知识点。 | 以口腔罕见病名录为导入材料，提升学生的学习兴趣。 |

| 教学环节 | 用时（分钟） | 教学内容 | 设计意图 |
|---|---|---|---|
| 本课知识讲解 | 10 | （1）遗传性牙龈纤维瘤病的口内表现<br>通过临床病案引入遗传性牙龈纤维瘤病，通过展示患者口内照片以及初诊曲面断层片，让学生直观了解这类疾病的口内表现。<br><br>遗传性牙龈纤维瘤病<br>患者，男，9岁<br>初诊口内照<br><br>遗传性牙龈纤维瘤病<br>患者，男，9岁<br>初诊曲面断层片 | ①通过案例引入，让学生直观了解遗传性牙龈纤维瘤病的口内表现。<br>②通过提问，锻炼学生解决问题的思辨能力。<br>③为后续讲解遗传性牙龈纤维瘤病的诊断、治疗等做好铺垫。 |
| | 10 | （2）遗传性牙龈纤维瘤病的定义、诊断方法和治疗策略<br>讲解遗传性牙龈纤维瘤病的定义、诊断方法、临床表现和治疗策略。<br><br>遗传性牙龈纤维瘤病<br>治疗策略<br>牙周基础治疗　牙周支持治疗<br>正畸治疗　　　牙龈切除术 | ①让学生对遗传性牙龈纤维瘤病的定义、诊断方法和治疗策略有一定的认识。<br>②掌握遗传性牙龈纤维瘤病的临床表现。 |

| 教学环节 | 用时（分钟） | 教学内容 | 设计意图 |
|---|---|---|---|
| 本课知识讲解 | 10 | （3）掌跖角化牙周破坏综合征的临床特征及治疗<br>首先，通过临床病案引入掌跖角化牙周破坏综合征的定义。<br>其次，介绍掌跖角化牙周破坏综合征的临床特征，引导学生分析其致病机制。<br>最后，介绍掌跖角化牙周破坏综合征的治疗方式。<br><br>**掌跖角化牙周破坏综合征**　四川大学华西口腔医学院 华西口腔医院<br><br>**临床特征**<br>✓ 牙周组织严重破坏<br>✓ 手掌和脚掌部分的皮肤过度角化、皲裂和脱屑<br>✓ 有时可伴有硬脑膜的异位钙化 | 通过临床病案导入的方式，帮助学生动理解掌跖角化牙周破坏综合征的相关概念。 |
|  | 5 | （4）口腔罕见病的研究进展<br>结合相关视频，引出目前公众对口腔罕见病的认识，开拓学生思路，将思政内容巧妙贯穿于专业教育中。<br>介绍关于口腔罕见病的最新文献，全方位发散学生思维，激发学生的学习兴趣，引导学生对口腔罕见病相关问题进行深刻思考。 | ①结合视频讲授知识，可以帮助学生理解。<br>②在课堂中融入思政内容，可以提高学生对口腔罕见病的认识，引导学生关注口腔罕见病患者内心真正的诉求，将人文素养贯彻到临床实践中。 |

| 教学环节 | 用时（分钟） | 教学内容 | 设计意图 |
|---|---|---|---|
| 前沿拓展 | 4 | 通过介绍最新文献，让学生了解目前对于遗传性牙龈纤维瘤病和掌趾角化牙周破坏综合征研究的最新进展。 | ①拓展知识，联系基础与临床。②增强学生对本节知识的理解。 |
| 知识总结 | 2 | 对上述主要知识进行简单总结。 | 巩固主要知识。 |
| 布置课后作业 | | 请学生思考以下问题：<br>①遗传性牙龈纤维瘤病的致病机制是什么？<br>②导致掌趾角化牙周破坏综合征的CTSC突变位点有哪些？<br>③未来掌趾角化牙周破坏综合征治疗的可能方向是什么？ | 督促学生复习两种疾病。 |

## （五）牙周系统检查与风险评估——全面排查，精准管控（授课教师：刘程程）

牙周系统检查与风险评估
——全面排查，精准管控

### 1. 教学目标

（1）知识目标

帮助学生掌握菌斑指数、牙龈状况、牙周探诊和牙齿松动度检查的内容和方法，牙周大表的记录手段，基于影像学检查结果的牙槽骨吸收判断方法，牙周风险评估系统。

（2）能力目标

借助多媒体演示和教具，帮助学生掌握牙周组织检查的基本方法和检查结果的判断方法；使学生能够结合牙周组织检查的各项指标对牙周病的类型、范围和严重程度进行综合判断。

（3）价值目标

通过讲述牙周风险评估系统，使学生认识到对牙周健康的维护，预防大于治疗；结合病案分析增强学生宣传普及牙周健康知识的意识；通过介绍电子牙周探针，帮助学生树立在实践中探索、在探索中创新、在创新中破题的科学精神。

### 2. 教学思想

（1）构建以学为中心的课堂

本课设置了思考题、小组讨论和病案分析，引导学生分析思考，开展讨论，激发学生的主观能动性，促使学生的学习行为"主动发生、深度发生、持续发生"。

（2）注重实践能力培养

本课与临床实践相关的教学内容主要是牙周探诊检查。此部分内容较为抽象难懂，故教师计划借助多媒体与课堂演示相结合的方式进行讲解，通过使用探诊检查工具和模型等教具提升学生的学习兴趣，培养学生的实践能力。

（3）拓展前沿知识

通过牙周探诊检查新技术拓展和牙周风险评估系统文献拓展，引导学生结合本课所学内容，认识技术改革与创新对临床诊疗水平的提升所具有的积极推动作用。从而提升学生的学习兴趣，启发学生的科研创新思维。

### 3. 教材分析

本课所涉及的章节为"牙周病的检查和诊断"。该章节从病史收集、牙周组织检查的内容和方法、专科病历记录、辅助检查和危险因素的评估等方面系统介绍了牙周病检查和诊断的基本程序。本节课的授课内容是牙周组织检查与风险评估，该部分的重点是牙周组织检查的内容和方法，难点是牙周风险评估系统。在学生掌握牙周组织检查内容和方法的基础上，介绍牙周大表的记录，以及结合牙周检查信息进行牙周风险评估的方法。

### 4. 学情分析

本课的授课对象是口腔临床医学专业本科四年级的学生。他们已经具备一定的口腔解剖生理学基础知识，求知欲强，学习热情高，有利于探究式教学的开展。

本课虽然是牙周病学的基础，但内容抽象不易理解，学生对检查工具和方法缺乏直观认识，对新知识的学习有强烈的陌生感。因此，授课教师应首先引起学生的学习兴趣，同时基于学生对临床问题有较大兴趣的特点，在教学中借助检查工具和模型等教具进行模拟演练，并加入临床病案，激发学生的自主学习动力。

### 5. 教学重难点与应对措施

#### （1）教学重点：牙周组织的常见检查方法

应对措施：

①前测与导入：通过问卷调查的方式了解学生对牙周病的主要症状和临床病理的掌握情况，结合图片和提问等方式，帮助学生回顾牙周组织解剖结构相关知识点，借机引入本课的相关内容，激发学生学习兴趣。

②参与式学习：结合多媒体演示讲解菌斑指数检查、牙龈状况检查、牙周探诊检查、牙齿松动度检查和影像学检查，再结合教具演示牙周探诊检查，以小组讨论的方式，引导学生思考影响牙周附着水平检查结果精准性的主要因素，帮助学生深入理解探诊深度、牙周附着水平的概念和检查计算方法。

③新技术拓展：在介绍常用牙周探诊检查工具后，引导学生思考传统牙周探针可以改进的方面，并以视频的形式引入电子牙周探针，培养学生的创新思维与科学探索能力。

#### （2）教学难点：牙周风险评估系统

应对措施：

①将"比较法"引入评估系统：风险评估和结果的利用是牙周疾病预防、诊断和治疗的重要组成部分。不同的评估系统采用的指标不同，适用于牙周病防治不同阶段的风险评估。教师在课堂教学时采用将牙周风险评估常用的 PRA 系统和 PRC 系统相比较的方法，引导学生了解其不同和适用阶段，以达到事半功倍之效。

②病案分析结合前沿拓展：结合临床病案和多媒体演示讲解如何通过 PRA 系统评估牙周支持治疗阶段患者的复诊间隔，介绍关于牙周风险评估模型特点的研究前沿进展，帮助学生理解风险评估系统在临床实践中的应用，为后续牙周炎治疗的学习奠定基础。

### 6. 教学方法

（1）课堂讲授

教师先通过回顾牙周组织解剖结构相关知识点引出牙周组织检查的主要内容；然后借助多媒体动画示意图和临床病案帮助学生学习菌斑指数检查、牙龈状况检查、牙周探诊检查、牙齿松动度检查和影像学检查的具体方法和病情诊断标准；再采用比较法介绍常见的牙周风险评估系统及其临床应用。

（2）课堂演示

采用视频和教具，帮助学生掌握牙周探诊检查的方法。

（3）小组讨论

学生以小组为单位讨论影响牙周附着水平检查结果精准性和牙齿松动度的主要因素，各小组学生代表发言，教师进行总结。

### 7. 整体教学路径、教学过程及时间安排

（1）整体教学路径（见下图）

▶ 整体教学路径

（2）教学内容及时间安排

| 教学环节 | 用时（分钟） | 教学内容 | 设计意图 |
|---|---|---|---|
| 课程导入 | 2 | 通过回顾牙周组织解剖结构和牙周病主要症状等知识，让学生对牙周组织检查的具体对象和主要内容有总体的认识，了解牙周组织检查在牙周病检查和诊断中的重要地位，导入本课的内容。 | 以图片展示和提问相结合的方式，帮助学生回顾牙周组织解剖结构和牙周病主要症状等知识，引入本课的内容，激发学生的学习兴趣。 |
| 本课知识讲解 | 18 | （1）牙周组织的常见检查方法<br>讲授菌斑指数检查、牙龈状况检查、牙周探诊检查和牙齿松动度检查的方法，检查工具的使用和结果的判断。<br>牙周探诊检查部分，教师在利用多媒体课件讲授后，现场将探针和探诊检查模型作为教具，演示牙周探诊检查工具的选择、使用，探诊结束的记录和评价等，并讲解探诊深度、附着丧失和根分叉的检查方法。最后，让学生思考下列问题：如何根据龈缘位置和探诊深度进行附着丧失的判断？ | ①让学生了解牙周组织检查的方法和评价指标。<br>②通过现场演示，使抽象难懂的探诊检查变得直观易懂，利于学生掌握牙周探诊检查的方法。<br>③提出问题，引导学生思考，从而深入理解探诊深度和牙周附着水平的概念及检查方法。 |

| 教学环节 | 用时（分钟） | 教学内容 | 设计意图 |
|---|---|---|---|
| 小组讨论 | 5 | 教师组织学生进行小组讨论，让学生思考下列问题并发言：影响牙周附着水平探测精确性的因素有哪些？影响牙齿松动度的因素有哪些？ | 通过小组讨论和发言进一步强化学生对本课知识点的理解，培养学生的思考和探索能力。 |
| 本课知识讲解 | 2 | （2）牙周大表的记录<br>牙周炎常常表现为全口多数牙同时患病，牙周组织检查指标多，因此，医生需要将数据记录在牙周大表上。<br>有鉴于此，教师需要以纸质版牙周大表为例，讲解主要记录指标和记录方法，并介绍如何根据记录结果生成电子牙周大表。 | ①帮助学生掌握纸质版牙周大表的记录方法。<br>②让学生对电子牙周大表有一个基本认识。 |
| 前沿拓展 | 2 | 介绍电子牙周探针的优势。<br>视频演示如何使用电子牙周探针进行探诊检查。 | ①拓展知识，联系基础与临床。<br>②增强学生对牙周探诊检查的认识。 |
| 本课知识讲解 | 4 | （3）影像学检查<br>首先，介绍常见口腔影像学检查方法及其在牙周组织检查中的应用。<br>其次，讲授正常牙周组织影像学特征。<br>最后，以口腔全景片为例讲授牙槽骨吸收的判断和记录方法。 | 帮助学生掌握牙槽骨吸收的判断和记录方法。 |

| 教学环节 | 用时（分钟） | 教学内容 | 设计意图 |
|---|---|---|---|
| 本课知识讲解 | 6 | （4）牙周风险评估系统<br>首先，以风险评估在牙周病预防、诊断和治疗中的重要作用引入此部分教学内容。<br>其次，介绍常见的牙周风险评估系统，如AAP、PRC、PRA和Unife。<br>最后，讲解PRC和PRA在进行牙周风险评估时需要收集的牙周检查信息和临床应用。 | 采用"比较法"，将常用的牙周风险评估系统，如PRC和PRA进行比较讲解，以加深学生对此部分知识的理解和记忆。 |
| 小组讨论 | 3 | 以接受牙周基础治疗后两年内复诊的牙周炎患者为案例，讨论如何对牙周组织进行检查并记录牙周大表以及如何根据检查指标对患者的牙周状况进行风险评估，确定复查间隔。 | 通过临床病案分析，使学生了解牙周风险评估系统的临床应用价值。 |
| 前沿拓展 | 2 | 对常见牙周风险预测模型的特点进行简要介绍。 | 拓展知识，联系临床与科研。 |
| 布置课后作业 | 1 | 对上述主要知识进行简单总结，并布置课后作业。 | 巩固主要知识。 |

牙周病学

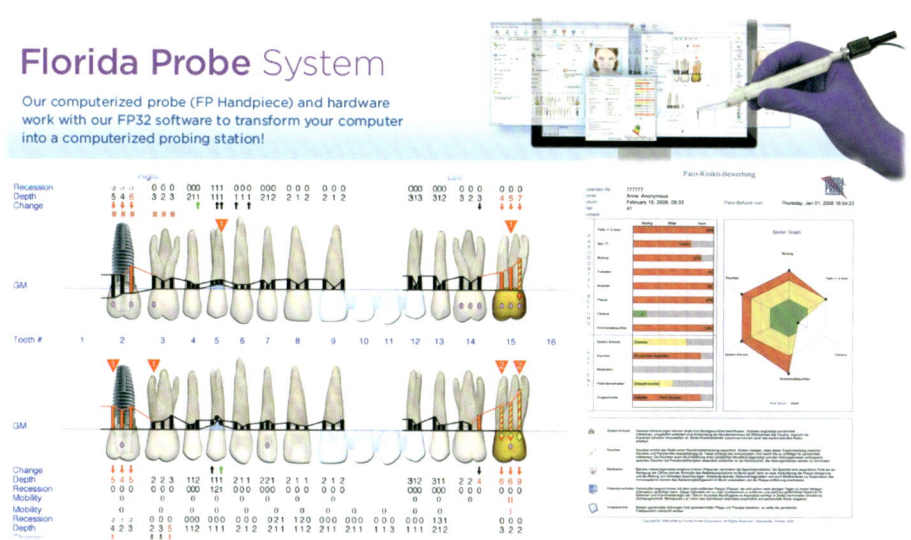

## 病案分析

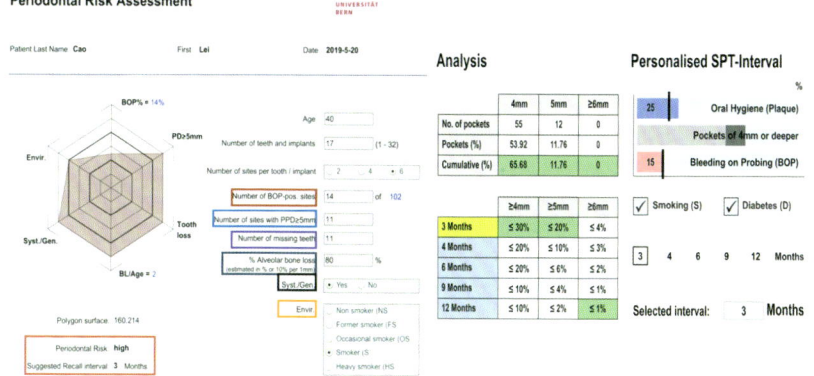

▶ 课件截图：牙周系统检查与风险评估——全面排查，精准管控

## （六）牙周基础治疗——牙周病治疗的必经之路
（授课教师：王骏）

牙周基础治疗
——牙周病治疗的必经之路

### 1. 教学目标

**（1）知识目标**

帮助学生掌握牙周基础治疗的概念，口腔卫生指导的方法，龈上洁治、龈下刮治与根面平整的概念、器械和操作要点。

**（2）能力目标**

引领学生掌握牙周基础治疗的内涵，明确牙周基础治疗在牙周总体治疗计划中的重要地位；全面、正确地掌握口腔卫生指导的方法；掌握龈上洁治、龈下刮治与根面平整的概念、器械和操作要点。

**（3）价值目标**

通过讲述口腔卫生指导的方法和要点，培养学生建立良好的医患沟通能力和医患共情；通过开放性分组思考题，提升学生的团队协作能力，帮助学生树立循证医学思维；结合党的二十大报告精神，培养学生爱岗敬业、创先争优的职业素养。

### 2. 教学思想

**（1）注重立德树人**

牙周基础治疗是治疗成本最低、患者受益最大的牙周治疗方案。有鉴于此，本课结合党的二十大报告精神，将立德树人的思政教育与专业教学相结合，帮助学生认识牙周基础治疗在维护人民群众的口腔健康甚至全身健康中的重要性。

**（2）启发式教学**

为了激发学生的自主学习动力，本课设置了3个开放性分组讨论思考题，引导学生通过团队协作，用循证医学证据为患者答疑解惑，寻求最佳的治疗方案。

**（3）理论与实操相结合**

通过多个操作视频，引导学生更加直观、形象地理解理论教学内容，更好地掌握牙周基础治疗的相关操作器械、操作方法和注意事项。

### 3. 教材分析

本课涉及的章节重点介绍了牙周基础治疗的基本内容，尤其是控制菌斑的基本技术。首先帮助学生明确牙周基础治疗在牙周病总体治疗中的地位和意义，然后通过生动形象的视频等帮助学生认识和理解牙周基础治疗的相关器械和操作要点。该部分的重点是牙周基础治疗的概念与内涵，难点是龈上洁治、龈下刮治和根面平整术的操作要点。

### 4. 学情分析

本课程的授课对象是口腔临床医学专业本科四年级的学生，他们已经具备口腔解剖生理学、口腔组织病理学等口腔学基础知识，并正在接受实验室的仿头模教学。

本课授课内容与临床操作结合紧密，理论知识相对抽象，教师可通过图片、视频等多媒体工具帮助学生更直观地认识牙周基础治疗相关器械、掌握其操作要点。此外，基于牙周基础治疗的深层内涵及其在牙周总体治疗中的核心地位，授课教师要强化对学生的思想引领，让学生深刻认识到牙周基础治疗在维护口腔健康甚至全身健康中的重要性。

### 5. 教学重难点与应对措施

**（1）教学重点：牙周基础治疗的概念与内涵**

应对措施：

①温故知新：以问卷星的形式帮助学生回顾牙周病的致病因素/危险因素，从认识牙周病的致病因素/危险因素理解牙周基础治疗的概念与内涵。

②层层递进：从局部、全身等不同视角，帮助学生梳理牙周基础治疗的核心内容。

③思想引领：从国家战略层面为学生讲授牙周基础治疗在牙周总体治疗中的重要地位，让学生认识到牙周基础治疗在维护人民群众的牙周健康、口腔健康甚至全身健康中的重要性。

**（2）教学难点：龈上洁治、龈下刮治和根面平整术的操作要点**

应对措施：

借助视频，将抽象的知识点形象化，帮助学生更好地理解龈上洁治、龈下刮治和根面平整术的操作要点和注意事项。

### 6. 教学方法

**（1）课堂讲授**

通过回顾牙周病的致病因素/危险因素引出牙周基础治疗的概念与内涵；按照从龈上洁治、龈下刮治到根面平整的顺序，从手用器械和超声洁刮治两个维度，分别讲授相关器械的辨识和操作要点；结合党的二十大报告精神，阐明牙周基础治疗在人民群众追求口腔健康、全身健康和美好生活中的重要性。

**（2）视频演示**

借助生动形象的操作视频，帮助学生直观、形象地理解牙周基础治疗的相关器械和操作要点。

**（3）小组讨论**

通过开放性思考题，引导学生以循证医学证据为指导、小组为单位进行自主讨论，并以报告形式回答思考题。

### 7. 整体教学路径、教学内容及时间安排

**（1）整体教学路径（见下图）**

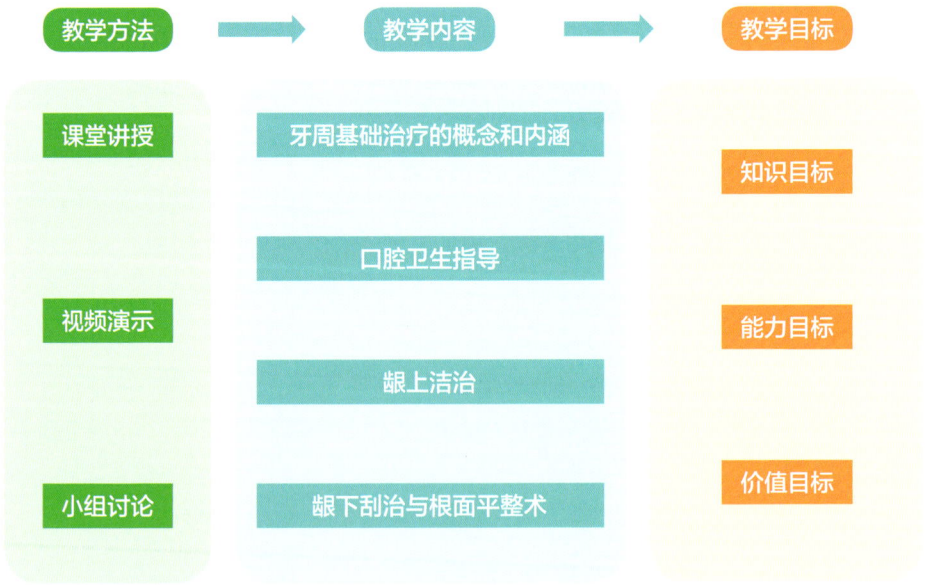

▶ 整体教学路径

（2）教学内容及时间安排

| 教学环节 | 用时（分钟） | 教学内容 | 设计意图 |
|---|---|---|---|
| 课程导入 | 3 | 通过回顾牙周病的致病因素/危险因素，以问卷星和文字墙的形式，导入本课的重点内容——牙周基础治疗的概念与内涵。 | 通过温故知新，将牙周病的致病因素/危险因素与牙周基础治疗内容相对应，帮助学生更好地理解和掌握相关内容。 |
| 本课知识讲解 | 5 | （1）牙周基础治疗的概念和内涵<br>明确牙周基础治疗在牙周病总体治疗中的地位和意义。<br>➤ 牙周基础治疗在整个牙周治疗计划中的重要性<br>Emergency phase → Etiotropic phase (Phase I) → Maintenance phase (Phase IV) ⇄ Surgical phase (Phase II) / Restorative phase (Phase III)<br>以消除致病因素为目标的牙周基础治疗是牙周治疗成功的基本保证<br>从局部、全身等视角分类讲解牙周基础治疗的内容。 | ①引导学生从牙周病总体治疗视角分析牙周基础治疗的重要性。<br>②通过分类归纳，帮助学生更好、更全面地掌握牙周基础治疗的内容。 |
| | 5 | （2）口腔卫生指导<br>从刷牙、邻面清洁、化学药物控制菌斑三个方面，讲解口腔卫生指导的内容与方法，强调口腔卫生指导中医患沟通的重要性。<br>提出本课第一个思考题：电动牙刷会比普通牙刷清洁效果更好吗？请学生于本次课后，以小组为单位，从循证医学角度出发，检索证据，回答患者困惑。 | ①掌握口腔卫生指导的概念和方法。<br>②通过思考题，引导学生提高团队合作能力，以循证医学角度检索证据，回答相应问题。 |

| 教学环节 | 用时（分钟） | 教学内容 | 设计意图 |
|---|---|---|---|
| 本课知识讲解 | 10 | （3）龈上洁治<br>　　从龈上洁治的概念出发，讲解龈上洁治的操作步骤。<br>　　重点介绍手用龈上洁治器械的辨识、正确选择及操作要点。<br>　　进一步介绍超声洁刮治的器械、操作要点和注意事项。<br>　　从抛光的重要性出发讲解抛光的目的和方法，并通过视频介绍喷砂的操作要点。 | ①从基本概念出发，帮助学生全面掌握关于龈上洁治的内容。<br>②龈上洁治操作相对抽象，通过图片和视频将知识点形象化，可以加深学生对相关知识的认识和理解。 |
| | 12 | （4）龈下刮治与根面平整术<br>　　以表格形式分析龈下刮治和根面平整术的区别与联系。<br>　　通过表格、视频等形式对比通用型刮治器和Gracey刮治器的应用区域、切刃角度和切刃缘应用，讲解龈下刮治器的特点和正确选择。<br>　　将龈下刮治和根面平整术的操作要点总结为6点并分别论述。 | ①通过对比，加强学生对龈下刮治和根面平整术的认识与理解。<br>②对操作要点进行归纳总结，可以帮助学生记忆和掌握相关知识。 |
| 前沿拓展 | 4 | 介绍以菌斑控制为导向的牙周治疗（Guided Biofilm Therapy，GBT）方案及内容。 | ①拓展紧扣临床的前沿知识。<br>②增强学生对本课知识的理解。 |

| 教学环节 | 用时（分钟） | 教学内容 | 设计意图 |
|---|---|---|---|
| 知识总结 | 4 | 以"1444"对本课主要知识进行总结。<br>掌握1个观念、4个概念、4类器械、4种方法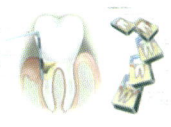<br>牙周基础治疗是牙周病治疗的必经之路<br>牙周基础治疗<br>菌斑控制<br>龈上洁治<br>龈下刮治与根面平整<br>手用龈上洁治器<br>通用型刮治器<br>Gracey刮治器<br>超声波洁牙机<br>菌斑控制的方法<br>龈上洁治<br>龈下刮治与根面平整术<br>超声洁治术 | 巩固主要知识。 |
| 课程思政教育 | 1 | 结合党的二十大报告中关于人民健康的相关论述以及本课的授课内容，进行课程思政教育。 | 让学生认识到牙周基础治疗在推进健康中国建设、保障人民健康中所发挥的重要性。 |
| 布置课后作业 | 1 | 从循证医学视角，以分组形式回答以下问题：电动牙刷与普通牙刷的功效对比如何？手工洁治和超声波洁治的效果对比如何？以菌斑控制为导向的牙周治疗方案有效性的临床证据有哪些？ | 帮助学生强化团队协作能力和循证医学思维，激发学生的自主学习动力。 |

## 牙周基础治疗的概念与内涵

➢ 牙周基础治疗涵盖内容

**局部视角**
- 口腔卫生指导
- 龈上洁治、龈下刮治和根面平整术
- 去除菌斑滞留因素
- 拔除无保留价值或预后极差的患牙
- 咬合调整

**全身视角**
- 控制全身因素、控制环境因素

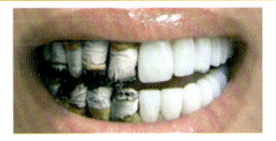

**局部或全身视角**
- 药物治疗

▶ 课件截图：牙周基础治疗的概念与内涵

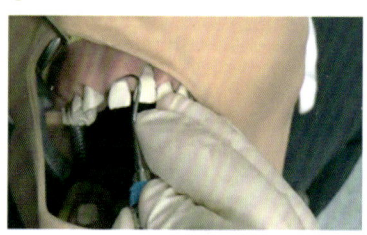

▶ 课件截图：龈上洁治术的概念

### （七）牙周再生治疗——牙周病治疗的革新
（授课教师：郭淑娟）

牙周再生治疗
——牙周病治疗的革新

#### 1. 教学目标

（1）知识目标

帮助学生掌握以下知识：牙周手术的发展历程，牙周组织再生的概念，牙周组织再生的生物学机制，牙周组织再生的主要方法，牙周组织再生中的"黑科技"，牙周组织再生的未来展望。

（2）能力目标

通过播放、讲解课程组制作的牙周组织再生教学动画，帮助学生掌握牙周组织再生的生物学机制和主要方法、牙周组织再生的科学原理和操作要点，使学生能够将牙周组织再生的相关知识用于牙周病的临床治疗方案的设计和实施。

（3）价值目标

通过讲述牙周手术的发展历程等知识，帮助学生树立勇于探索创新的科学精神；分组讨论循证医学数据库 Cochrane Library 牙周组织再生相关的经典文献，培养学生积极思考、自主学习的态度；结合真实临床病案的学习，教导学生形成严谨负责的专业素养和职业操守。

### 2. 教学思想

（1）以学为中心

为了突出以学为中心的教学思想，本课设置了一个讨论题和一个临床病案，引导学生分析思考，开展讨论，激发学生的主观能动性，训练学生运用牙周病学理论知识分析解决实际问题的能力，促进学生主动学习。

（2）"临床—科研"相结合

引入循证医学数据库 Cochrane Library 经典文献、临床病案、临床新技术和研究领域新进展，引导学生结合本课所学内容，讨论"牙周组织再生的关键因素"，提升学生的学习兴趣和动力，帮助学生认识牙周组织再生的重要性和创新方向。

### 3. 教材分析

本课涉及的章节重点介绍了牙周组织再生的概念、原理和方法。该部分的重点是牙周组织再生的生物学机制，难点是牙周组织再生的主要方法。教师需要在学生掌握牙周组织再生基本概念的基础上，介绍牙周组织再生的生物学机制和主要方法，并将牙周组织再生中用到的"黑科技"产品与未来展望相结合，以加深学生对本课重难点的理解。

### 4. 学情分析

本课的授课对象是口腔临床医学专业本科四年级的学生，他们已经具备一定的口腔医学基础知识，求知欲强，学习热情高，有利于探究式教学的开展。

本课涉及的是牙周手术治疗的重要内容，此部分内容抽象不易理解，学生对牙周骨缺损缺乏直观认识，而手术操作设计的原理和关键技术要点较多，学生在学习新知识时容易产生比较强烈的陌生感。授课教师应首先引起学生的学习兴趣，然后基于学生对临床问题有较大兴趣的特点，在教学中加入临床病案，激发学生的自主学习动力。

### 5. 教学重难点与应对措施

（1）教学重点：牙周组织再生的生物学机制和方法

应对措施：

①以教学动画视频讲解导入课程，减少学生对新知识的陌生感，引起学生的学习兴趣。

②坚持知识层层递进,首先用教学动画通俗易懂地阐述牙周组织再生的基本内容和原理,再介绍牙周组织再生的概念及方法,然后引导学生讨论牙周组织再生的关键因素,最后再讲解牙周组织再生的突破口。

③坚持教学与科研相结合,以"小组讨论—教师总结"的方式,引导学生通过对循证医学数据库 Cochrane Library 上的经典文献展开学习,讨论牙周组织再生的机制和方法,以此加深学生对本课知识点的理解,同时也让学生对牙周组织再生手术的基本方法和适应症有初步认识。

④结合临床病案,回顾本课的知识点,帮助学生进一步加深对知识点的理解,并引起学生深入学习的兴趣,为后续学习奠定基础。

(2)教学难点:牙周组织再生的方法

应对措施:

借助教学动画和临床病案,一步一步引导学生学习牙周组织再生手术的操作过程和方法,并介绍手术中需要用到的骨充填材料和屏障膜材料,从而引导学生自行思考牙周组织再生手术的机制。

### 6. 教学方法

(1)课堂讲授

通过讲解牙周手术的发展历程、牙周组织再生的概念等知识,使学生全面理解牙周组织再生的深层含义和适应范围,能够将牙周组织再生的相关知识用于牙周病临床治疗方案的设计和实施。

(2)课堂演示

通过观看、讲解课题组制作的牙周组织再生教学动画,让学生掌握牙周组织再生的生物学机制和主要方法、牙周组织再生的科学原理和操作要点。

(3)小组讨论

学生以小组为单位,对循证医学数据库 Cochrane Library 的经典文献进行自主讨论,各个小组依次发言,最后由教师进行总结。

(4)临床病案分析

结合临床病案讲解牙周组织再生手术的操作过程和方法,巩固本课的主要知识点。

### 7. 整体教学路程、教学内容及时间安排

（1）整体教学路径（见下图）

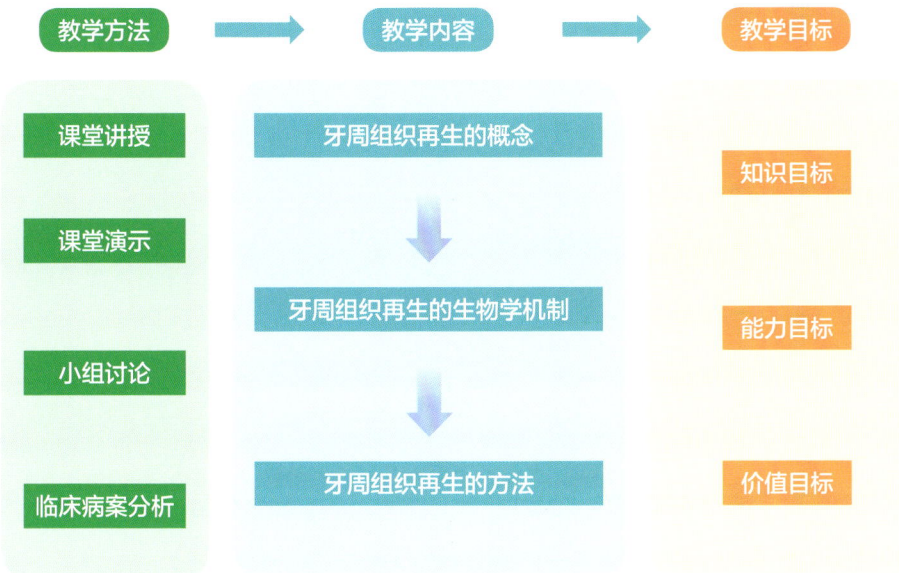

▶ 整体教学路径

（2）教学内容及时间安排

| 教学环节 | 用时（分钟） | 教学内容 | 设计意图 |
|---|---|---|---|
| 课程导入 | 5 | 　　通过介绍牙周手术类型、基本原则和发展历程，让学生对牙周手术治疗有一个初步认识，导入本课知识点。<br>　　总结牙周软硬组织袋的治疗策略，让学生对于牙周手术治疗的原理有总体思路。 | 　　以不同类型的牙周手术引入牙周组织再生治疗的策略，降低学生对牙周组织再生治疗的陌生感，大幅提升学生的学习兴趣。 |

| 教学环节 | 用时（分钟） | 教学内容 | 设计意图 |
|---|---|---|---|
| 本课知识讲解 | 5 | （1）牙周组织再生的概念<br>通过播放时长为2分钟的简单易懂的教学动画，帮助学生对引导组织再生术有一个清晰的认识，请学生思考并回答：牙周组织再生的主要困难是什么？如何才能克服上述困难？ | ①让学生对牙周组织再生有一个基本认识。<br>②掌握牙周组织再生的概念和主要内容。<br>③通过提问，引出牙周组织再生的机制。 |
| 本课知识讲解 | 5 | （2）牙周组织再生的生物学机制<br>结合教学动画再次介绍牙周组织再生的原理，以及牙周组织再生术中需要用到的骨充填材料、屏障膜和生物活性因子，帮助学生深入理解牙周组织再生的生物学机制。<br>提出问题：如何应用引导组织再生术？影响牙周因素有哪些？ | ①通过介绍牙周组织再生的原理，教导学生形成勇于思考、深挖原理的科学精神。<br>②通过提问，引出下一环节的讨论，锻炼学生从循证医学观点出发解决临床问题的思维。 |
| 小组讨论 | 6 | 借着上环节的提问，要求学生在提前阅读文献并且做好笔记的前提下，进行小组讨论并提出应用方案。 | ①通过对Cochrane Library数据库经典文献的讨论与总结，让学生对引导组织再生术治疗牙周骨缺损的基本方法和预期效果有更加深入的认识，形成科研思维。<br>②进一步强化学生对牙周组织再生的生物学机制的理解。 |

牙周病学

| 教学环节 | 用时（分钟） | 教学内容 | 设计意图 |
|---|---|---|---|
| 本课知识讲解 | 5 | （3）牙周组织再生的方法<br>首先，通过简单易懂的教学动画帮助学生学习引导组织再生术的主要方法。其次，教师再次讲授引导组织再生术的主要步骤和关键技术要点。 | ①使用教学动画可以使抽象难懂的引导组织再生术变得相对简单易懂，便于学生理解引导组织再生术的操作流程。<br>②教师将教学动画和临床病案结合起来讲授手术过程，既可以强化学生对手术操作的理解，也可以促使学生进一步消化其中的生物学机制。 |
| 病案讨论 | 10 | 向学生展示关于牙周组织再生术的临床病案，让学生思考引导组织再生术最关键的操作步骤是什么。 | 通过真实的临床病案展示和学习，加深学生对本课知识的理解和掌握程度。 |
| 前沿拓展 | 7 | 将牙周组织再生中用到的"黑科技"产品与未来展望相结合，为学生讲授牙周组织再生领域的科研、临床前沿进展，让学生理解不论如何从临床问题出发进行科研创新，其最终目的都是将实验室的科研成果转化为临床应用的产品。 | ①拓展科研知识，联系基础与临床。<br>②增强学生对本课知识的理解。<br>③激发学生对科学研究的兴趣，锻炼学生的创新思维。 |
| 知识总结 | 1 | 对上述主要知识进行简单总结。 | 巩固主要知识点。 |
| 布置课后作业 | 1 | 开放性作业：牙周组织再生的"突破口"是什么？是手术技巧、再生材料，还是干细胞治疗？（撰写不少于500字小论文） | 让学生通过回顾本课内容，在课后作业中大胆地谈一谈自己的想法。 |

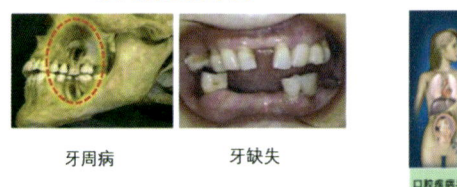
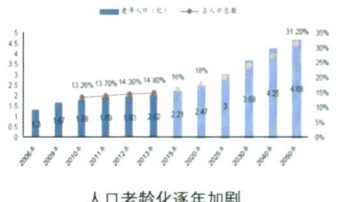
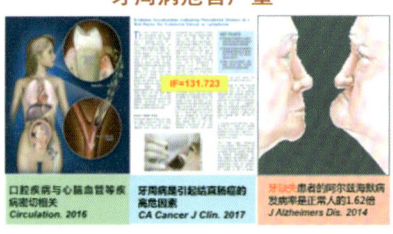
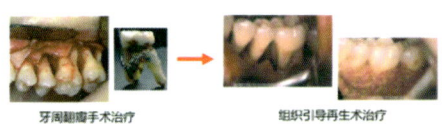

▶ 课件截图：牙周组织的再生治疗——牙周病治疗的革新

## （八）牙周医学——牙周与全身的密切联系
（授课教师：谢旭东）

牙周医学
——牙周与全身的密切联系

### 1. 教学目标

（1）知识目标

让学生掌握口腔病灶感染学说的概念、牙周医学的概念、牙周感染对某些全身疾病的影响作用机制及治疗手段等。

（2）能力目标

通过引导学生深入了解牙周医学的概念，帮助学生拓宽自己的知识领域和视野，在临床实践中加强对患者全身健康的关注和保护，改变临床诊断和治疗理念。结合前沿热点文献和翻转课堂教学模式，培养学生的自主学习能力、团队协作能力和创新能力。

（3）价值目标

通过讲述牙周感染对某些全身疾病的影响，帮助学生进一步认识口腔健康的重要性；通过介绍国家发展战略中口腔健康相关内容，增强学生的责任感、使命感，督促学生不断提高自己的职业素养，树立正确的价值观。

### 2. 教学思想

**（1）注重思政教育**

通过解读国家发展战略中涉及口腔健康的内容，突出口腔健康与全身健康以及人民生活质量之提升的密切联系，增强学生的使命感，弘扬救死扶伤的医者精神。

**（2）培养学生自主学习能力**

通过翻转课堂，将学习的决定权转移给学生。学生在课前利用教师提供的临床病案和丰富的教学资源完成相关知识的学习，将课堂主要作为教师与自己的互动场所，从而有效地提高学习效率，促进批判性思维的发展。

**（3）基础与临床相结合**

通过经典文献和热点前沿，帮助学生了解牙周感染影响全身健康的理论知识，结合临床病案，制订具有针对性的诊疗策略，从而提升学生将基础理论与临床实践有机结合的能力。

### 3. 学情分析

本课的授课对象是口腔临床医学专业本科四年级的学生。通过前面课时对牙周病病因学、临床表现、临床检查、诊断与治疗等内容的学习，他们已具备一定的专业基础知识和临床诊疗思维，有利于翻转课堂的开展。

由于近年来有关牙周病影响全身健康的科学研究大量开展，相关基础理论不断更新，教材中部分知识点稍显滞后，授课教师在教学过程中引入热点文献，有助于学生及时了解本课程相关领域的最新研究进展，培养学生的文献阅读能力和科研思维。

### 4. 教学重难点与应对措施

**（1）教学重点：伴全身疾病患者的牙周治疗**

应对措施：

借助翻转课堂，课前引导学生根据不同的临床病案，查阅相关文献，深入了解伴全身疾病患者的牙周治疗策略的制订方法。学生在课堂上分享发言后，教师再一一给予点评和归纳总结，进一步强化知识点。

**（2）教学难点：牙周感染对某些全身疾病的影响及作用机制**

应对措施：

将教材与热点文献相结合，及时更新基础理论，培养学生的自主学习能力。

### 5. 教学方法

**（1）课堂讲授**

介绍口腔病灶感染学说的概念和牙周医学的发展历程，帮助学生初步认识口腔健康与全身健康的密切联系；通过经典和热点文献，具体讲解牙周感染是通过何种机制影响全身健康的；结合临床典型病案，引导学生针对伴全身疾病的牙周炎患者的具体病情制订适宜的诊疗计划。

**（2）翻转课堂**

围绕临床典型病案，引导学生以小组为单位自主学习，通过查阅文献资料，从疾病互相影响的作用机制出发，制订指导临床治疗的方案，最后由教师进行点评和总结，进一步强化相关知识点。

### 6. 整体教学路径、教学内容及时间安排

**（1）整体教学路径（见下图）**

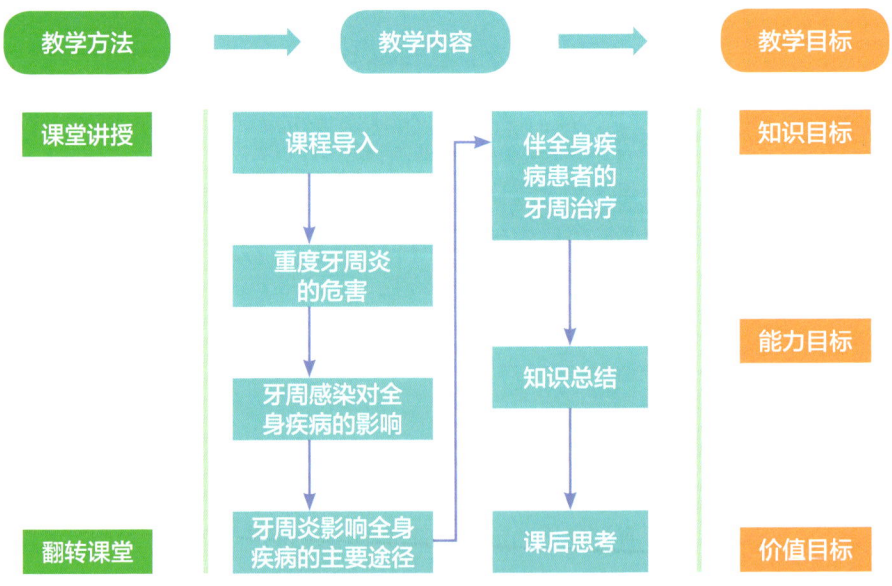

▶ 整体教学路径

### （2）教学内容及时间安排

| 教学环节 | 用时（分钟） | 教学内容 | 设计意图 |
|---|---|---|---|
| 知识点回顾 | 2 | 提问：<br>①牙周治疗的目标是什么？<br>②牙周治疗分几个阶段？ | ①通过提问的方式提高学生专注力，巩固学生对知识点的掌握。<br>②有助于为本课内容的展开做铺垫。 |
| 课程导入 | 5 | 通过介绍口腔病灶感染学说的概念和牙周医学的发展历程，让学生对口腔健康与全身健康之间的关系有一个初步的认识，导入本课知识点。<br><br>**口腔病灶感染学说**<br>**发展历程**<br>一、1891年，W.D.Miller：人的口腔是感染灶<br>二、1910年，Willam Hunter：牙髓炎和牙周炎列为感染的病灶<br>三、20世纪40年代以前，病灶学说盛行，提倡拔除"病灶牙"<br>四、20世纪中叶以后，逐渐被否定<br>五、20世纪80年代牙周医学兴起 | 以"相关概念是如何提出和发展的"作为切入点，让学生从历史的角度了解牙周医学提出的背景，追本溯源，勾起学习兴趣。 |
| 本课知识讲解 | 2 | （1）重度牙周炎的危害<br>通过提问的方式，让学生思考重度牙周炎会对身心造成什么危害，引导学生思考牙周感染对全身健康的影响。<br><br>**牙周感染对全身健康的影响**<br>· 重度牙周炎患者的牙周袋内壁溃疡面积的总和可达72cm²。细菌及代谢物可经此溃疡面不断进入血液并扩散至远隔器官，进而影响全身健康。 | ①通过提问，锻炼学生解决问题的创新思维。<br>②为牙周感染与全身健康的密切联系作铺垫。 |

| 教学环节 | 用时（分钟） | 教学内容 | 设计意图 |
| --- | --- | --- | --- |
| 本课知识讲解 | 15 | （2）牙周感染对全身疾病的影响<br>通过经典文献详细讲解牙周感染对全身疾病（如心血管疾病、糖尿病、阿尔茨海默病、消化道疾病等）的影响和作用机制，以最新的研究进展作为补充，强化相关理论的证据支撑。 | ①让学生掌握牙周感染对全身疾病的影响和作用机制，做到知其然并知其所以然。<br>②通过分享前沿研究，引导学生养成阅读文献的习惯，培养科研思维。 |
|  | 2 | （3）牙周炎影响全身疾病的主要途径<br>向学生提问：综合以上疾病与牙周感染之间的联系，归纳总结牙周感染影响全身疾病的途径主要有哪些？<br>（参考答案：①直接感染，②细菌进入血液循环扩散，③牙周细菌及其产物引起机体的免疫反应和炎症） | 鉴于牙周炎与全身疾病之间的联系错综复杂，且相互之间的影响机制不尽相同，记忆起来相对困难，可以通过提问的方式引导学生学会归纳总结，加深知识点的理解和记忆。 |

| 教学环节 | 用时（分钟） | 教学内容 | 设计意图 |
| --- | --- | --- | --- |
| 翻转课堂 | 15 | （4）伴全身疾病患者的牙周治疗<br>　　让学生根据教师课前提供的病例资料，分组从病史采集要点、可能的诊断、治疗计划的制订等角度介绍伴全身疾病（如糖尿病、心血管疾病等）的牙周炎患者的诊疗策略。<br>　　教师对各小组的汇报内容、表现形式进行点评。 | ①利用翻转课堂的优势，充分调动学生的学习积极性。<br>②通过小组合作和讨论，培养学生的团队意识和辩证思维。 |
| 知识总结 | 2 | 　　结合翻转课堂教学内容归纳总结本课主要知识点。 | 巩固主要知识。 |
| 布置课后作业 | 2 | 　　让学生在课后思考下列问题：<br>①牙周医学背景下牙周治疗的目标是什么？<br>②牙周医学概念的建立对牙周病临床诊疗工作的意义是什么？ | 　　强化思政教育，引导学生树立正确的价值观，提高学生的职业素养和使命感。 |

# 临床药学服务（Ⅰ）

周静，四川大学华西药学院教师，临床药学博士，四川省药学会药物流行病学专委会委员，教育部全国高等学校临床药学专业青年教师教学能力大赛一等奖和全国高等学校临床药学专业青年教师微课教学大赛一等奖获得者，四川大学本科教学管理工作先进个人。在四川大学负责和参与讲授本科课程11门，负责的"临床药学服务（I）"被评为四川大学2019年"课程思政"榜样课程，2020年四川省一流本科实践课程，负责的"临床药物治疗学（I）"被评为四川大学2020年"课程思政"榜样课程。重视教学改革，在教学实践中不断探索和尝试新的教学模式和教学方法，参与的教改项目获四川省社会科学研究优秀成果二等奖、四川大学教学成果一等奖等。

周静——

# 何金汗

## 教学团队简介

何金汗，教授，国家杰出青年科学基金获得者，四川大学国家级一流本科专业临床药学专业负责人，中国药学发展奖杰出青年学者奖获得者，四川省卫健委"临床药学"首席专家，四川省学术和技术带头人。负责国家自然科学基金重点和面上项目4项，在 *Science Advance* 等期刊上发表文章60多篇，论文被引用5000余次。

# 陈力

陈力，四川大学华西第二医院药学部副主任，多家药学杂志审稿专家，第14届全国大学生药苑论坛"药学服务"赛道唯一"创新成果特等奖"指导老师。获全国妇产科药学大会案例比赛优胜奖、四川省青年药师辩论赛最佳辩手等荣誉。

黄亮，副主任药师，国家临床药师培训优秀带教药师，四川省一流本科课程负责人，主持和参与多项国家科技重大专项项目、自然科学基金项目。获2020年中国药学会优秀药师、2023年四川省"卫生健康英才"中青年骨干人才等荣誉。

黄亮

吴逢波，四川大学华西医院临床药学部党支部书记、四川省卫健委学术和技术带头人后备人选，主持多项国家自然科学基金项目、四川省科学技术厅项目，获中国药学会—施维雅青年医院药学奖、首届西部药学之星奖等荣誉。

# 于磊

于磊，四川大学华西医院副主任药师、一线优秀临床药师，获中国医院协会药事管理专委会临床药师带教之星等荣誉。

倪嘉琪，药学博士（毕业于美国密歇根大学），四川大学华西药学院、华西第二医院双聘副主任药师，全国临床药学专业本科实践教学师资。获第二届全国仿真创新应用大赛二等奖、四川省仿真创新应用大赛仿真教学设计方向高教组二等奖、四川大学教学创新示范教师等荣誉。

# 倪嘉琪

# 课程信息

### 1. 课程简介

"临床药学服务（Ⅰ）"是四川大学首创且独家开设的临床药学专业核心课程，通过课堂学习结合模拟药房、社会药房、社区医疗机构、三甲医院实践，增强学生药学问诊、处方审核、用药咨询、用药教育、药学监护等综合实践能力的培养，提升学生职业使命感与责任感，加强学生对"以人为本，药学服务"思想的认知，使其熟悉临床药学服务的主要工作环境及所需的主要专业知识和专业技能，初步具备进行临床合理用药实践的能力。

### 2. 授课类型：必修课

### 3. 学时：32 学时

### 4. 学分：2 学分

### 5. 授课对象：临床药学专业大四学生

### 6. 课程教材：自编教材

### 7. 参考资料

- 徐峰. 临床药学实践指导 [M]. 北京：科学出版社，2020.
- 曾英彤，郑志华. 美国药师协会药物治疗管理服务 [M]. 北京：中国医药科技出版社，2018.
- 张健. 静脉药物临床应用药学监护 [M]. 北京：人民卫生出版社，2021.
- 姜玲. 儿童肾病综合征药物治疗的药学监护 [M]. 北京：人民卫生出版社，2020.
- 冯欣，丁新. 妇科疾病雌、孕激素药物治疗的药学监护 [M]. 北京：人民卫生出版社，2020.
- 张峻，张毕奎. 精神障碍疾病药物治疗的药学监护 [M]. 北京：人民卫生出版社，2020.
- 谢娟，万自芬. 止咳平喘药物临床应用药学监护 [M]. 北京：人民卫生出版社，2020.

- 李智平，翟晓文．儿科常见疾病药物治疗的药学监护[M]．北京：人民卫生出版社，2020．
- 卜一珊，高红梅．重症疾病药物治疗的药学监护[M]．北京：人民卫生出版社，2020．
- 杜光．肿瘤药物治疗的药学监护[M]．北京：人民卫生出版社，2020．
- 闫峻峰．骨质疏松症药物治疗的药学监护[M]．北京：人民卫生出版社，2020．
- 陈英，林英忠．高血压药物治疗的药学监护[M]．北京：人民卫生出版社，2020．
- 陆进、樊碧发．疼痛药物治疗的药学监护[M]．北京：人民卫生出版社，2019．
- 杨敏，劳海燕．调脂药物治疗的药学监护[M]．北京：人民卫生出版社，2019．

### 8. 教学理念及教学目标

**（1）教学理念**

本课程对标国家"双一流"建设的战略目标，以习近平总书记"健康中国"的重要论述为指导，遵循"以人为本，药学服务"的现代药学教育理念，体现"以患者为中心"的临床药学人文服务思想，以培养学生综合实践能力为目标展开教学。通过课堂教学和多维度社会实践基地实践，推动思想政治教育、专业教育与社会服务紧密结合，从知识传授、能力培养、素质提升和价值塑造等多个层次协同育人，构建学生的人文精神和职业素养，教学实践以"学生为中心"，融入立德树人的思政教育元素，培养学生将人文、医学、药学知识转化为临床合理用药实践的能力。

**（2）教学目标**

**知识目标**：要求学生能综合运用人文、医学、药学领域的相关专业知识，掌握临床药学服务实践过程中药学问诊、用药咨询、用药教育、药学监护等环节的知识要点以及与患者的沟通技巧。

**技能目标**：帮助学生提高"人文—生物—医学—社会"模式下的临床药学思维和综合实践技能。

**职业素养目标**：培养学生形成以人为本、以患者为中心的服务意识，从事临床药学服务的职业道德、责任意识和严谨的职业精神。

**思政目标**：引导学生树立社会主义核心价值观以及为人民生命健康服务的理想与责任。

### 9. 教学重点及难点

**（1）教学重点**

应用多种教学方法和教学手段，结合实践基地实训开展临床药学服务技能培养，训练学生提高包括药学问诊、处方审核、用药咨询、用药教育、药学监护等在内的综合实践技能。

**（2）教学难点**

如何整合医学、药学等领域的专业知识，结合多元化的教学手段和多层次、多维度的临床实践，培养学生形成临床药学思维，提高综合实践技能。

### 10. 教学内容

本课程的教学内容包括理论知识和临床实践两方面。其中理论知识主要包括医学、药学等领域的相关知识，如各系统疾病、药学服务理论等；临床实践主要指针对具体病例进行药学问诊、处方审核、用药咨询、用药教育、药学监护等实践，其内容涉及临床药学服务的主要内容及基本技能，呼吸系统、消化系统、免疫系统疾病和感染性疾病管理，特殊人群（如儿童、孕妇）临床药学服务等。

# 教案展示

## （一）临床药学服务概述

临床药学服务概述

| 教学内容 | 临床药学服务概述 | 所属课程 | 临床药学服务（Ⅰ） |
|---|---|---|---|
| 教学地点 | ×××× | 课程号 | ×××× |
| 授课时间 | ×年×月×日 | 课程时长 | 180分钟（4课时） |
| 学情分析 | 本课程主要面向临床药学专业本科四年级学生。他们已经完成大部分医学基础课程（如"解剖学""生理学""病理生理学""诊断学"等）和药学专业课程（如"生物药剂与药动学""药剂学""药物化学""药理学"等）的学习，此时开设"临床药学服务（Ⅰ）"课程，可以引导学生整合相关学科知识，综合、全面地进行初步临床用药实践。 | | |
| 教学目标 | 知识目标：掌握临床药学服务的概念及主要实践环节的操作要点。<br>技能目标：能在教师指导下理解并初步掌握药学问诊、用药咨询、用药教育、药学监护等实践环节的主要要求，掌握与患者沟通的技巧。<br>职业素养目标：树立以人为本、以患者为中心的服务意识；强化职业道德、责任意识，形成严谨的职业精神。<br>思政目标：树立社会主义核心价值观以及为人民生命健康服务的理想与责任。 | | |
| 教学重点 | ①临床药学服务的概念、内容、具体工作。<br>②社区临床药学服务的概念、具体工作要点。<br>③用药咨询与用药教育的操作要点。 | | |
| 教学难点 | ①用药咨询的操作技巧及注意事项。<br>②特殊装置药品的用药教育。<br>③如何开展慢病管理与居家药学服务。 | | |

| | |
|---|---|
| 教学理念 | 倡导"以患者为中心"的临床药学人文服务思想，构建学生的人文精神，坚持育人为本、立德树人，培养德智体美劳全面发展的合格建设者和可靠接班人。坚持"以学为中心"，在课堂上做到以学生为主体、以教师为主导。以模拟药房为情景教学实践基地，把创新理念融入教育实践，把创新意识化作具体策略，引导学生从临床实践中发现问题，将所学知识融会贯通，服务患者。 |
| 教学策略 | ①情景实践教学法：使用临床药学实训中心的模拟药房，让学生了解社区临床药学服务的工作内容及药学服务工作要点，掌握开展社区药学服务实践的技能。<br>②其他教学方法：PBL教学法、翻转课堂、讲授法、集中讨论法、直观演示法。 |
| 教学准备 | （1）确定授课场地<br>本课的授课场地为临床药学实训中心。临床药学实训中心是根据临床药学专业和药学专业人才培养目标，围绕高素质药学专门人才实践能力培养要求，引进国内外先进的教学理念和教学内容而设计和构建的一个融实验实训、虚拟模拟、实景演练为一体的实践教学中心。<br>（2）教具准备<br>本课要用到的道具有血压计、听诊器、体温计、仿真模拟人等。<br>（3）布置预习任务<br>通过QQ群布置预习任务，让学生完成诊断学、药理学、临床药物治疗学等相关学科理论知识的复习，做好参加临床药学服务实践的理论准备。 |

| 教学过程设计 | | |
|---|---|---|
| 教学内容 | 教学方法 | 时间分配（分钟） |
| 1. 课程的总体要求<br>（1）课程教学目标<br>（2）课程授课方式<br>（3）课程要求及考核方式<br>（4）教师团队<br>（5）教学环境及教学方法 | 本部分主要通过教师讲授的方式进行，旨在让学生对本课程有基本的了解。 | 10 |
| 2. 临床药学服务<br>（1）临床药学服务的概念<br>（2）临床药学服务内容<br>（3）临床药学服务具体工作 | 教师通过提问启发学生思考，通过组织分组讨论帮助学生理解临床药学服务对于临床合理用药的重要意义。 | 35 |
| 3. 社区临床药学服务<br>（1）社区临床药学服务的概念<br>（2）社区药师的服务内容 | ①教师引导学生结合实际生活体验讨论社区临床药学服务的概念。<br>②教师通过提问引导学生了解社区药师服务的具体内容。<br>③教师结合案例教学，向学生阐明用药咨询与用药教育的重要性，以及其实践要点。 | 90 |

| 教学内容 | 教学方法 | 时间分配（分钟） |
| --- | --- | --- |
| （3）如何进行用药咨询与用药教育<br>（4）药学信息服务<br>（5）药品不良反应监测和报告<br>（6）健康教育与健康促进<br>　　简介美国临床药师在预防接种、戒烟戒毒等方面开展健康教育与健康促进的工作内容。<br>　　结合两个实际案例说明如何开展预防免疫的用药咨询。<br>（7）慢病管理<br>（8）居家药学服务 | 　　④引导学生列举各类药学信息获取途径，介绍一些权威的信息平台或科研机构。<br>　　向学生介绍常用药学信息资源，包括四川大学图书馆提供的相关资源、工具书、常用网站、常用软件等。<br>　　⑤结合实例讨论药品不良反应监测和报告的流程。<br>　　通过一例咨询药物不良反应的案例了解药品不良反应监测的重要性、流程及其注意事项。<br>　　⑥通过案例讨论了解健康教育与健康促进的重要性及工作内容。<br>　　⑦结合视频向学生介绍临床药师如何在社区参与慢病管理。<br>　　⑧结合视频向学生介绍居家药学服务模式的实施情况。 | |
| 4.实训中心情景教学实践<br>　　在实训中心进行临床药学服务的模拟场景演练。<br>　　模拟场景：某患儿家属自述孩子腹痛腹泻前来购药。<br>　　模拟环节：两人一组，1人扮演患儿家属，1人扮演临床药师，情景模拟药物推荐、药物咨询与用药教育全过程。 | 　　学生们分组在实训中心参与情景教学实践，模拟对腹痛腹泻患儿实施药物治疗方案拟定，对患儿家长进行用药指导和用药教育，情景模拟结束后，由教师点评总结。 | 35 |

| 教学内容 | 教学方法 | 时间分配（分钟） |
| --- | --- | --- |
| 5. 总结归纳 | （1）引导学生对自己及其他同学在本次课上开展的临床药学服务实践进行回顾分析，找出优点，指出不足。提醒学生注意开放式提问、Teach-back、同理心、倾听等沟通技巧的运用。<br>（2）以学生自由提问，教师答疑的方式，对本课知识进行消化吸收。鼓励学生积极发现问题、提出问题、通过讨论解决问题。 | 8 |
| 6. 课后拓展 | 请学生登录四川大学图书馆官方网站，利用CNKI、PubMed、EMBASE、CBM等数据库或者相关专业文献，并在课余时间深入各类社区药房，进一步了解社区药学服务的内容，总结临床药学服务还可以在哪些方面发挥作用，在有限的课堂讲授、实践教学之外，开拓学生视野，培养学生查阅资料、实地调研等自主学习的能力。 | 2 |
| 课堂教学创新点 | 教师充分利用临床药学实训中心，模拟真实社区药房、会诊室、病房等临床药学服务场景进行情景教学实践。应用智慧教室、"爱课堂"手机互动、典型案例分组讨论等授课方式，结合PBL、翻转课堂、讲授法、集中讨论法、直观演示法等教学方法，以解决实际临床用药问题为导向，驱动学生自主思考、调研、探究、创新，增加学生的学习兴趣及理解深度。<br>教师坚持在教学过程中以学生参与课堂讨论和情景实践为主，以提问、举例等方式引入话题，导出药学问诊、用药咨询、用药教育、药学监护等临床药学服务的内容，以提高疗效、降低不良反应、提高经济性为目标，通过场景实践教学、案例讨论等方式层层递进，引导学生"提出问题—思考问题—解决问题"，并深刻理解药学服务与临床合理用药的密切关系。基于学生已有的知识和能力，通过场景实践、案例讨论、真实药品教具应用示范等，使学生对临床药学服务的重要性和主要内容有充分认识，并在实践中掌握本课重难点。 | |

| | |
|---|---|
| 教学效果评价 | 通过课后小组讨论、QQ 群在线答疑及交流，教师能大致了解学生对本课内容的掌握程度。通过问卷星匿名调研的方式，教师能了解学生对教学的反馈。学生反映授课方式新颖有趣，把枯燥的理论知识融入场景模拟、案例教学和临床实践，让学生记忆深刻，更能掌握学习要点。此外，学生在实践过程中运用所学专业知识和技能解决临床实际案例的用药问题，进一步激发了职业荣誉感，加强了道德感。 |
| 参考资料 | • 蒋学华．临床药动学 [M]．北京：高等教育出版社，2007．<br>• 姜远英．临床药物治疗学 [M]．北京：人民卫生出版社，2016．<br>• 国家药典委员会．中华人民共和国药典临床用药须知 [M]．北京：中国医药科技出版社，2015．<br>• 本书编委会．中国国家处方集：化学药品与生物制品卷（2013 儿童版）[M]．北京：人民军医出版社，2013．<br>• 本书编委会．中国国家处方集：化学药品与生物制品卷 [M]．第 2 版．北京：人民军医出版社，2020．<br>• 卫生部合理用药专家委员会，国家食品药品监督管理局药品审评中心．中国医师药师临床用药指南 [M]．重庆：重庆出版社，2009．<br>• S.C. 斯威曼．马丁代尔药物大典 [M]．北京：化学工业出版社，2014．<br>• 陈新谦等．新编药物学 [M]．第 18 版．北京：人民卫生出版社，2019．<br>• 国家药品监督管理局网站：https://www.nmpa.gov.cn/index.html．<br>• 四川省药品（疫苗）集中采购交易系统：http://jcn.scbid.gov.cn:7072/Show3.aspx．<br>• 其他网络平台：医脉通、丁香园、临床药师论坛等。<br>• 手机软件：用药助手、临床指南等。 |
| 作业布置 | 课后思考题：<br>①国内外临床药学服务的异同之处是什么？<br>②复习药学问诊沟通技巧、用药咨询、药学监护要点、带装置药品患者教育等知识点。 |

## （二）呼吸系统疾病临床药学服务

呼吸系统疾病临床药学服务

| 教学内容 | 呼吸系统疾病临床药学服务 | 所属课程 | 临床药物服务（Ⅰ） |
|---|---|---|---|
| 教学地点 | ×××× | 课程号 | ×××× |
| 授课时间 | ×年×月×日 | 课程时长 | 180分钟（4课时） |
| 学情分析 | 本课程主要面向临床药学专业本科四年级学生。他们已经完成大部分医学基础课程（如"解剖学""生理学""病理生理学""诊断学"等）和药学专业课程（如"生物药剂与药动学""药剂学""药物化学""药理学"等）的学习，此时开设"临床药学服务（Ⅰ）"课程，可以引导学生整合相关学科知识，综合、全面地进行初步临床用药实践。 | | |
| 教学目标 | 知识目标：掌握呼吸系统疾病常用治疗药物的临床应用，整合相关医药学学科知识，综合、全面地考虑临床药物应用问题。<br>技能目标：能熟练进行呼吸系统疾病临床药学服务实践过程中药学问诊、用药咨询、用药教育、药学监护等实践环节，掌握带装置药品患者教育，掌握与医护人员和患者的交流沟通技巧。<br>职业素养目标：形成以人为本、以患者为中心的服务意识，培养学生形成从事临床药学服务的职业道德、责任意识和严谨的科研精神。<br>思政目标：树立社会主义核心价值观，将为人民生命健康服务作为自己的理想与责任。 | | |
| 教学重点 | ①呼吸系统疾病常见症状的常用药物。<br>②急性上呼吸道感染诊疗指南及常用药物治疗。<br>③急性上呼吸道感染、支气管哮喘、慢性阻塞性肺疾病患者的药物选择、用药教育与药学监护。 | | |

| | |
|---|---|
| 教学难点 | ①吸入制剂的使用。<br>②急性上呼吸道感染不同病例的药物治疗方案选择及用药教育。<br>③慢性阻塞性肺疾病急性加重期的药物治疗及药学监护。 |
| 教学理念 | 　　以临床药学实训中心为仿真教学实践基地，将教学与仿真技术相结合，使课程兼具科学性与趣味性，引导学生从仿真情景中发现问题，将所学医学、药学知识融会贯通，综合运用于临床药学服务实践。<br>　　倡导"以患者为中心"的临床药学人文服务思想，构建学生的人文精神，坚持育人为本、立德树人，培养德智体美劳全面发展的合格建设者和可靠接班人。坚持"以学为中心"，在课堂上做到以学生为主体、以教师为主导。 |
| 教学策略 | 　　仿真教学法：使用临床药学实训中心的模拟药房、模拟会诊室、药学门诊室等场景，通过角色扮演和情景模拟，让学生为患有急性上呼吸道感染和慢性阻塞性肺疾病的医学模拟人开展医学模拟治疗，以培养学生使用各种吸入制剂，训练学生开展药物治疗、药学教育和药学监护的技能。<br>　　其他教学方法：PBL教学法、翻转课堂、讲授法、集中讨论法、直观演示法等。 |
| 教学准备 | 　　（1）提前阅读与本课程相关的参考资料以了解最新的研究成果。如：<br>• 葛均波，等. 内科学[M]. 第9版. 北京：人民卫生出版社，2018.<br>•《抗菌药物临床应用指导原则》修订工作组. 抗菌药物临床应用指导原则[M].2015版. 北京：人民卫生出版社，2018.<br>• 中华医学会，等. 急性上呼吸道感染基层合理用药指南[J]. 中华全科医师杂志，2020（8）.<br>• 中华医学会，等. 支气管哮喘基层诊疗指南（2018年）[J]. 中华全科医师杂志，2018（10）.<br>• British Thoracic Society. SIGN 158: British guideline on the management of asthma[M]. London: British Thoracic Society, 2019.<br>　　（2）准备教具<br>　　事先准备好血压计、听诊器、体温计、沙美特罗替卡松粉吸入剂（舒利迭）、硫酸沙丁胺醇吸入气雾剂（万托林）、医学模拟人（COPD急性加重期模式）等教具。<br>　　（3）布置预习任务<br>　　教师通过QQ群布置预习任务，要求学生完成诊断学、药理学、临床药物治疗学等相关学科理论知识的复习和预习，做好临床药学服务实践的流程准备。 |

| 教学过程 | | |
|---|---|---|
| 教学内容 | 教学方法 | 时间分配（分钟） |
| 1. 引言部分 | 简述本部分教学目标及要求、主要教学及实践内容。通过提问启发学生思考，引出临床药学服务对于临床合理用药的重要指导意义。 | 2 |
| 2. 呼吸系统疾病及常用药物概述<br>（1）呼吸系统疾病简介、呼吸系统疾病常见的临床表现及其治疗药物<br>（2）病案分析与临床药学服务实践<br>（3）小结 | ①通过播放视频以及启发式提问的方式引导学生回顾呼吸系统疾病的特征及常用治疗药物的临床应用，以"疾病—临床表现—治疗药物"的递进式思考模式，引导学生总结上述药物的应用特点，为后面情景模拟实践提供知识储备。<br>②通过两个支气管哮喘病例的分析，让学生分组讨论如何推荐合适的药物治疗方案，并现场模拟用药指导和用药教育环节，训练学生提高临床药学服务实践技能。<br>③对上呼吸道感染、支气管哮喘临床药学服务内容进行小结，总结病案讨论、用药建议、用药教育等服务内容的要点及注意事项。 | 43 |

| 教学内容 | 教学方法 | 时间分配（分钟） |
| --- | --- | --- |
| 3.急性上呼吸道感染简介<br>（1）急性上呼吸道感染概述<br>（2）课堂讨论：如何通过血常规检查的结果指导急性上呼吸道感染的药物治疗？<br>（3）情景模拟：社区药房服务 | ①以一道思考题"常见普通感冒的特点有哪些？"引出对急性上呼吸道感染的定义、病因及发病机制、临床类型、实验室检查、诊断及治疗的讨论，使学生自测对呼吸系统最常见最基础的疾病的认知程度。<br>②在课前预习的基础上展开讨论。<br>③全班分成5个组，每组各派1名学生扮演患者，前往模拟社区药房购药。其余学生则扮演工作人员，对患者展开问诊、用药建议、用药咨询、用药教育等有关社区药房临床药学服务的情景模拟。模拟结束后，学生需要分别给其他组打分并评价其药学服务情况，教师总结点评。 | 45 |

| 教学内容 | 教学方法 | 时间分配（分钟） |
|---|---|---|
| （4）小结 | ④对急性上呼吸道感染临床药学服务内容进行小结，总结问诊、用药建议、用药咨询、用药教育、药学监护等服务内容的要点及注意事项。 | |
| 4. 病案讨论<br>对一例急性上呼吸道感染住院患者的诊疗经过、用药合理性、用药教育、药学监护等内容进行讨论。 | 引导学生根据病案提供的患者信息，依据其临床表现、查体、实验室检查及治疗情况进行讨论，完成用药分析。 | 25 |
| 5. 实训中心情景实践<br>（1）医学模拟人仿真教学 | ①学生分组对医学模拟人进行医学查体，并根据其病情给予用药建议、用药教育及药学监护。 | 65 |

| 教学内容 | 教学方法 | 时间分配（分钟） |
|---|---|---|
| （2）情景模拟：药房摆药<br>（3）情景模拟：药房购药<br>（4）小结 | ②学生分组将模拟药房不同区域的分散药盒按照摆药要求摆放到药架上，摆放完毕后，各组交叉检查并打分，最后总结摆药心得，教师点评。<br><br>③学生两两一组，1人扮演患者，1人扮演药师，情景模拟药物推荐、药物咨询与用药教育全过程。<br><br>④教师对本次课涉及的临床药学服务内容进行小结，总结病案讨论、用药建议、用药教育等服务内容的要点及注意事项。 | |

| 教学内容 | 教学方法 | 时间分配（分钟）|
|---|---|---|
| 6.课后拓展 | 请学生登录四川大学图书馆官方网站，利用 CNKI、PubMed、EMBASE、CBM 等数据库或者相关专业文献，并在课余时间深入各类社区药房，进一步了解社区药学服务的内容，总结临床药学服务还可以在哪些方面发挥作用。在有限的课堂讲授、模拟实训之外，开拓学生视野，培养学生查阅资料、实地调研等自主学习的能力。 | |
| 课堂教学创新点 | 教师充分利用临床药学实训中心环境，模拟社区药房和医院病房临床药学服务场景让学生进行社会实践；同时应用智慧教室功能、"爱课堂"手机互动软件，结合病案分组讨论、课后在线答疑与翻转课堂等授课方式，强调以解决实际临床用药问题为导向驱动学生自主思考、调研、探究、创新，增加学生学习的兴趣及理解的深度。在教学过程中，以学生参与实践为主，通过提问、举例等方式引入话题，导出药物临床应用中与药学问诊、用药咨询、用药教育、药学监护等有关的临床药学服务问题，以提高疗效、降低不良反应、提高经济性为目标，通过仿真实践、情景模拟、案例讨论等方式层层递进，引导学生提出问题、思考问题、解决问题，从而深刻理解药学服务与临床合理用药的密切关系。注重在学生已有的知识和能力的基础上，通过情景模拟、病案讨论、医学模拟人教学、真实药品教具应用示范等，使学生对临床药学服务的重要性和主要内容产生充分认识，并在实践中掌握本课重难点。 | |

| | |
|---|---|
| 参考资料 | • 中华医学会呼吸病学分会慢性阻塞性肺疾病学组，中国医师协会呼吸医师分会慢性阻塞性肺疾病工作委员会.慢性阻塞性肺疾病诊治指南（2021年修订版）[J].中华结核和呼吸杂志，2021(3).<br>• 中华医学会，中华医学会临床药学分会，中华医学会杂志社，等.慢性阻塞性肺疾病基层合理用药指南[J].中华全科医师杂志，2020(8).<br>• 国家卫生健康委员会急诊医学质控中心，中华医学会急诊医学分会，中国医师协会急诊医师分会，等.中国慢性阻塞性肺疾病急性加重中西医诊治专家共识（2021）[J].中华危重病急救医学，2021(11).<br>• 慢性阻塞性肺疾病急性加重(AECOPD)诊治专家组.慢性阻塞性肺疾病急性加重(AECOPD)诊治中国专家共识(2017年更新版)[J].国际呼吸杂志，2017(14).<br>• 中华医学会重症医学分会.慢性阻塞性肺疾病急性加重患者的机械通气指南(2007)[J].中国危重病急救医学，2007(9). |
| 作业布置 | 课后思考题：<br>（1）指南认识和在临床的应用<br>①现有国内外上呼吸道感染、支气管哮喘、慢性阻塞性肺疾病的指南有哪些？<br>②如何在临床正确使用上述指南？<br>（2）支气管哮喘患者药学监护要点，带装置药品患者教育、疗效和ADR监测<br>①支气管哮喘常用的药物治疗方案？<br>②沙美特罗替卡松粉吸入剂这一复方吸入剂的特点是什么？它和信必可都保吸入剂有哪些区别？<br>③支气管哮喘患者口服激素的指征是什么？ |

▶ "呼吸系统疾病临床药学服务"教学实施流程图

## 教学小结

本课程以提高学生临床综合实践能力为目标,紧密结合医药学国际发展趋势、国内社会发展需求,建立了包括三甲医院、社会药房、校内模拟药房在内的多层次、多功能的社会实践基地,让学生能在不同类型的社会实践基地开展各项临床药学实践活动。本课程采取课堂教学结合实践基地实训的模式开展临床药学服务技能培养。在课堂教学环节,教师充分利用四川大学智慧教室,通过启发式讲授、病案讨论、"爱课堂"手机互动软件、翻转课堂等,体现"以学为中心"的教学思想;在实践基地实训环节,主要采用模拟教学法、任务驱动教学法,通过情景模拟、临床实践,训练学生药学问诊、处方审核、用药咨询、用药教育、药学监护等能力,全方位推动思政教育、专业教育紧密结合。学生在校内模拟药房、社会药房、三甲医院等社会实践基地,通过现场观摩、情景模拟、病案讨论等方式,增强了与患者沟通的能力,促进了理论知识到实践技能的转化,提高了学习兴趣和临床药学思维能力,提升了对临床药学专业的认可度和对临床药师职业的认同感。更重要的是,本课程使学生逐步加强了对药师肩负的社会职责和使命的认识,兼顾了人文素养培养和课程思政内涵提升。

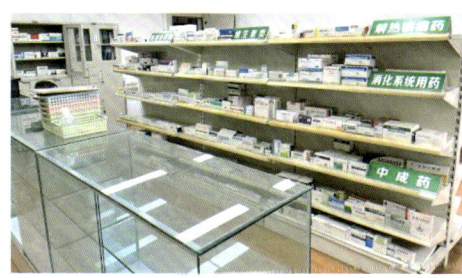

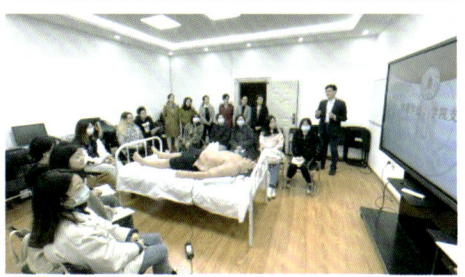

▶ 教学现场:临床实践

生理学

# 袁东智

## ▍ **教师简介**

　　袁东智，副教授，"生理学"课程主讲教师。一直从事基础医学人才培养和医学基础教育的一线工作，秉持以德育人、科研育人、实践育人的理念，坚持"四个相统一"，积极投身"生理学"课程改革，其教书育人的先进事迹被《中国教工》《工人日报》、新华社四川频道、中青在线、中新网、腾讯、新浪等媒体报道或转载。2021年2月被四川省总工会授予四川省五一劳动奖章、2022年4月被中华全国总工会授予全国五一劳动奖章。

# 课程信息

### 1. 课程简介

生理学是生物科学的一个分支，是以生物机体的生命活动现象和机体各个组成部分的功能为研究对象的一门学科。人体生理学的任务是研究构成人体各个系统的器官、组织和细胞的正常活动过程，生理功能的内部机制，不同细胞、组织、器官、系统间的相互联系和相互作用，并阐明人体作为一个整体，其各部分功能活动是如何相互协调、相互制约，从而在复杂多变的环境中维持正常的生命活动的。

生理学也是一门重要的基础医学课程，是学生建立医学知识体系的重要媒介。学生只有在了解人体正常功能活动的基础上，才能理解各种疾病情况下的人体功能活动的变化，即一个器官的病变是如何影响其他器官的功能的，从而进一步理解治疗这些疾病所采用的各种医疗措施。也就是说，学生对生理学知识的掌握程度直接影响其后续对病理生理学、药理学及各临床课程的学习。

生理学还是一门实践性很强的科学，其知识很多都来自科学研究和临床实践，因此，学习生理学知识对于培养学生形成科学思维和科学态度，了解基本的科学研究方法都有着重要的作用，有利于引导学生将生理学知识与其他相关的知识有机结合起来，构建完整的医学知识体系，培养创新性思维能力、应用知识分析问题和解决问题的能力。

此外，生理学作为医学的基础课程，亦承担着思政教育的职能，在教授专业知识的同时，也注重对学生开展职业道德教育，旨在培养具有奉献精神、敬重生命的医学人才。

### 2. 授课类型：必修课
### 3. 学时：80学时
### 4. 学分：5学分
### 5. 授课对象：临床医学专业本科二年级学生
### 6. 课程教材

| 推荐阅读教材 | 选用原因 |
| --- | --- |
| 王庭槐. 生理学[M]. 第9版. 北京：人民卫生出版社，2018. | 指定教材 |

| 推荐阅读教材 | 选用原因 |
| --- | --- |
| 姚泰,赵志奇,朱大年,等.人体生理学[M].第4版.北京:人民卫生出版社,2015. | 生理学权威教材 |
| Guyton,Hall.Textbook of Medical Physiology.12th[M].New Delhi:Elsevier, 2011.(重点推荐:第五章"Membrane Potentials and Action Potentials") | 生理学权威教材 |

# 教案展示

## (一)静息电位

静息电位

### 1. 教学目标

(1)知识目标

引导学生掌握静息电位的概念及形成机制、膜学说的主要内容、平衡电位的概念及计算方法、细胞膜电位的测定方法等知识。

(2)能力目标

通过引导学生设计实验证明静息电位形成的膜学说机制,帮助学生掌握电生理学的基本研究方法和思维方式,使学生能够将电生理的相关知识用于分析认识与细胞电活动有关的疾病机制。

(3)价值目标

通过讲述细胞膜电位的研究历史,帮助学生树立勇于探索创新的科学精神;通过自主设计实验证明静息电位的形成机制,培养学生形成积极思考、自主学习的态度;结合临床病案,教导学生培养救死扶伤、不言放弃的职业素养。

### 2. 教学思想

**（1）注重德育**

通过讲述霍奇金和赫胥黎选择枪乌贼的巨大神经轴突为实验对象研究细胞膜电位的研究历史，教导学生树立勇于思考、勇于探索的科学精神；通过设置思考题，让学生自主讨论静息电位的形成机制，并且设计实验验证膜学说的正确性，帮助学生形成主动思考、自主学习的态度；通过临床病案，讲述与细胞电活动有关疾病的病因和病理机制的探究过程，教导学生树立救死扶伤、不言放弃的医者精神。

**（2）以学为中心**

为了突出以学为中心的教学思想，教师讲授和学生讨论发言各占本课一半的时间。本课设置了两个讨论题和一个临床病案，引导学生分析思考，开展讨论，激发学生的主观能动性，训练学生运用生理学知识分析解决实际问题的能力，促进学生主动学习。

**（3）基础与临床相结合**

引入临床病案，引导学生结合本课所学内容，讨论"血钾异常对机体的影响"，提升学生的学习兴趣和动力，帮助学生认识生理学知识的重要性。

### 3. 教材分析

本课所涉及的章节重点介绍了静息电位、动作电位和骨骼肌兴奋收缩耦联。本课的授课内容是静息电位。该部分的重点是静息电位的形成机制，难点是膜学说的主要内容。因此，教师应在学生掌握静息电位基本概念的基础上，向其介绍膜学说的主要内容，并将静息电位的形成机制与实验证明相结合，以加深学生对本课重难点的理解。

### 4. 学情分析

本课程的授课对象是临床医学专业本科二年级的学生。他们已经具备一定的物理、化学和生物学基础知识，求知欲强，学习热情高，有利于探究式教学的开展。

本课虽然是生理学的入门内容，但抽象不易理解，学生对细胞的电活动缺乏直观认识，对新知识的学习有强烈的陌生感，授课教师应首先引起学生的学习兴趣，同时基于学生对临床问题有较大兴趣的特点，在教学中加入临床案例，激发学生的自主学习动力。

### 5. 教学重难点与应对措施

（1）教学重点：静息电位的形成机制

应对措施：

①以临床病案和生物电活动的实例导入课程，减少学生对知识的陌生感，引起学生的学习兴趣。

②坚持做到知识层层递进，先用化学模型讲解膜学说的基本内容，再引出平衡电位的概念及计算公式，然后引导学生讨论静息电位形成的必要条件，最后再讲解静息电位的形成机制。

③以"小组讨论—教师总结"的方式，引导学生设计实验证明静息电位形成的机制，以此加深学生对该知识点的理解，同时也让学生对电生理学的基本研究方法和思维方式形成初步认识。

④结合临床病案，回顾本课的知识点，帮助学生进一步加深对知识的理解，引起其进一步学习的兴趣，为后续学习动作电位的相关知识奠定基础。

（2）教学难点：膜学说

应对措施：

借助化学模型，通过假想实验讲解膜学说的主要内容，并介绍平衡电位的概念和计算方法，从而引导学生自行思考静息电位形成的机制。

### 6. 教学方法

（1）课堂讲授

教师在讲解本课知识点时，先以记录人体电活动的方法，如心电图等，引出细胞生物电活动的话题；接着通过回顾科学家用枪乌贼的巨大神经轴突为材料记录细胞电活动的经历，帮助学生客观认识单个细胞电活动的存在；最后借助于化学模型帮助学生掌握膜学说，引导学生分析静息电位的形成机制。

（2）课堂演示

教师借助于多媒体和板书，帮助学生形象化地理解细胞电活动。

（3）小组讨论

学生以小组为单位进行自主讨论，各个小组依次进行发言，最后教师进行总结。

（4）临床病案讨论

结合临床病案讨论相关问题，巩固本课的主要知识点。

### 7. 整体教学路径、教学内容及时间安排

（1）整体教学路径

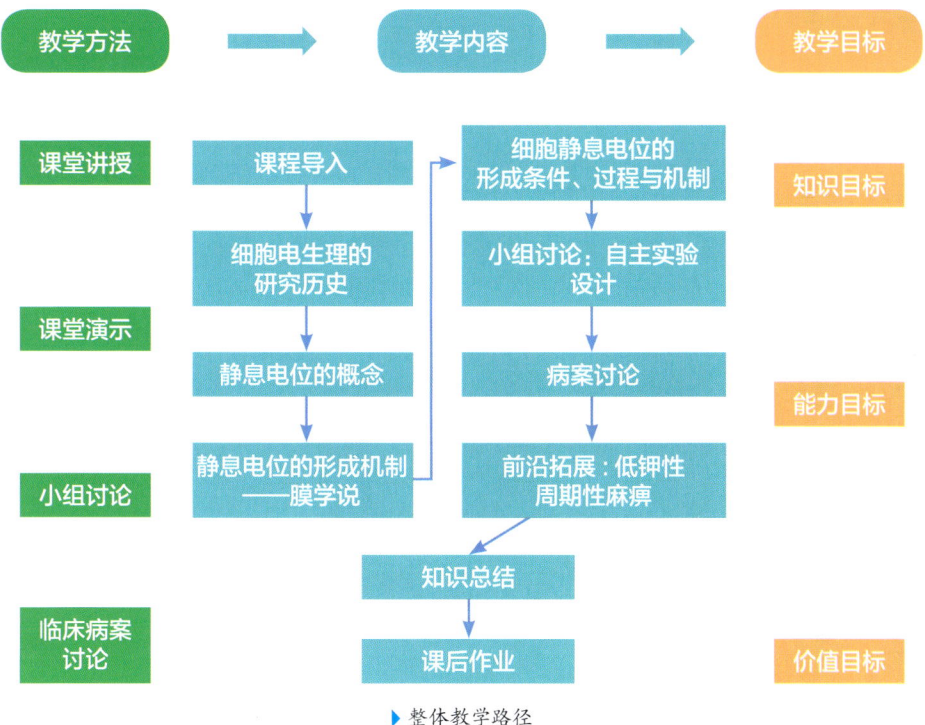

▶ 整体教学路径

（2）教学内容及时间安排

| 阶段 | 用时（分钟） | 教学内容 | 设计意图 |
|---|---|---|---|
| 课程导入 | 2 | 通过介绍心电图、脑电图等，让学生对生物电活动的普遍性形成直观认识。<br>告诉学生，生物的电活动都是以细胞的电活动为基础的，由此导入本课的知识点。 | 以心电图等学生熟悉的事物引入生物电活动的概念，减少学生对电活动的陌生感，大幅提升学生的学习兴趣。 |

| 阶段 | 用时（分钟） | 教学内容 | 设计意图 |
|---|---|---|---|
| 本课知识讲解 | 2 | （1）细胞电生理的研究历史<br>简要介绍霍奇金和赫胥黎在电生理学领域的卓越贡献，帮助学生对细胞的生物电活动形成客观的认识。请学生思考：研究细胞电生理的主要困难是什么？如何记录细胞的电活动？<br>参考回答：最大的困难是细胞体积太小，当年没有适配的微电极。霍奇金和赫胥黎选择枪乌贼的巨大神经轴突为实验对象，解决了这一难题。 | ①通过讲述细胞电生理的研究历史，教导学生树立勇于思考、勇于探索的科学精神。<br>②通过提问，锻炼学生形成解决问题的创新思维。<br>③为后续介绍细胞电活动的记录方法和静息电位的概念做好铺垫。 |
| | 2 | （2）静息电位的概念<br>以神经细胞为例，介绍细胞膜电位的记录方法，并且介绍细胞静息电位的概念。 | ①让学生对细胞膜电位的记录形成基本的认识。<br>②掌握静息电位的概念。<br>③通过提问，引出后续知识点——静息电位的形成机制。 |
| | 8 | （3）静息电位的形成机制——膜学说<br>首先，通过简单的化学模型，以假想实验介绍膜学说的主要内容。<br>其次，介绍扩散电位及平衡电位的形成过程和机制。 | ①采用化学模型可以使抽象难懂的膜学说变得简单易懂，便于学生理解扩散电位及平衡电位的形成机制。 |

| 阶段 | 用时（分钟） | 教学内容 | 设计意图 |
|---|---|---|---|
| 本课知识讲解 | | 接着，介绍平衡电位的计算公式，帮助学生掌握决定平衡电位的关键因素，引出静息电位形成的必要条件。<br>最后，提出问题：细胞产生静息电位的必要条件是什么？要求学生围绕此问题开展小组讨论，得出答案并且依次发言。 | ②"小组讨论—发言"既可以强化学生对膜学说的理解，也可以促使学生利用膜学说主动分析静息电位的形成机制。 |
| | 8 | （4）细胞静息电位的形成条件、过程与机制<br>首先，教师总结并回答以上提问，说明细胞静息电位形成的两个条件：细胞内外离子的分布不均匀；细胞膜对离子具有选择通透性。<br>接着，考察细胞内外的离子分布情况——细胞内高钾低钠。<br>接着，设置测验，考察细胞内外正常的 $Na^+$ 和 $K^+$ 浓度差的形成和维持机制，联系上课内容，回顾 $Na^+-K^+$ 泵的作用。<br>然后，考察细胞膜对离子的选择通透性（在静息状态时，细胞膜仅对 $K^+$ 具有较高通透性）。<br>最后，结合动画，完整讲解细胞静息电位的形成过程和机制：$K^+$ 外流达到平衡电位，形成细胞的静息电位。 | ①将静息电位的形成条件进行拆解后再分别进行讲解，帮助学生理解。<br>②结合扩散电位的形成机制，完整阐释细胞静息电位的形成过程和机制，加深学生对该知识点的理解和记忆。 |
| 小组讨论 | 15 | 小组讨论：静息电位形成机制的证明方式。<br>提出问题：如何证明用膜学说解释静息电位形成机制的正确性？引导学生设计实验证明静息电位的产生主要与 $K^+$ 有关，要求学生进行小组讨论，提出研究方案。 | ①通过自主实验设计，让学生对电生理学的基本研究方法有初步认识，培养其形成科研思维。 |

| 阶段 | 用时（分钟） | 教学内容 | 设计意图 |
|---|---|---|---|
|  |  | 接着，教师进行总结，内容如下：第一，可以比较不同离子的平衡电位计算值与理论值的差别；第二，可以通过改变细胞外液的离子浓度，记录其静息电位的变化。通过上述方法，可以得出如下结论：细胞静息电位的形成主要与 $K^+$ 有关。<br><br>最后，教师进行延伸，让学生思考：为什么 $K^+$ 平衡电位值与实测的静息电位具有一定差异？ | ②进一步强化学生对静息电位形成机制的理解。<br>③介绍修正后的静息电位计算公式——Goldman Equation，让学生对静息电位形成的机制有更全面的认识。 |
| 病案讨论 | 5 | 该病案比较复杂，仅靠本课的知识无法进行全面解析，故本课仅讨论一个问题，即血钾的异常对细胞的静息电位有什么影响，要求学生围绕上述问题进行小组讨论并发言。<br><br>各小组发言完毕后，由教师进行总结：低血钾时，静息电位的负值变大；高血钾时，静息电位的负值变小。 | 通过分析血钾异常对静息电位的影响，检验学生对本课知识点的理解和掌握程度。 |
| 前沿拓展 | 2 | 介绍低钾性周期性麻痹的定义，解释患者出现上述症状的原因，对该疾病的病理学机制进行简要介绍：钾通道功能障碍；$Na^+$-$K^+$ 泵活性周期性增强。 | ①拓展知识，联系基础与临床。<br>②增强学生对本课知识点的理解。 |
| 知识总结 | 1 | 对上述主要知识进行简单总结。 | 巩固本课知识点。 |
| 课后作业 |  | 思考：血钾的异常对细胞的功能活动有什么影响？ | 督促学生预习细胞的动作电位相关知识。 |

## （二）影响心输出量的因素

影响心输出量的因素

### 1. 教学目标

（1）知识目标

引导学生掌握前负荷、后负荷的概念，心肌收缩能力对心搏出量的影响，异长自身调节，心率对心输出量的影响，心脏泵血功能的储备等知识点。

（2）能力目标

通过比较运动员和普通人的心脏功能，帮助学生深入理解影响心输出量的各种因素，培养学生提高运用所学知识分析实际问题的能力。

（3）价值目标

通过介绍运动员心脏及其研究历史，教导学生树立不断思考、积极探索的科学精神，理解基础科学研究与临床应用之间的密切联系。

### 2. 教学思想

（1）注重德育

注重德育，通过介绍运动员心脏功能研究相关内容，引导学生树立探索求知精神。

（2）以学为中心

让学生小组讨论体位性低血压的成因以及运动时心脏泵血功能的储备动用，引导学生利用所学知识分析实际问题，激发学生的主观能动性。

（3）基础与临床相结合

结合临床病案，帮助学生对本课知识进行充分理解。

### 3. 教材分析

本课的教学重点是前负荷对心输出量的影响，教学难点是异长自身调节。教材相关章节对上述内容进行了详细的描述，有利于学生自学。授课教师还需要将运动员心脏研究的相关内容导入课堂，以增强学生对本课知识的理解和运用。

### 4. 学情分析

本课的授课对象是临床医学专业本科二年级的学生。他们在之前的课程中已经学习过心脏泵血过程的相关知识，具有一些学习基础。

### 5. 教学重难点与应对措施

（1）教学重点：前负荷对心输出量的影响

应对措施：

①以运动后心输出量的改变以及普通人和运动员心脏功能的差异导入课程，引起学生兴趣。

②结合多媒体和板书，重点讲解相关知识点。

③让学生分组讨论体位性低血压的形成机制和运动后心脏泵血功能的储备动用，加深学生对前负荷的理解和运用。

（2）教学难点：异长自身调节

应对措施：

①帮助学生充分理解前负荷的相关知识，为理解异长自身调节打好基础。

②通过两道讨论题，使学生理解在体位性低血压以及运动后心脏泵血功能的储备动用过程中异长自身调节所发挥的作用，从而加深学生对该知识的理解和应用。

### 6. 教学方法

（1）课堂讲授

结合大学生体能测试以及普通人与运动员心脏功能的差异，将教材中的知识点以通俗易懂、生动有趣的语言阐述。

（2）课堂演示

通过教具和板书，帮助学生形象化、联系性地理解知识内容。

（3）小组讨论

本课共涉及两个小组讨论题目，一个是体位性低血压的形成机制，一个是运动后心脏泵血功能的储备动用。教师组织学生以小组为单位进行自主讨论，最后进行总结。

### 9. 整体教学路径、教学内容及时间安排

**（1）整体教学路径（见下图）**

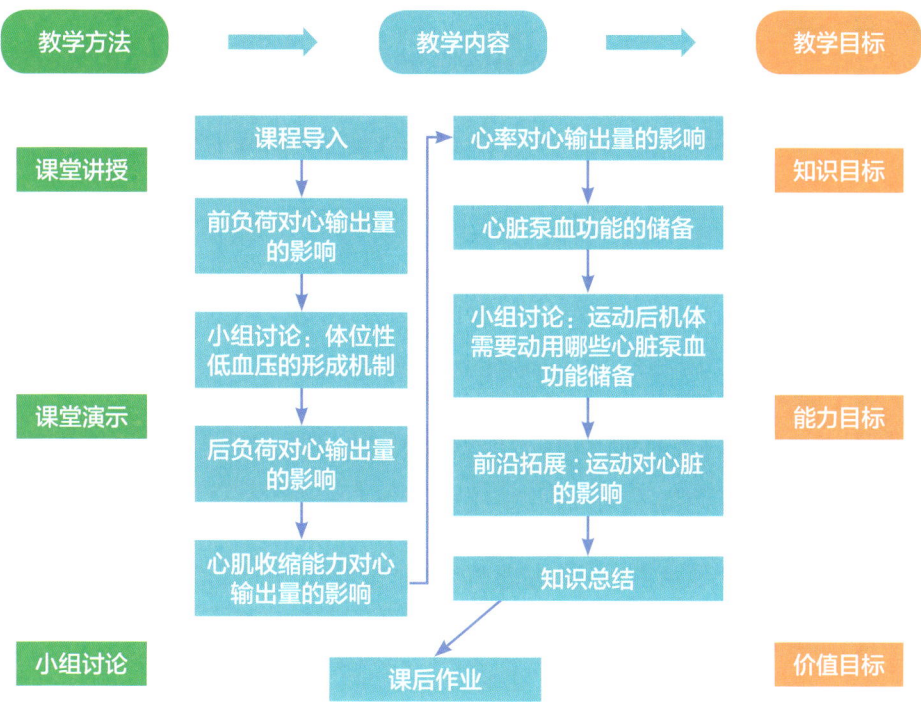

▶ 整体教学路径

**（2）教学内容及时间安排**

| 阶 段 | 用时（分钟） | 教学内容 | 设计意图 |
| --- | --- | --- | --- |
| 课程导入 | 2 | 介绍大学生体能测试以及普通人和运动员心脏功能的差异，导入课程，回顾心脏泵血和心输出量的概念，引出本课的知识点。 | 以学生熟悉的内容导入课程，提升学生的学习兴趣。 |
| 本课知识讲解 | 7 | （1）前负荷对心输出量的影响<br>首先，对比骨骼肌讲解心肌前负荷的定义；其次，介绍前负荷对搏出量的影响；再次，介绍异长自身调节；最后，介绍影响前负荷的因素。 | ①掌握前负荷对心脏输出量的影响。<br>②掌握异长自身调节的定义和内容。 |

| 阶 段 | 用时（分钟） | 教学内容 | 设计意图 |
|---|---|---|---|
| 小组讨论 | 10 | 小组讨论：体位性低血压的形成机制<br>　　教师提出问题：你有过从坐、卧位起身后头晕的经历吗？<br>　　提示学生，结合前负荷的相关知识思考上述问题，要求学生以小组为单位开展讨论并发言。<br>　　最后，教师总结发言。 | 加深学生对前负荷和异长自身调节的理解和认识。 |
| 本课知识讲解 | 2 | （2）后负荷对心输出量的影响<br>　　首先，对比骨骼肌讲解心肌后负荷的定义；然后，讲解后负荷对搏出量的影响；最后，结合心衰的概念，讲解前负荷与后负荷的联系和生理意义。 | 掌握后负荷对心脏输出量的影响。 |
| 本课知识讲解 | 2 | （3）心肌收缩能力对心输出量的影响<br>　　首先，对比骨骼肌，介绍心肌收缩能力的概念；其次，结合心室功能曲线，讲解等长调节的定义和内涵；然后，讲解影响心肌收缩能力的因素和细胞机制；最后，介绍等长调节的生物学意义。 | 掌握心肌收缩能力对心脏输出量的影响。 |
| 本课知识讲解 | 2 | （4）心率对心输出量的影响<br>　　介绍心率在不同区间范围内对心输出量的影响及其影响机制。 | 掌握心率对心脏输出量的影响。 |
| 本课知识讲解 | 2 | （5）心脏泵血功能的储备<br>　　首先，讲解心脏泵血功能储备的定义；其次，分别介绍搏出量储备和心率储备。 | ①掌握心脏泵血功能储备的定义和组成。<br>②为后续开展讨论奠定基础。 |

| 阶 段 | 用时（分钟） | 教学内容 | 设计意图 |
| --- | --- | --- | --- |
| 小组讨论 | 15 | 小组讨论：运动后机体需要动用哪些心脏泵血功能储备？<br>教师提出问题"剧烈运动时，机体可以动用哪些心脏泵血功能储备？"要求学生以小组为单位开展讨论并发言。<br>教师对学生发言进行总结点评，介绍运动员心脏的研究历史，结合本课的主要知识点，对比分析普通人和运动员心脏泵血功能储备的异同点。 | ①加深学生对难点知识的理解和掌握程度。<br>②锻炼学生运用所学知识提高分析实际问题的能力。 |
| 前沿拓展 | 2 | 前沿扩展：运动对心脏的影响<br>简要介绍运动影响心肌结构和功能的机制，说明该领域研究对于临床防治心衰的重大价值。 | ①拓展学生的知识面和视野。<br>②培养学生不断思考、积极探索的科学精神。 |
| 知识总结 | 1 | 结合板书，对上述主要知识进行简单总结。 | 巩固学生对知识的记忆。 |
| 课后作业 | | ①预习心血管活动的调节。<br>②思考运动员心脏长大有无不良影响。 | 培养学生提高自主查阅文献资料的能力以及独立思考的能力。 |

## 总结

第四章 血液循环 | 影响心输出量的因素

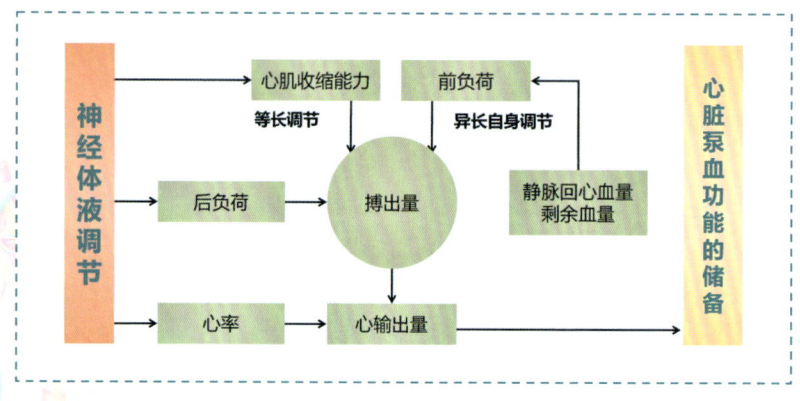

▶ 课件截图：影响心输出量的因素

### （三）冠脉循环

冠脉循环

#### 1. 教学目标

（1）知识目标

引导学生掌握冠脉循环的解剖与生理学特点、冠脉循环的调节方式、冠脉血流储备等知识点。

（2）能力目标

结合冠心病的相关知识，培养学生提高运用所学知识分析实际问题的能力。

（3）价值目标

教导学生树立不断思考、积极探索的科学精神；通过介绍我国科学家在冠心病病理机制研究领域的贡献，增强学生的民族自豪感和时代使命感；鼓励学生积极参与冠心病科普活动，培养学生的社会责任感。

#### 2. 教学思想

（1）注重德育

通过学习冠脉循环及其与冠心病病理机制的关系，培养医学生的使命感与职业素养；通过拓展缺血再灌注损伤相关知识，帮助学生树立科学探索精神；通过介绍我国科学家在冠心病和缺血再灌注损伤领域做出的贡献，增强学生的民族自豪感和时代使命感；通过撰写冠心病的科普文章，增强学生的社会责任感。

（2）以学为中心

通过启发式提问及小组讨论的方式突出以学为中心的教学思想。引导学生讨论冠脉循环时相性的形成机制以及调节方式，培养学生提高利用所学知识分析实际问题的能力，激发学生的主观能动性。

（3）基础临床相结合

结合冠心病的治疗原则，增强学生对本课知识的理解；简单介绍缺血再灌注损伤的前沿研究，让学生了解基础学科与临床医学的联系，为以后学习临床课程打好基础。

### 3. 教材分析

本课的教学重点是冠脉循环的生理特点，难点是心动周期中冠脉血流的时相性变化。教材所涉及章节重点介绍了冠脉循环的相关知识。要使学生充分理解该知识点，授课教师必须将冠脉循环的解剖与生理特点结合起来进行讲解，在此基础上进一步阐明冠脉血流的调控。通过组织学生进行小组讨论发言，教师进行总结，加深学生对上述知识点的理解。

### 4. 学情分析

本课程的授课对象是临床医学专业本科二年级的学生。在之前的学习中，他们已经具备冠脉循环的解剖学知识储备，且对循环系统的生理功能有了较完整的认识，为本课的学习打好了基础。由于专业特点，学生对临床问题的学习兴趣较高，教师在教学中应注意结合临床实际。

### 5. 教学重难点与应对措施

（1）**教学重点：冠脉循环的生理特点**

应对措施：

利用多媒体和板书，结合冠脉循环的解剖特点，逐条分析其生理特点。

（2）**教学难点：冠脉血流的时相性变化**

应对措施：

①要求学生开展小组讨论并且发言，教师进行总结。

②结合冠脉循环的解剖特点，在学生发言的基础上，教师对该知识点进行系统阐述。

6. 教学方法

（1）课堂讲授

结合冠心病，将教材中的知识点以通俗易懂、生动有趣的语言阐述。

（2）课堂演示

针对教学重点和难点，通过图片、教具和板书，帮助学生形象化、联系性地理解冠脉循环的解剖特点和生理特点。

（3）小组讨论

组织学生以小组为单位进行自主讨论，最后教师进行总结。

7. 整体教学路径、教学内容及时间安排

（1）整体教学路径

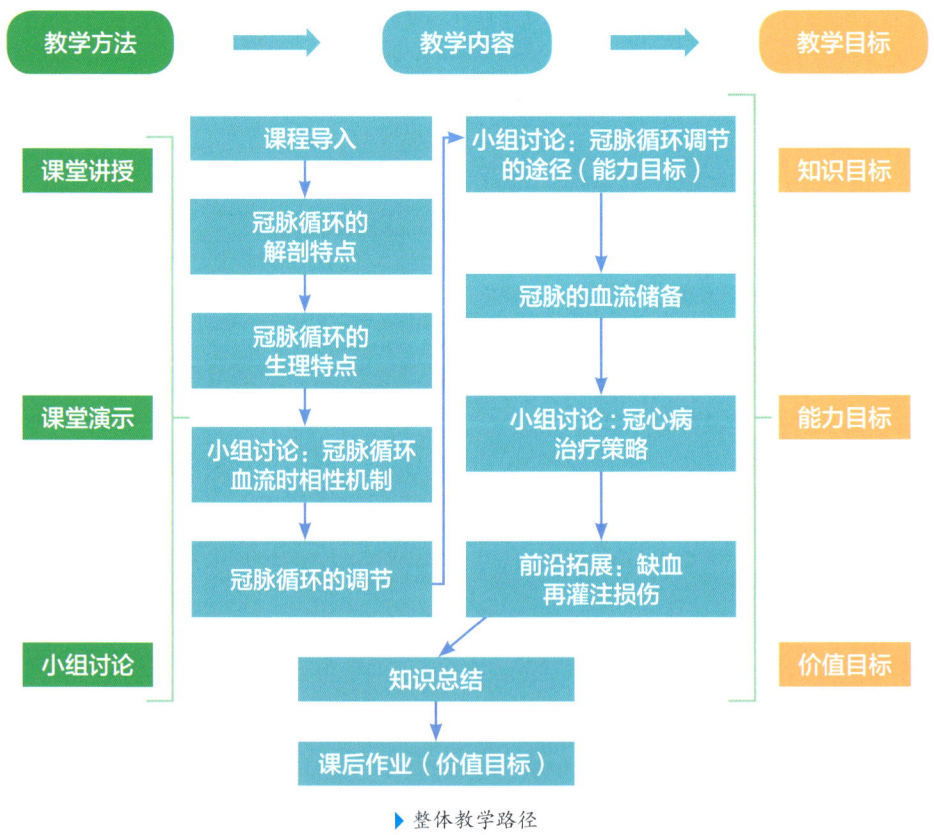

▶ 整体教学路径

### （2）教学内容及时间安排

| 阶 段 | 用时（分钟） | 教学内容 | 设计意图 |
| --- | --- | --- | --- |
| 课程导入 | 2 | 以冠心病病案导入本课知识点。 | 以学生熟悉的内容导入本课知识点，提升学生的学习兴趣。 |
| 本课知识讲解 | 3 | （1）冠脉循环的解剖特点<br>首先，简单回顾冠脉循环的解剖学特点；<br>其次，重点说明冠脉中的小血管的走行与心肌垂直这一关键特点。 | 为接下来的课程内容做好铺垫。 |
| 本课知识讲解 | 10 | （2）冠脉循环的生理特点<br>教师分别讲授冠脉循环的特点：血供丰富、摄氧率高、侧支循环不发达、血流时相性。最后，描述冠脉循环血流时相性与其他器官的差别，引出小组讨论的问题。 | ①此部分是教学重点，需要详细讲解。<br>②引导学生掌握冠脉循环的 4 个生理特点。 |
| 小组讨论 | 5 | 小组讨论：冠脉循环血流时相性机制<br>提出问题：心动周期中冠脉循环血流的时相性变化及其机制是什么？要求学生以小组为单位开展讨论并发言。<br>最后，教师总结发言。 | ①巩固学生对重点知识的理解和掌握。<br>②培养学生运用所学知识分析实际问题的能力。 |
| 本课知识讲解 | 7 | （3）冠脉循环的调节<br>首先，分别讲解三种调节方式的内容；然后，对三种调节方式进行整合分析。 | 引导学生掌握冠脉循环的三种调节方式。 |
| 小组讨论 | 8 | 小组讨论：冠脉循环调节的途径<br>提出问题：当心肌活动增强时，可以通过哪些途径增加 $O_2$ 供给？<br>要求学生以小组为单位开展讨论并发言。<br>最后，教师总结发言。 | ①巩固学生对此部分知识的理解和掌握程度。<br>②培养学生运用所学知识分析实际问题的能力。 |

| 阶段 | 用时（分钟） | 教学内容 | 设计意图 |
| --- | --- | --- | --- |
| 本课知识讲解 | 2 | （4）冠脉的血流储备<br>首先，讲解冠脉的血流储备相关知识；然后，结合冠心病和冠脉循环的调节，分析冠心病发作时冠脉血流的变化。 | 引导学生掌握冠脉的血流储备相关知识。 |
| 小组讨论 | 5 | 小组讨论：冠心病的治疗策略<br>引导学生通过讨论结合之前所学，探讨冠心病的基本治疗策略。 | ①检验学生对知识的理解和掌握程度。<br>②锻炼学生运用所学知识分析实际问题的能力。 |
| 前沿拓展 | 2 | 前沿拓展：缺血再灌注损伤<br>首先，介绍缺血再灌注损伤的概念；<br>其次，简单介绍目前关于其机制的研究动态。<br>最后，介绍我国科学家在这个领域做出的贡献。 | ①拓展学生的知识面，开阔视野。<br>②培养学生树立不断思考、积极探索的科学精神。<br>③增强学生的民族自豪感和时代使命感。 |
| 知识总结 | 1 | 结合板书，对本课所学知识进行简单总结。 | 巩固学生对本课所学知识的记忆。 |
| 课后作业 | | 撰写一篇以冠心病为主题的科普性文章。 | 增强学生的社会责任感。 |

## 缺血再灌注损伤 Ischemia reperfusion injury

第四章 血液循环 | 冠脉循环

- 在缺血的基础上恢复血流，组织损伤反而加重，甚至发生不可逆损伤的现象。

- 酸碱失衡
- 活性氧损伤
- 钙超载
- 线粒体功能异常
- ……

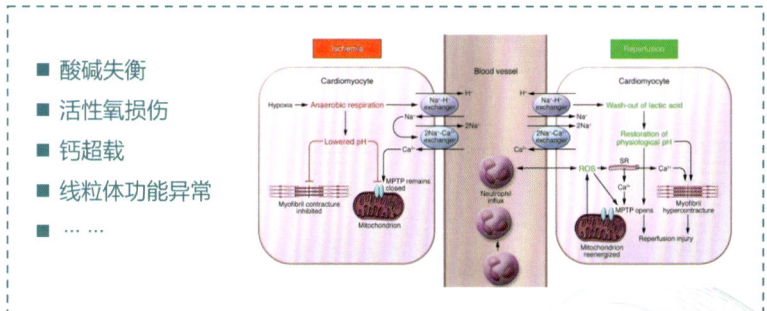

## 缺血再灌注损伤——细胞内钙稳态异常

第四章 血液循环 | 冠脉循环

心肌缺血再灌注
↓
钙掌控异常
↓
细胞内钙超载
↓
心脏舒张功能异常

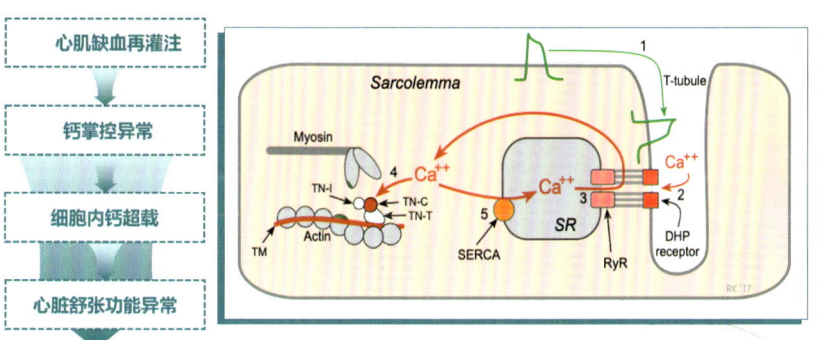

▶ 课件截图：冠脉循环

## （四）甲状腺激素

甲状腺激素

### 1. 教学目标

**（1）知识目标**

让学生掌握甲状腺激素的组成、合成与分泌、生物作用等知识点。

**（2）能力目标**

让学生能够利用所学知识分析甲状腺功能亢进和低下的临床表现。

**（3）价值目标**

通过引导学生从碘对甲状腺的作用出发，讨论我国政府推广加碘盐以防治甲状腺肿的行为，加强爱国主义教育，让学生明白医学研究应以人类的健康需求和国家需要为导向。

### 2. 教学思想

**（1）注重德育**

通过介绍我国对地方性甲状腺肿的防治举措，提升学生的国家荣誉感和自豪感；通过讲述甲状腺功能低下疾病的病因探索过程，引导学生认识到医学研究要以人类的健康需求和国家需要为导向。

**（2）以学为中心**

设置讨论题"碘摄入与甲状腺疾病的关系"，帮助学生加深对甲状腺激素的作用等知识的了解，激发学生的主观能动性，提高其兴趣，促进其主动学习。

**（3）基础临床相结合**

结合甲状腺功能亢进和低下的临床表现，加深学生对甲状腺激素的生物作用的理解。

### 3. 教材分析

本课所涉章节主要介绍了甲状腺激素的组成、合成与分泌、生物作用等。本课的教学重点是甲状腺素激素的生理功能，教学难点是甲状腺激素的合成分泌调控。授课教师应通过介绍甲状腺功能异常的临床表现、地方性甲状腺肿和碘摄入过量导致的甲状腺功能低下的案例等，帮助学生理解重难点知识。

### 4. 学情分析

本课程的授课对象是临床医学专业本科二年级的学生。在之前的学习中，他们已经学习了甲状腺的组织学知识，对"下丘脑—垂体—甲状腺轴"有了初步认识，为本课的学习奠定了良好的基础。由于专业特点，学生对临床问题的学习兴趣较高，教师在教学中应注意结合临床实际。

### 5. 教学重难点与应对措施

（1）教学重点：甲状腺激素的生物作用

应对措施：

结合甲状腺功能亢进和低下的临床表现，对该部分内容进行讲解。

（2）教学难点：甲状腺激素的合成分泌调控

应对措施：

结合"下丘脑—垂体—甲状腺轴"以及甲状腺激素的合成分泌等知识与临床病案，帮助学生理解该部分知识点。

### 6. 教学方法

（1）课堂讲授

结合甲状腺功能亢进和低下的临床表现，将甲状腺激素的生物作用以通俗易懂、生动有趣的语言阐述出来。

（2）课堂演示

借助于多媒体和板书，帮助学生形象化、有联系性地理解甲状腺激素的合成分泌。

（3）小组讨论

学生以小组为单位，讨论碘摄入与甲状腺功能的关系，各个小组进行发言，最后教师进行总结。

### 9. 整体教学路径、教学过程及时间安排

（1）整体教学路径

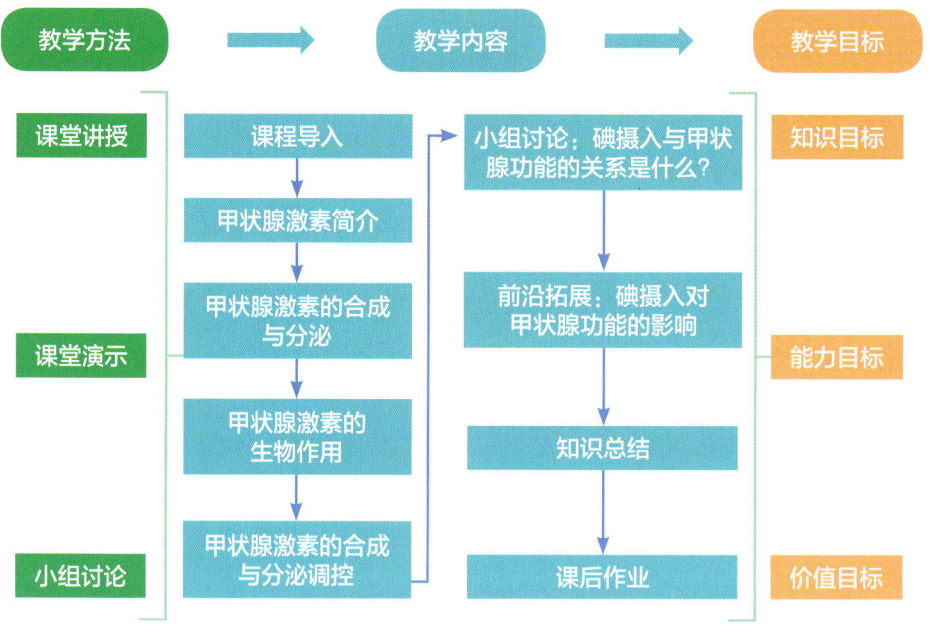

▶ 整体教学路径

（2）教学过程及时间安排

| 阶段 | 用时（分钟） | 教学过程 | 设计意图 |
|---|---|---|---|
| 课程导入 | 2 | 以地方性甲状腺肿和甲状腺功能低下的病案导入课程。让学生思考碘摄入与甲状腺功能的关系是什么。 | 激发学生的学习兴趣，引起学生思考。 |
| 本课知识讲解 | 2 | (1) 甲状腺激素简介<br>回顾甲状腺的组织学结构；介绍甲状腺激素的组成。 | 帮助学生掌握甲状腺激素的组成。 |
|  | 5 | （2）甲状腺激素的合成与分泌<br>讲解甲状腺激素的合成与分泌途径以及机制。简单介绍甲状腺激素的运输和代谢。 | 帮助学生掌握甲状腺激素的合成与分泌途径以及机制。 |

| 阶 段 | 用时（分钟） | 教学过程 | 设计意图 |
| --- | --- | --- | --- |
| | 9 | （3）甲状腺激素的生物作用<br>结合甲状腺功能亢进和低下的临床症状，讲解甲状腺激素的生物作用。 | 帮助学生掌握甲状腺激素的生物作用。 |
| | 5 | （4）甲状腺激素的合成与分泌调控<br>首先，结合"下丘脑—垂体—甲状腺轴"相关知识，介绍促甲状腺激素（TSH）和促甲状腺激素释放激素（TRH）对甲状腺激素合成分泌的影响。<br>接着，讲解 TSH 调节甲状腺激素合成分泌的机制。<br>最后，讲解甲状腺的自身调节作用。 | 帮助学生掌握甲状腺激素的调节机制。 |
| 小组讨论 | 15 | 小组讨论：碘摄入与甲状腺功能的关系是什么？<br>要求学生进行小组讨论并发言，教师针对学生发言进行点评，进一步追问学生，引导学生验证其猜想。 | ①培养学生形成独立思考和解决问题的能力。<br>②培养学生利用所学知识分析实际问题的能力。 |
| 内容拓展 | 5 | 前沿拓展：碘摄入对甲状腺功能的影响<br>介绍最新的研究成果，论述碘摄入过多与甲减的关系。<br>结合甲状腺的自身调节作用，解释碘摄入过多损伤甲状腺的病理机制。 | ①培养学生分析问题、独立思考的能力。<br>②鼓励学生以人类的健康需求和国家需要为导向确定医学研究选题。 |
| 知识总结 | 2 | 回顾本课所学主要知识。 | 巩固学生对本课知识的记忆和理解。 |
| 课后作业 | | 让学生设计实验，证明碘摄入与甲状腺功能的关系。 | 锻炼学生自主学习、查阅资料的能力，鼓励学生积极开展自主思考，培养其基本的科研思维。 |

## （五）视网膜的感光换能

视网膜的感光换能

### 1. 教学目标

（1）知识目标

让学生掌握视网膜的结构及两种感光换能系统、视杆细胞感光换能机制的基本要点，视锥系统和颜色视觉、色觉的三色学说与对比色学说等知识。

（2）能力目标

培养学生利用本课所涉及的知识分析并认识视觉相关疾病的发病机制。

（3）价值目标

通过介绍颜色视觉的机制，培养学生树立主动思考、不断质疑、实事求是的科学态度。

### 2. 教学理念

（1）注重德育

坚持德育为先，践行立德树人，让学生在学习理论知识的同时提高个人素质，形成严谨的治学态度。

（2）以学为中心

围绕颜色视觉的产生机制设置问题，引导学生对本课所涉及的两种学说进行思考、讨论、辩论，激发学生的主观能动性，提高学习兴趣，促进学生主动学习。

### 3. 教材分析

本课的教学重点是视网膜的感光换能过程，教学难点是视网膜的信息处理。教材所涉章节对视网膜的感光换能过程阐述得非常清晰，语言精炼，有利于学生自学。但是介绍视网膜的信息处理时所用篇幅较少，学生理解起来比较困难。因此，授课教师在课堂教学环节要以视觉的形成机制为话题和线索，通过回顾三色学说和对比色说的研究历史和实验数据，加深学生对本课重难点知识的理解和掌握。

### 4. 学情分析

本课程的授课对象是临床医学专业本科二年级的学生，在之前的学习中，他们已经具备了相关的解剖学知识，但是关于视网膜的组织学知识还比较欠缺，本节课需要在这一方面做一些补充。

## 5. 教学重难点与应对措施

**（1）教学重点：视网膜的感光换能过程**

应对措施：

首先，从视觉的二元理论，引入感光细胞的概念；其次，以视杆细胞为例讲解感光细胞光化学反应和感受器电位形成；然后，系统梳理视网膜的感光换能过程；最后，以三色学说对颜色视觉的解释讲解视锥细胞。

**（2）教学难点：视网膜的信息处理**

应对措施：

以颜色视觉的机制为线索，指出三色学说的局限性并介绍对比色学说，讲解视网膜信息处理的相关知识，方便学生理解。

## 6. 教学方法

**（1）课堂讲授**

以色盲等视觉疾病导入本课知识点，将枯燥难懂的知识点以通俗易懂的语言进行阐述。

**（2）课堂演示**

借助于多媒体和板书，帮助学生形象化地理解视网膜的感光换能过程。

**（3）小组讨论**

学生以小组为单位，讨论三色学说与对比色学说的优缺点，并依次发言，最后教师进行总结。

## 7. 整体教学路径、教学内容及时间安排

**（1）整体教学路径**

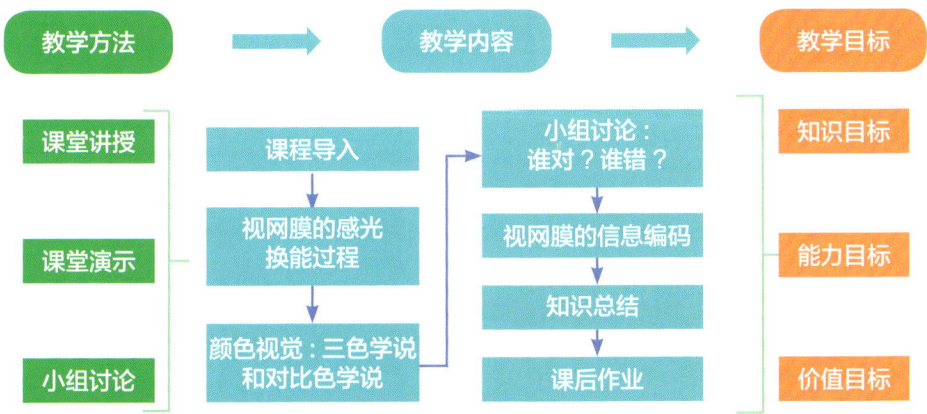

### (2) 教学内容及时间安排

| 阶段 | 用时（分钟） | 教学内容 | 设计意图 |
|---|---|---|---|
| 课程导入 | 2 | 以世界的多彩和颜色视觉障碍导入课程。 | 激发学生的学习兴趣。 |
| 本课知识讲解 | 10 | (1) 视网膜的感光换能过程<br>首先，回顾视觉形成的基本过程。然后，讲解视网膜的组织结构、视杆细胞和视锥细胞的结构、视杆细胞的光化学反应、视杆细胞的感受器电位等知识。<br>最后，总结视杆细胞的感光换能过程。 | 帮助学生掌握本部分知识点，熟悉视网膜的感光换能过程。 |
| | 3 | （2）颜色视觉：三色学说<br>首先，介绍三色学说的主要内容、研究历史和实验数据。<br>然后，讲解视锥细胞的特点和感光换能作用，解释颜色视觉的产生。 | ①帮助学生掌握三色学说的主要内容。<br>②帮助学生掌握视锥细胞在颜色视觉中的作用和机制。<br>③培养学生的实验设计和结果分析能力。 |
| | 2 | （3）颜色视觉：对比色学说<br>首先，提出问题：三色学说的缺陷是什么？<br>然后，展示对比色现象。<br>最后，讲解对比色学说的主要内容、研究历史和主要实验数据。 | ①帮助学生掌握对比色学说的主要内容。<br>②培养学生的质疑和思考能力。 |

| 阶 段 | 用时（分钟） | 教学内容 | 设计意图 |
|---|---|---|---|
| 小组讨论 | 20 | 小组讨论：谁对？谁错？<br>组织学生开展小组讨论，比较上述两种学说的优缺点，论证谁对谁错。<br>最后，教师进行总结。 | ①培养学生的思考和质疑能力。<br>②巩固之前所学知识。 |
| 本课知识讲解 | 6 | （4）视网膜的信息编码<br>首先，讲解视网膜神经节细胞和双极细胞的感受野含义。<br>其次，讲解给光中心细胞和撤光中心细胞相关知识。<br>最后，以红色和绿色为例，讲解视网膜对颜色信息的编码作用。 | ①帮助学生掌握感受野、给光中心细胞、撤光中心细胞的含义。<br>②帮助学生了解视网膜的信息处理机制。 |
| 知识总结 | 2 | 引导学生回顾本课所学知识。 | ①巩固学生对本课所学知识的记忆和理解。<br>②培养学生形成不断质疑、实事求是的科学精神。 |
| 课后作业 | | 思考题：视觉中枢如何对颜色进行信息编码？ | 督促学生对视觉皮层的知识开展预习，鼓励学生查阅最新研究动态。锻炼学生自主学习、查阅资料、自主思考的能力。 |

# 护理伦理学

# 张凤英

## 教学团队简介

张凤英，教授，主任护师，硕士生导师，四川大学华西护理学院副院长，主要研究方向为老年护理、护理教育、护理研究等。现任中华护理学会护理伦理专委会副主任委员、吴阶平基金会模拟医学部护理专委会副主任委员、中华医学会医学伦理分会护理伦理学学组副组长、中国生命关怀协会人文护理专业委员会常委、中国研究型医院学会护理教育专业委员会常委、中国灾害防御协会风险分析专业委员会理事、中国老年保健医学研究会老年健康服务人才培养分会常委、四川省教育厅高等学校护理学类专业教学指导委员会秘书长、四川省预防医学会肥胖防治分会副主任委员、成都市护理学会人文护理专委会副主任委员、教育部学位与研究生教育发展中心学位论文评审专家等。负责的"护理伦理学"课程被评为教育部首批国家级一流课程及中国大学中英文MOOC课程，负责建设的"人文护理课程虚拟教研室"项目入选教育部首批虚拟教研室建设试点项目。负责教育部、国家自然科学基金、四川省科学技术厅、四川省教育厅等的研究项目10项；作为主编、副主编参编著作10余部，在国内外期刊发表学术论文40余篇。指导大学生参加全国首届虚拟仿真实验创新大赛荣获"卓越奖""一等奖"；获第十届中国大学生医学技术技能大赛优秀组织管理者奖、四川大学教学改革项目"护理伦理学"一等奖、四川大学优秀教师、姜维平优秀教学奖等。

# 刘肖

刘肖，教授，博士生导师，四川大学马克思主义学院副院长，四川省学术和技术带头人后备人选，四川省委宣讲团成员，国家社科基金通讯评审专家，四川大学社会舆情与信息传播研究中心、四川大学文化传播研究中心、四川大学党内法规与廉政治理研究中心研究员，四川省科学社会主义学会常务理事，四川省马克思主义研究会理事，四川省研究生教研会理事，成都历史学会常务理事。主要研究方向为国际传播与国际政治、舆论宣传与党的建设、跨文化传播与文化认同等。主持国家社科基金项目"'人类命运共同体'思想对外传播的时、度、效研究"（项目号：17BGJ040）和"西方媒体在国际政治中的角色与作用研究"（项目号：11XGJ008），以及四川省社会科学研究重大项目"马克思主义中国化'两个结合'及其关系研究"、教育部人文社会科学研究项目"我国重大突发事件的国际舆论表现形态、生成机制与应对策略研究"（项目号：10YJC860026）等多项国家级、省部级项目，出版《理智与偏见——当代西方涉华国际舆论研究》（北京：中国社会科学出版社，2010）、《媒体的权利和权力的媒体——西方媒体在国际政治中的角色与作用》（北京：中国社会科学出版社，2017）等专著，在核心以上级别的期刊上发表学术论文30余篇，荣获四川省哲学社会科学优秀成果奖一等奖1次，二等奖1次。

# 张洪松

张洪松,教授、博士生导师,主要从事中共党史党建学、马克思主义理论研究,入选国家级青年人才计划。现任四川大学人事处处长,兼任四川省社科规划评审专家、中国卫生法学会常务理事。近年来,先后获得四川大学青年骨干教师、四川大学本科课堂教学质量优秀奖、四川大学哲学社会科学科研工作先进个人等荣誉。主持包括国家社科基金项目、教育部人文社科项目、四川省社科规划重大项目等在内的课题20余项。在《马克思主义研究》《道德与文明》等CSSCI来源期刊上发表论文20余篇,多篇文章被《中国社会科学文摘》、人大复印报刊资料等转载,出版《司法与政治》等多部著作。获教育部人文社会科学优秀成果奖二等奖1次,四川省社会科学优秀成果奖一等奖1次,二等奖3次,三等奖1次。

李琰,四川大学马克思主义学院思想道德与法治教研室,讲师。先后承担"法律基础""国际法""医学伦理学""生命伦理学与生命法学""思想道德修养与法律基础""人文与医学"等课程的教学工作。2003年起在《中国医学伦理学》《医学与哲学》《中外医学与哲学》《中国循证医学杂志》等刊物上发表论文20多篇;参编国家级教材7本,包括《行为医学》《医学伦理学》《医学哲学》《实用循证医学》《医学人文导论》等;参研国家级和省级课题4项,主持四川大学教学改革课题2项,积极开展医学伦理学慕课和翻转课堂实践。获四川大学本科教学"探究式—小班化"教学质量优秀奖、首届全国"泛雅杯"教师慕课教学大赛三等奖、课程网"中国大学慕课2014—2015优秀教师奖"等荣誉。参与录制的"口腔医学导论"获评2016年国家级精品视频公开课。

——李琰

# 李晓玲

李晓玲,教授,主任护师,硕士生导师。主要从事护理教育、外科护理等方面的研究。现任中华护理学会会员,成都市医疗事故鉴定专家组成员,中华医学会临床流行病学分会第六届委员会循证医学学组委员,《中华现代护理杂志》《护理学报》《护士进修杂志》《护理学杂志》等专业期刊编委。主持四川省卫生健康委纵向项目"基于互联网+医疗的日间围术期管理的APP构建与应用研究"(项目号:19PJ089),四川大学第7期教改项目"'护理人际沟通与礼仪'课程考核方式改革"、第8期教改项目"'护理教育学'课程教学改革",香港理工大学灾后重建课题"地震伤员的康复护理"等项目,负责省级精品课程"外科护理学"建设。近5年作为第一作者或通讯作者在国内外学术期刊上发表论文30余篇,出版专著或教材3部。

# 胡晓林

  胡晓林，教授，博士生导师，博士后合作导师，四川大学华西护理学院人文护理学教研室主任，四川大学和美国凯斯西储大学联合培养博士，美国凯斯西储大学博士后。主要研究领域为肿瘤康复、肿瘤临床和转化、肿瘤临终关怀、慢病管理等。四川省学术和技术带头人后备人选、四川省卫健委学术和技术带头人后备人选、四川省海外高层次留学人才。现任天府实验室核心研发成员、中华护理学会社区护理专委会青委会副主任委员、四川省医学传播学会理事和癌症防治分会副会长、成都市抗癌协会肿瘤康复专委会副主任委员、四川省科普基地和成都市科普基地专家、Sigma Theta Tau International 会员。担任《国际护理研究杂志》等多本护理专业顶级期刊审稿人。近年作为第一作者或通讯作者在专业核心期刊发表学术论文 70 余篇，其中 SCI 收录文章有 56 篇（含 JCR 一区文章 40 余篇）。主持国家自然科学基金面上项目 1 项、国家自然科学青年基金项目 1 项、"十三五"国家重点研发计划 1 项，负责四川省重大研发项目 2 项、CMB 公开竞标项目及其他省部级纵向课题 10 余项。主研发明专利 3 项；主编 / 参编教材或专著 5 部。科研成果获四川省科技进步奖二等奖、2019 年新时代健康科普作品征集大赛优秀入围作品、四川省优秀科普作品三等奖等奖项，其个人获四川省首届"新时代"健康卫士、成都市青年科技人才、成都市科普先进个人、本科教学先进个人、学科先进个人等荣誉。

刘艳，教授，主任护师，四川大学华西第四医院护理部主任，四川大学华西护理学院安宁疗护教研室主任，四川大学本科生选修课程"生死教育/安宁疗护"负责人、国家级精品课程"护理伦理学"教学团队成员、"健康素养"教学团队成员。负责国家级继续医学教育项目多项，以及护理实习生、进修生及专科护士培训工作。任中国生命关怀协会智慧照护与健康养生专委会常务委员、中国研究型医院学会护理教育专业委员会委员、中国抗癌协会安宁疗护专委会常务委员、华人生死学与生死教育学会会员、四川省护理学会安宁疗护专委会主任委员、四川省护理学会老年护理专委会副主任委员、四川省医学传播学会安宁疗护与生死教育专委会主任委员、成都护理学会安宁疗护专委会主任委员等学术职务。主持"健康科普知识及护士分级培训考核在智能平台（APP）的应用研究"、四川省卫生信息学会"基于临床知识库的智能型护理质量检查系统的构建与应用"、四川省卫生健康委"基于层次分析法构建安宁疗护临床护理质量评价指标体系的研究"等课题。主编《实用护工手册》《安宁缓和护理实践》等专著，发表《健康教育对工厂职工卫生知识掌握程度的影响》《健康教育路径表在膀胱灌注化疗中的应用及效果观察》《智能型临床护理质量检查系统知识库构建与应用》等多篇学术文章。主持的项目"安宁疗护临床护理质量评价指标体系的构建及应用"获第一届四川省护理学会科技奖二等奖，个人获 2019 年度四川大学"唐立新服务标兵奖"、2022 年四川大学教学创新示范教师、第五届教师教学创新竞赛正高组三等奖等荣誉。

# 刘艳

# 任建华

  任建华，副教授，副主任护师，四川大学华西第二医院妇产科护士长。现任中华护理学会护理教育专委会青委秘书、四川省护理学会护理教育专委会副主任委员、四川省医学会医学哲学与人文专委会青委副主任委员、成都护理学会理事等。2005年获得四川大学华西临床医学院护理管理硕士学位，2017年分别于四川大学和香港理工大学获得博士学位。曾到美国辛辛那提大学医学中心进修，到中国香港等地区的医院进行参观学习。具有丰富的临床护理、护理管理和教学经验。担任 Disaster Medicine and Public Health Preparedness 及《中国临床护理》审稿专家，承担护理科研课题6项，发表护理论文30余篇，其中SCI论文17篇（B级5篇），主编/参编护理教材及专著10余本。

刘春娟，副教授，副主任护师，四川大学华西护理学院人文护理学教研室教师，四川大学华西医院胃癌中心护士长。主要研究方向有护理教育、胃癌护理、伤口治疗等。现任中国康复医学会修复重建专业委员会创面治疗（护理）专委会委员、中国生命关怀协会人文护理专委会委员。发表论文40余篇，主研教育部产学协同育人项目2项，主持四川大学新世纪教改课题2项，参编"十四五"规划教材《基础护理学》。获四川大学"十佳护士"，四川大学华西医院先进个人，四川大学"探究式—小班化"教学示范教师，四川大学华西医院青年教学十佳榜样，四川大学华西临床医学院本科生优秀班主任、最受学生欢迎教师等荣誉。其主讲的"护理伦理学"课程于2020年被评为国家级线下一流本科课程。

——刘春娟

# 课程信息

### 1. 课程简介

随着社会发展，医疗条件得到改善，护士在临床实践中面临的伦理困境日益增多。作为护理学与伦理学相交叉的边缘学科，护理伦理学以护理道德为研究对象，通过研究其产生、发展、变化规律及如何运用护理道德原则与规范去调整护理人际关系，解决护理实践中的伦理道德问题。本课程旨在为护理专业学生提供正确的价值导向；引导学生树立"以人为本，关怀照顾"的人道主义精神、正确的是非观及人文护理价值观；培养学生识别并正确处理护理实践中的伦理问题的能力，引导学生从护理伦理学的角度思考问题，将护理伦理理论、原则和规范运用在临床护理及护理科研中。

### 2. 授课类型：必修课

### 3. 学时：16 学时（理论 12 学时 + 实践 4 学时）

### 4. 学分：1 学分

### 5. 授课对象：护理学专业本科生

### 6. 课程教材

刘俊荣，范宇莹. 护理伦理学 [M]. 第 3 版. 北京：人民卫生出版社，2022.

### 7. 参考资料

- 姜小鹰. 护理伦理学 [M]. 第 2 版. 北京：人民卫生出版社，2017.
- 尹梅. 护理伦理学 [M]. 第 3 版. 北京：人民卫生出版社，2018.
- 伍天章. 医学伦理学 [M]. 第 2 版. 北京：高等教育出版社，2020.
- 尹梅. 护理伦理学 [M]. 第 3 版. 北京：人民卫生出版社，2018.
- 杨敏. 护理伦理学 [M]. 第 3 版. 北京：清华大学出版社，2020.
- 曾勇，蒋艳. 天使的力量：新冠战"疫"中的华西护士 [M]. 成都：四川科学技术出版社，2021.
- 王德国. 浅论《纽伦堡法典》制定实施的重要意义 [J]. 中国医学伦理学，2005（5）.

# 教案展示

## （一）护理伦理教育、修养与评价

护理伦理教育、修养与评价

### 1. 教学目的及学情分析

（1）教学目的

**知识目标**：让学生了解护理伦理教育的含义、过程和方法，护理伦理修养的含义、境界等，护理伦理评价的含义、标准、依据和方式。

**技能目标**：让学生具有选择和解决临床实践中遇到的伦理问题的能力。

**思政目标**：引导学生树立正确的社会伦理观，增强对国家的认同感；树立正确的人文价值观，增强对科技、经济道德的科学认知和价值判断能力。培养学生的敬业精神和服务意识，使他们严守伦理准则与伦理规范要求。

（2）学情分析

本课程面向护理学专业的本科生。通过之前的学习，他们已经具有一定的知识储备，如思想道德及法律基础知识，但对护理伦理学重难点知识的理解能力有待提高。因此，教师在进行教学设计时要注意增加护理伦理学的实践案例，寓理论分析于案例剖析之中，让教学内容更加贴近生活、贴近实际，方便学生理解吸收。

### 2. 教学重难点与应对措施

（1）教学重点：护理伦理教育的过程，护理伦理修养的境界以及护理伦理评价的标准、依据

应对措施：

坚持理论结合案例，通过组织学生讨论"家属不签字，手术做还是不做"这一常见的伦理问题，通过讲授马克思主义公私观与中华传统文化中的公私观，介绍著名心理实验教学案例（如电车难题、定时炸弹等），加强学生对上述重点知识的理解。

（2）教学难点：护理伦理修养的境界

应对措施：

通过对比马克思主义公私观与中华传统文化中的公私观，分享华西护士的抗疫故事，帮助学生理解护理伦理修养境界的概念。

### 3. 教学计划

| 教学环节 | 教学内容 | 计划用时（分钟） |
| --- | --- | --- |
| 课程导入 | 讨论"我"和"我们"这两个词所指代的多重含义，增强学生的身份认同感。 | 2 |
| 本课知识讲解 | （1）护理伦理教育<br>①护理伦理教育的含义。<br>②护理伦理教育的过程。<br>③护理伦理教育的方法。 | 10 |
| 课堂互动 | 引导学生讨论下列3个问题并进行总结：<br>问题1：患严重传染病的孩子拒绝配合隔离政策，你是否尊重他/她的选择？<br>问题2：患者要求你向其配偶隐瞒感染艾滋病的事实，你是否会同意？<br>问题3：家属不签字，手术做还是不做？ | 5 |
| 本课知识讲解 | （2）护理伦理修养<br>①护理伦理修养的含义。<br>②护理伦理修养的境界。<br>③加强护理伦理修养的途径和方法。 | 10 |
| 本课知识讲解 | （3）护理伦理评价<br>①护理伦理评价的含义。<br>②护理伦理评价的标准。<br>③护理伦理评价的依据。<br>④护理伦理评价的方式。 | 5 |

| 教学环节 | 教学内容 | 计划用时（分钟） |
|---|---|---|
| 课堂互动 | 分享下列案例，请学生发表自己的看法。<br>案例1：有一艘航船在海上遇险，很快就要沉没，船上一共有12个人，但只有一艘至多能乘6人的救生艇。这12个人是：医生、生病的小女孩、船长、失足妇女性工作者、囚犯、有智力障碍的小男孩、模范工人、神父、贪官、企业经理、暴发户、你自己。你认为谁该上救生艇，谁不适合上救生艇？（规则要求：①处境不可能改变；②不采用随机（如抽签）的办法；③不采用武力解决）<br>案例2：一个疯子把5个无辜的人绑在电车轨道上。一辆失控的电车朝他们驶来，并且片刻后就要碾压到他们。幸运的是，你可以拉一个拉杆，让电车开到另一条轨道上。然而问题在于，那个疯子在另一个电车轨道上也绑了一个人。此时，你是否应拉拉杆？（电车难题）<br>案例3：当你在急诊室值班时，走廊里有很多患者在等待就医，他们大多数患的都是轻症。此时，外面突然来了一位重症患者，你觉得应该先治疗谁？ | 10 |
| 课堂总结 | 总结本课所学知识，让学生思考应该成为怎样的护理工作者。 | 3 |

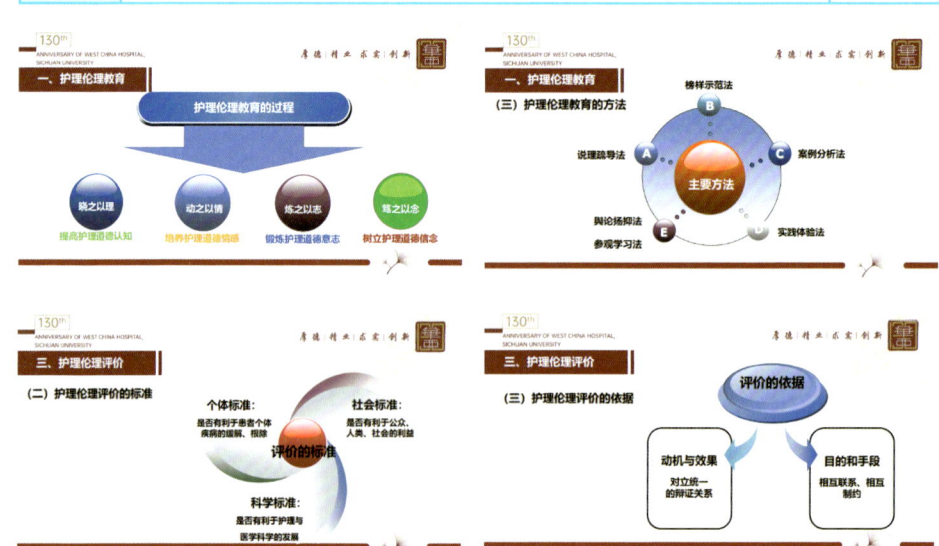

▶ 课件截图：护理伦理教育、修养与评价

#### 4. 教学反思与总结

本课教学内容较多，讲授时间相对紧张，教师应进一步精简教学内容。在课堂互动环节，学生们的发言积极性很高，但由于时间仓促，对案例缺乏深入、全面的分析。因此，教师在后续的教学中需要提前做好课堂讨论主题的布置，让学生们提前思考、查找资料，为课堂互动环节做足准备。

### （二）护理伦理学理论基础及规范体系

护理伦理学理论基础及规范体系

#### 1. 教学目的及学情分析

（1）**教学目的**

**知识目标**：让学生掌握护理伦理学的观点、理论基础及基本原则。

**技能目标**：让学生掌握护理实践中的生命伦理观点、伦理理论和原则，识别护理实践中的伦理问题，具备护理实践中的伦理思考能力、解决临床实践中遇到的伦理问题的能力。

**思政目标**：让学生认识到护理的伦理学素养是成为合格护理人员的基础，护理职业所服务的是整体和全面的人，护理职业道德修养对护理人员的意义，从而知晓生命统一论的内涵与意义，致力于塑造人文底蕴，关心人类福祉，尊重生命权利，为患者提供优质护理服务。

（2）**学情分析**

本课程面向护理学专业的本科生。通过之前的学习，他们已经具有一定的知识储备，主动思考能力强，对护理职业及护理伦理有基本的了解。然而，他们对护理伦理实践尚缺乏直接体验，进行伦理反思的能力有待提高。因此，教师在进行教学设计时要注意对学生进行启发，帮助学生深化理解，通过翻转课堂、课堂互动等方式发现并纠正学生在理论认识上的误区，进一步拓展其思考的能力与深度。

#### 2. 教学重难点与应对措施

（1）**教学重点**：护理伦理学的基本观点、理论基础及基本原则

**应对措施**：

坚持理论与案例相结合，通过介绍西西里·桑德斯女士的典型事迹和美国电视剧《实习医生格蕾》，帮助学生理解和掌握上述知识点。

（2）教学难点：护理伦理学的基本观点及基本原则

应对措施：

带领学生复习上节课重难点、回顾上节课讨论的案例，让学生关注本课教学难点。

### 3. 教学计划

| 教学环节 | 教学内容 | 计划用时（分钟） |
| --- | --- | --- |
| 课程导入 | 回顾上节课知识，承上启下。 | 5 |
| 本课知识讲解 | （1）护理伦理学的基本观点<br>①生命神圣观。<br>②生命质量观与生命价值观。<br>③生命统一观。 | 8 |
| | （2）护理伦理学的理论基础<br>①后果论和公益论。<br>②道义论。<br>③美德论。<br>④伦理学理论的作用。 | 20 |
| | （3）护理伦理学的基本原则 | 17 |
| 翻转课堂 | 要求学生分小组汇报对不同问题的课后讨论结果。各小组代表分享完毕后，其他学生可进行提问，最后由教师进行总结。 | 35 |
| 课堂总结 | 回顾本课知识，布置课后作业。 | 5 |

### 4. 教学反思与总结

本堂课的翻转课堂环节很好地调动了学生的积极性，提高了其主动思考的能力，在有限的教学时间内最大限度地实现了师生、生生相互启发、共同合作。通过翻转课堂，学生对理论性较强的知识有了更加深入和具体的理解；教师也可以及时了解学生对本课知识的掌握程度和理解误区，有的放矢地引导学生学习。

### (三)临床护理实践中的伦理道德

临床护理实践中的伦理道德

#### 1. 教学目的及学情分析

(1)教学目的

**知识目标**:让学生掌握基础护理、急危重症护理、手术护理、精神科护理以及传染科护理的特点;熟悉基础护理的伦理规范、急危重症护理的伦理要求、围术期护理的伦理要求、精神科护理的伦理要求以及传染科护理的伦理要求;了解生活护理的伦理要求;了解急危重症护理、手术护理、精神科护理以及传染科护理的伦理难题。

**技能目标**:让学生掌握护理实践中实施护理伦理基本原则,学会处理临床护理实践中的伦理难题。

**思政目标**:让学生在学习临床护理伦理难题的处理过程中体会护理的意义,树立正确的世界观和价值观;掌握精益求精、审慎协同的伦理要求;培养学生形成同情理解、耐心解惑的职业素养;加强职业良知,坚守道德底线。

(2)学情分析

本课程面向护理学专业的本科生。通过之前的学习,他们已经具有一定的知识储备,积累了一定的临床护理知识,对护理伦理有基本的了解,能够处理一些护理实践中常见的伦理问题。然而,由于缺乏临床经验,他们对临床护理伦理问题的思考不够深入。因此,教师在进行教学设计时要注意结合丰富的临床案例,使学生直观感受临床护理中常见的伦理问题,启发其进行深入思考。

#### 2. 教学重难点与应对措施

(1)教学重点:基础护理、急危重症护理、手术护理、精神科护理以及传染科科护理的特点

应对措施:

①课堂上反复强调重点内容,强化学生记忆。

②本课知识点讲授完毕后,立即进行课堂总结,帮助学生明晰学习重点。

### (2)教学难点

本堂课的教学难点有以下 4 个：急危重症护理的伦理难题、手术护理的伦理难题、精神科护理的伦理难题、传染科护理的伦理难题。

应对措施：

①先讲解理论知识，再引入案例，将本课难点内容放入具体的临床问题中，降低理解难度。

②引导学生展开课堂讨论，充分表达自己的看法，在讨论中加深理解。

③通过课后答疑，一对一地帮助学生理解难点知识。

### 3. 教学计划

| 教学环节 | 教学内容 | 计划用时（分钟） |
|---|---|---|
| 本课知识讲解 | （1）基础护理伦理<br>①基础护理的概念。<br>②基础护理的特点。<br>③基础护理的伦理规范。<br>④生活护理的伦理要求。 | 15 |
| | （2）急危重症护理伦理<br>①急危重症护理的特点。<br>②急危重症护理的伦理要求。<br>③急危重症护理的伦理难题。 | 5 |
| 课堂互动 | 让学生讨论下列案例，思考如何处理临床实践中的伦理问题。<br>案例：患者，女，78 岁，因心脏病发作急诊入院。护士甲为其静脉输液，穿刺固定后其衣袖滑落盖住了止血带未及时取下。随后护士乙换班后继续完成输液。其间患者多次述说输液的肢体疼痛，护士乙解释为药物引起的，因而调慢输液速度。几个小时后拔针时，患者家属发现护士未及时为患者取下止血带，遂找来护士。护士乙立刻告知家属热敷患者患处。4 小时后，患者肢体肿胀青紫，表面起水泡，发炎症状渐加重，面临截肢的危险……<br>问：哪位护士应该为此事负责？ | 10 |

| 教学环节 | 教学内容 | 计划用时（分钟） |
| --- | --- | --- |
| 本课知识讲解 | （3）手术护理伦理<br>①手术护理的特点。<br>②手术前护理的伦理要求。<br>③手术中护理的伦理要求。<br>④手术后护理的伦理要求。<br>⑤手术护理的伦理难题。 | 10 |
| 课堂互动 | 让学生讨论下列案例，思考如何处理临床实践中的伦理问题。<br>案例：手术室护士小王在给一名肾脏切除病人摆放体位时错将医生写的左侧看成右侧，医生做手术时未检查就进行了右肾切除，术后病人家属发现伤口的部位不对才提出疑问，但医疗事故已经发生。<br>问：如何分清"左右""上下"，确保医疗安全？ | 10 |
| | （4）精神科的护理伦理<br>①精神科护理的特点。<br>②精神科护理的伦理要求。<br>③精神科护理的伦理难题。 | 20 |
| | （5）传染科的护理伦理<br>①传染科护理的特点。<br>②传染科护理的伦理要求。<br>③传染科护理的伦理难题。 | 17 |
| 课堂总结 | 总结本课所学知识，强调"任何隔离都不能阻挡关爱"。 | 3 |

#### 4. 教学反思与总结

在本课的学习中，学生的课堂参与度较高，知识点掌握较好，回答问题时能充分表达自己的想法，结合已学内容展开阐述。课堂互动环节引入的临床案例起到了帮助学生更好地将所学知识进行运用和实践的作用，开拓了他们的视野。此外，学生们通过讨论，各抒己见，碰撞出了很多思维火花。

由于本课教学内容多、教学任务重，时间安排上比较紧张，部分内容需要学生课后在网上自主学习，查询相关资料，对学生的自学能力和知识迁移能力要求较高。教师可以提前告知学生自主学习的内容，让有时间的学生提前学习该部分内容，以提高课堂效率。

### （四）公共卫生服务的伦理道德

公共卫生服务的伦理道德

#### 1. 教学目的及学情分析

##### （1）教学目的

**知识目标**：让学生掌握突发公共卫生事件应急护理的伦理责任和伦理要求，熟悉突发公共卫生事件应急护理流程与常见问题，了解结合公共卫生服务的伦理原则和伦理要求处置突发公共卫生事件的方法。

**技能目标**：培养学生在突发公共卫生事件中的科学伦理思维和应急处置能力及伦理决策能力。

**思政目标**：培养学生的人文素质、伦理修养；引导学生树立在面对突发公共卫生事件时正确的大局观和价值观，树立卫生健康共同体意识；让学生具备社会责任感和集体利益至上精神，具备"四个自信"，在公共卫生服务中表现出爱国主义精神和民族自豪感。

##### （2）学情分析

本课面向护理学专业的本科生。通过之前的学习，他们已经具有一定的知识储备，积累了基础护理学中有关职业防护与隔离技术的基本知识和技能，对护理伦理学的基本原则也比较了解。然而，由于缺乏突发公共卫生事件应急处理经验，他们对临床护理伦理问题的思考比较片面。因此，教师在进行教学设计时要注意采用案例教学法、探究式提问等方式，邀请学生参与互动讨论，分享自己的观点，帮助其理解本课重难点知识，将理性认识和感性认识有机结合，融会贯通。

### 2. 教学重难点与应对措施

（1）**教学重点**：突发公共卫生应急事件应急护理的特点、突发公共卫生事件应急护理的伦理责任

应对措施：

①以案例分析的形式引导学生思考公共卫生应急事件护理的特点，教师通过探究式提问，引导学生主动学习。

②模拟情景，让学生沉浸式体验突发公共卫生事件护理中的伦理决策，归纳伦理责任。

（2）**教学难点**：突发公共卫生事件应急护理的伦理要求

应对措施：

以突发公共卫生应急事件中的代表事件、代表案例为引子，启发学生思考时代和责任赋予医务人员的护理伦理要求。

### 3. 教学计划

| 教学环节 | 教学内容 | 计划用时（分钟） |
| --- | --- | --- |
| 本课知识讲解 | （1）突发公共卫生事件应急护理的特点<br>①突发公共卫生事件的概念及特点。<br>②突发公共卫生事件应急护理的特点。 | 18 |
| | （2）突发公共卫生事件应急护理的伦理责任<br>①突发公共卫生事件发生前积极预防。<br>②突发公共卫生事件发生时积极抢救。<br>③突发公共卫生事件发生后妥善处理。 | 10 |
| | （3）突发公共卫生事件应急护理的伦理要求<br>①救死扶伤，甘于奉献。<br>②大局为重，先公后私。<br>③沉着应对，科学处置。<br>④密切配合，团结协作。 | 12 |
| 课堂总结 | 以公共卫生应急事件的处理为轴线，引导学生总结突发公共卫生事件应急护理的特点、伦理责任以及伦理要求。 | 5 |

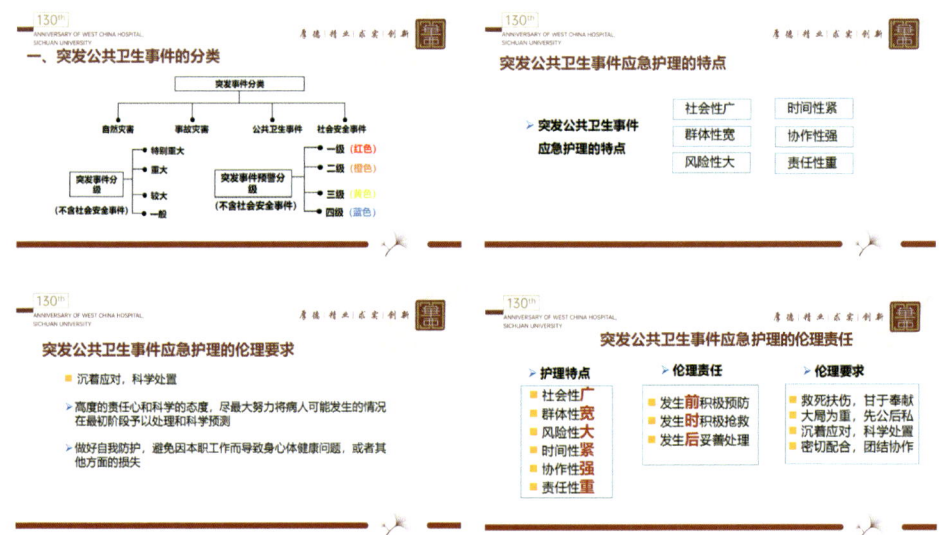

▶ 课件截图：公共卫生服务的伦理道德

### 4. 教学反思与总结

本课结束后，教师采用SWOT分析模型反思与总结了本次教学活动，详见下图。

**Strength（优势）**
1. 伦理案例资源丰富；
2. 智慧课堂教学工具先进，可供学生互动；
3. 用案例启发好奇心，提高学生积极性；
4. 讲课者具有丰富的"探究式－小班化"教学经验，引导学生能力较强。

**Weakness（弱势）**
1. 课堂教学对象临床经验较少，缺乏全面的突发事件应急护理思维经验；
2. 应急事件伦理所涉及细节多种多样，短时间的讲授很难让学生完成知识的消化吸收；
3. 伦理教学理论知识较为深奥，学生学习后融会贯通难度系数较高。

**Opportunity（机会）**
1. 课堂案例可以有效调动学生主动思考；
2. 小组成员总结性反馈可以帮助教师了解学生对于知识的掌握程度；
3. 护理抗疫案例能启发学生创新性思索，找到更优的护理伦理决策方案。

**Threats（威胁）**
1. 课前阅读参考文献才能够更好地完成知识的自我转化，考察学生的主动性；
2. 小组讨论既要鼓励学生畅所欲言，又要符合学习目的和意义，保证教学安排顺利完成；
3. 启发学生主动思考，并在教学过程中完成学生知识与能力的考查。

▶ 教学反思与总结

### （五）护理科研及管理中的伦理道德

护理科研及管理中的伦理道德

#### 1. 教学目的及学情分析

（1）教学目的

**知识目标**：帮助学生掌握生物医学研究的基本准则，人体实验中的伦理矛盾、伦理道德，常见的科研不端行为；熟悉护理科研的特点及伦理矛盾、人体实验的意义和类型、护理科研的伦理原则、科研不端行为的防范机制；了解护理科研道德的意义、控制科研不端行为的伦理意义。

**技能目标**：帮助学生掌握护理科研的理论、原则与方法；提升护理实践中有关科研伦理问题的逻辑思维能力及分析能力；学会运用护理科研伦理的基本原则分析人体实验的道德问题，辨别科研不端行为并加以抵制。

**思政目标**：培育具有良好的社会主义医德、科研素质及道德的人才，提升学生伦理实践能力，强化其底线思维和风险意识，使其坚持伦理前行、科技向善，遵循实事求是的原则，形成严谨的科研作风。

（2）学情分析

本课面向护理学专业的本科生。通过之前的学习，他们不仅已经具有一定的护理学知识储备，而且思维较为活跃，课堂参与度高。然而，由于实践经验不足，他们运用护理伦理基础理论解决临床护理伦理问题的能力有待提高。因此，教师在进行教学设计时要注意结合临床案例，补齐学生的知识短板，提高学生的实践能力。

#### 2. 教学重难点与应对措施

（1）**教学重点**：护理科研伦理原则、人体实验中的伦理矛盾、生物医学研究中的基本伦理学原则

应对措施：

利用学生已初步建立的护理思维模式，结合临床案例，启发学生思考。

（2）教学难点：科研不端行为的防范机制

应对措施：

介绍学界科研不端典型案例，让学生通过讨论，分享自己对上述科研不端行为的认识，并就如何建立科研不端防范机制发表意见。

### 3. 教学计划

| 教学环节 | 教学内容 | 计划用时（分钟） |
| --- | --- | --- |
| 本课知识讲解 | （1）护理科研伦理概述<br>①护理科研的重要意义。<br>②临床护理与护理科研的区别。<br>③护理科研的伦理原则。 | 30 |
| | （2）人体实验的伦理要求<br>①人体实验的意义与类型。<br>②人体实验中的伦理矛盾。<br>③人体实验中的伦理道德及相关法规。<br>④生命医学研究中的基本伦理学原则。 | 30 |
| | （3）科研不端行为的伦理控制<br>①政府管理部门相关词语及定义比较。<br>②常见的科研不端行为。<br>③科研不端行为的防范机制。 | 20 |
| 课堂总结 | 结合课前自习内容，对本课所学知识进行总结。 | 10 |

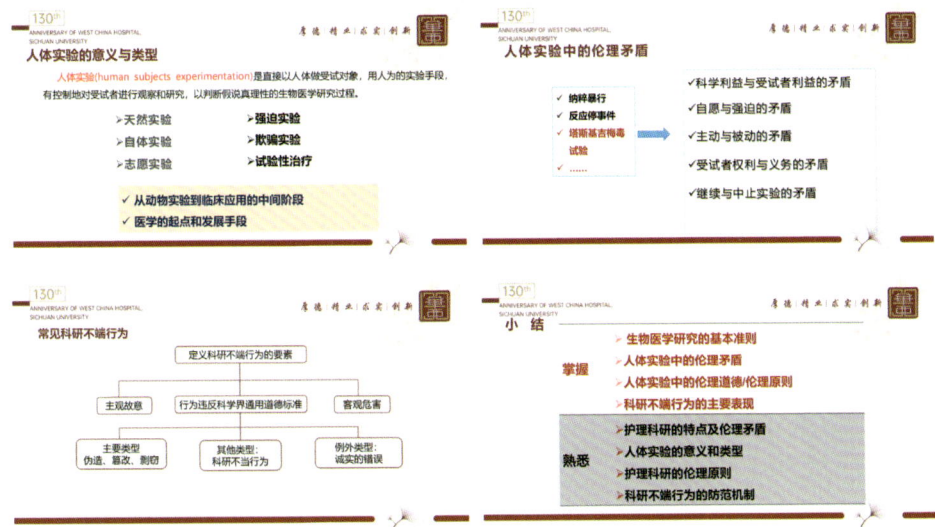

▶ 课件截图：护理科研及管理中的伦理道德

### 3. 教学反思与总结

在本课中，教师应用了视频、图片、文本等多种教学资源，利用探究式提问、案例讨论、知识点回顾等多种教学方法将知识点串联起来，使学生进一步体会到护理伦理学在现实生活中的重要地位，鼓励学生学以致用，在思考讨论中进行学习，拓展知识储备，提高探索能力、知识迁移能力及自学能力。

学生在课堂中参与度高、思维活跃。教师作为帮助学生梳理问题、点拨疑难的人，与学生进行了较为充分的互动，鼓励其积极回答问题，表现自我，提高了学生的综合能力。通过本课的学习，学生收获满满，对本课程的学习兴趣也进一步提高。

# 认识灾难，险中求生

# 曹钰

曹钰,主任医师,医学博士,博士研究生导师,中华医学会急诊医学专委会副主任委员、人文学组组长,中国医师协会急诊医师分会副会长,中国急诊专科医联体副主席,四川省医学会急诊医学专委会候任主任委员、四川省医师协会急诊医师分会主任委员,获评四川省青城计划"天府名医"、四川省学术和技术带头人、四川省卫生计生委领军人才,获得"全国医德楷模"、四川省优秀教师、四川省首届"新时代健康卫士"等称号和四川省医学科技奖一等奖、四川省教学成果一等奖、成都市科学技术进步二等奖等奖项。1995年毕业留校工作至今,长期从事急诊医学和灾难医学的医疗、教学、科研、管理工作,主要研究方向为急危重症、急性中毒、灾难医学等。2006年在美国托马斯杰斐逊大学医院(Thomas Jefferson University Hospital)进修急诊管理与临床,同时开展部分科研项目。先后主持国家级、省部级课题20余项,参编/译国家级规划教材与专著38部,申请发明专利8项。近5年,以第一作者或通讯作者身份发表学术论文87篇,其中SCI论文41篇。

## 认识灾难，险中求生

## 教学团队简介

"认识灾难，险中求生"课程团队致力于提升大学生群体应对突发事件的救治能力，以学生需求为导向，重新构建本科灾难医学教学体系，创建了基于沉浸式虚拟仿真平台的"四步＋五化＋四评"的混合式、模块化课程体系。团队主要成员包括 2 名主任医师、1 名副主任医师、2 名博士后，其中有 5 人获得美国灾难生命支持课程导师认证；所有团队成员均作为指导专家或现场救援人员参加过多次灾难救援。团队近 5 年负责省部级教学研究 2 项、校级研究 3 项，教学成果先后获全国高校混合式教学设计创新大赛二等奖和四川省高校教学创新设计大赛二等奖，所建立的"川大模式"灾难医学课程体系先后入选国家级、省级和校级一流本科课程和思政榜样课程。

## 课程信息

### 1. 课程简介

汶川特大地震发生以来，培养学生对于突发事件的应急能力一直是四川大学开展素质教育的重点。为了响应学校号召，本课程团队先后开设"急诊医学""救命与救伤"课程，并在教学内容中增加应急处理、医学救援等板块，学生反馈良好。在上述课程的基础上，本课程团队于 2019 年春季学期开设"认识灾难，险中求生"课程，目前已在线上线下开展 8 期。该课程通过 15 次课分别讲述常见各类灾难现场的自救与互救基本技能，结合国际卫生应急救援先进经验，目的在于提高当代大学生自救能力、在各类突发事件中的识别与应对能力，壮大紧急医学救援队伍。

### 2. 授课类型：选修课
### 3. 学时：24 学时
### 4. 学分：1.5 学分
### 5. 授课对象：全校本科生

### 6. 课程教材

陈永强，等.灾难与创伤生命支持[M].成都：四川大学出版社,2020.

### 7. 参考资料

● 张茂，等.高级灾难医学救援手册[M].第2版.杭州：浙江大学出版社,2017.

### 8. 教学目的

本课程开设目的是解决普通大学生在遇到危险时应急能力不足的问题，利用通识公选课打破不同专业间的壁垒，让学生把学到的理论知识转化为实际能力，在面对突发事件时能将平时习得的授课技能付诸实践。

### 9. 教学计划

| 课次 | 教学内容 |
| --- | --- |
| 第一次课 | 认识灾难，险中求生——概论 |
| 第二次课 | 认识灾难——预警标识识别（上） |
| 第三次课 | 认识灾难——预警标识识别（下） |
| 第四次课 | 应对灾难——现场评估、伤情分检 |
| 第五次课 | 应对灾难——检伤分类与桌面推演 |
| 第六次课 | 应对灾难——现场急救技术 |
| 第七次课 | 紧急救护技术实践（止血、包扎、固定、搬运、脊柱损伤搬运、狭窄空间施救） |
| 第八次课 | 危化品与火灾险情 |
| 第九次课 | 紧急救护技术实践（烧烫伤、脱水、低体温、挤压伤的处理） |
| 第十次课 | 防火意识与知识 |
| 第十一次课 | 防灾策略与个人防灾物资准备 |
| 第十二次课 | 地震发生与应对 |
| 第十三次课 | 应对地震的自救与互救 |
| 第十四次课 | 重大交通事故与其他公共事件 |
| 第十五次课 | 逃生演练 |

# 教案展示

## （一）认识灾难，险中求生——概论

认识灾难，险中求生——概论

### 1. 教学目标

**知识目标**：引导学生掌握灾难的定义，熟悉灾难与灾害的区别；掌握紧急医学救援的定义和灾难现场医疗救护操作技术要点，熟悉紧急医学救援对象和内容；掌握灾难逃生自救互救，日常防灾备灾各环节的基础理论知识点；熟悉整门课程的教学安排。

**技能目标**：引导学生提高识别灾难的能力，熟练掌握个人和家庭日常防灾备灾技能要点。

**思政目标**：引导学生在生命安全教育和奉献精神教育中形成一种应急思维模式，在从容应对各种风险、危机的同时，力所能及地帮助他人、服务社会。

### 2. 学情分析

本课程面向全校本科生开设，以各学院一二年级本科生为主。这些学生虽然具备一定的应急救援知识和演练经验，但普遍对防灾备灾、灾难逃生的理论缺乏系统化认识，识别灾难的能力亦有待提高。

教师在进行教学设计时，应注意系统化地构建授课内容，以"灾难识别—紧急医学救援—自救互救—防灾备灾"为主线，利用时事热点优化教学内容，以案例点燃学生的学习热情，以问题吸引讨论，形成良性课堂循环。教师还应创新教学手段，引入"雨课堂"等线上学习软件，即时了解学生对所学知识的掌握情况，及时调整课堂进度；应凸显思政引导，以师生合作探究替代传统讲授，以案例为引，向学生传递大爱无疆的奉献精神，帮助学生增强安全意识。

### 3. 教学重难点与应对措施

（1）教学重点：灾难的定义、紧急医学救援的定义、自救互救与防灾备灾各环节关键点

应对措施：

①转变教学模式，设置更多课堂讨论话题，结合课堂弹幕、词云复现等线上教具，实现对灾难、灾害、紧急医学救援等重点内涵的生生交流、师生互动。

②将雨课堂引入教学，及时获取学生反馈，调整教学进度，结合幻灯片复习功能，帮助学生熟练掌握本课知识点。

（2）教学难点：灾难与灾害的区别、灾难现场医疗救护操作技术要点

应对措施：

①巧设教学内容，以"现场火灾救援"为主线贯穿"灾难识别—紧急医学救援—自救互救—防灾备灾"的内容架构；让学生通过角色扮演，兴趣化地学习关于紧急医学救援、自救互救、防灾备灾的知识。

②通过情景模拟，让学生练习救护操作，掌握技术要点；以熟悉的电影片段为引，将灾难的特点与现场医疗救护操作的技术要点场景化，增强知识点的通俗性和趣味性。

### 4. 教学设计

| 教学环节 | 教学内容 | 教学方法 | 计划用时（分钟） |
| --- | --- | --- | --- |
| 课程导入 | 导入，引出本课知识点。 | 借助雨课堂软件，设置暴雨、地震、高温、雾霾等场景考察学生对灾害的认识，引出本课知识点。 | 10 |
| 本课知识讲解 | （1）从灾害到灾难<br>①什么是灾害？<br>②什么是突发公共事件？<br>③什么是灾难？<br>④灾害、突发公共事件、灾难的区别。 | ①通过雨课堂软件收集学生反馈，启发学生总结灾害的定义。<br>②结合案例，引导学生归纳突发公共事件的定义。<br>③通过雨课堂软件考察学生对灾难的理解，通过师生讨论的方式总结其定义。<br>④引导学生对比分析灾害、突发公共事件、灾难。 | 25 |

| 教学环节 | 教学内容 | 教学方法 | 计划用时（分钟） |
| --- | --- | --- | --- |
| 本课知识讲解 | （2）紧急医学救援体系建设<br>①国内外紧急医学救援发展史。<br>②紧急医学救援体系的概念与内涵。<br>③紧急医学救援面临的挑战。 | ①引导学生绘制紧急医学救援发展时间线，对比国内外紧急医学救援的发展史。<br>②播放华西医院紧急医学救援宣传片，引导学生感受我国紧急医学救援体系建设的成果，增强民族认同感和自信心。<br>③与学生一起总结紧急医学救援体系的概念和内涵，共同绘制以"灾害—灾难—紧急救援—紧急医学救援"为主线的关系概念图。结合灾难应对周期特点，讨论紧急医学救援面临的挑战。 | 23 |
| | （3）识别灾难的能力与防灾救灾意识<br>①不同身份角色在灾难现场如何应灾（自救与互救）。<br>②不同身份角色在日常生活中如何应灾（防灾与备灾）。 | 开展探究式教学，借助雨课堂软件，以真实火灾案例为线索，让学生身临其境地思考作为救援人员或被困人员，应如何应对灾难。<br>通过模拟美国电视剧《实习医生格蕾》中的现场救援场景，让学生练习脊柱固定术、胸腔穿刺术等急救操作。 | 22 |
| 课堂总结 | 总结本课所学知识点。 | 回顾上述知识点，提醒学生形成防患于未然的安全意识以及全周期灾难应对链意识。 | 7 |
| 课后作业布置、答疑 | 布置课后作业，解答学生疑惑。 | 学生自由提问，教师作答。 | 3 |

5. 教学小结

本课为"认识灾难，险中求生"课程的第一次课。选修此课程的学生来自不同学院不同年级，识别灾难、应对灾难的能力参差不齐。为了在最短时间内大致了解学生的普遍情况，教师借助雨课堂软件，将本课的教学重难点解构为多个小而简的问题，采取以问题为导向的探究式教学模式，将课堂时间还给学生，环环相扣，提高教学效率。

在教学创新性上，为平衡教学内容难度与学生接受程度，教师坚持从实际出发，模拟火灾救援现场，从不同角色多个角度还原现场救援管理与技术要点，引导学生形成防患于未然的安全意识以及全周期灾难应对链意识，在教学方法和手段上具有一定的创新性突破。在之后的教学工作中，教师应进一步思考如何将灾难的紧迫感通过创新教学手段呈现给学生，增强学生的体验感。

在教学高阶性上，教师虽然对"紧急医学救援体系建设"等内容进行了优化，但仍不够凝练。在之后的教学工作中，教师应尝试在思政融入、学生的分层化教学等角度对上述问题进行改进。

在教学挑战度上，由于选修人数较多，部分学生的参与感较弱，课程挑战度稍显不足。在之后的教学工作中，教师可以尝试以课间培训小组长的方式解决此问题。

▶ 借助雨课堂软件实时了解学生反馈

▶ 分组讨论环节

## （二）应对灾难——检伤分类与桌面推演

应对灾难
——检伤分类与桌面推演

### 1. 教学目标

**知识目标**：帮助学生掌握现场检伤分类的原则和方法，熟悉医疗需求与医疗资源配置的关系、院内反向检伤分类的概念及应用条件，了解紧急医学救援中的困难。

**技能目标**：帮助学生培养起熟练运用 START（Simple Triage and Rapid Treatment）检伤分类方法的能力，了解在检伤分类过程中的急救方法，形成应对灾难、处理伤员的逻辑思维，初步认识到团队协作的重要性。

**思政目标**：引导学生在团队协作灾难决策中形成一种顶层大局观，培养尊重生命、尊重科学的理念以应对各种突发事件；以培养紧急医学救援预备役的感召力，引导学生树立严谨客观、实事求是的工作学习态度。

### 2. 学情分析

本课程面向全校本科生开设，以各学院一二年级本科生为主。这些学生通过前期学习，已对灾难初步产生了一些系统化认识，对检伤分类的基础理论知识产生了整体性认识，形成了一定的应急思维能力，学习热情高涨。但大多数学生不是医学专业的学生，对医学专业术语理解起来较为吃力，加之实践经验缺乏，在掌握本课知识点时可能会存在困难。因此，教师在组织教学时，应注意改变传统教学模式，利用线上线下混合式教学模式，将检伤分类理论学习置于课前，要求学生通过线上课程学习。线下课程则重在实践操作探究，采用"小班化教学—合作探究式"授课模式，以智慧教室为硬件载体，以"检什么—如何检—如何完美检"为问题提纲，重视合作与交流，强调启发与引导，提高内容的可接受性。教师还应丰富教学手段，利用雨课堂即时反馈调整课堂进度；利用医用模拟人演示操作降低内容难度；利用VR灾难现场模拟训练锻炼团队决策；利用自主开发的线上游戏促进内容进阶，降低学生的畏难意识；精炼教学主题，发挥以学生为课堂主体的特点，以车祸场景串联检伤分类、合理决策、科学施救、人文关怀的教学主题，以主题教育点燃探索热情，以探索热情激发内容思考，以内容思考凸显思政引导，挖掘课堂深度。

### 3. 教学重难点与应对措施

（1）教学重点：检伤分类的定义、START 检伤分类的方法、院内反向检伤分类的条件

应对措施：

①采用任务进阶训练方式，结合混合式教学模式的特点和丰富的教学手段对学生检伤分类的能力进行进阶式训练，设置课前自学、合作探究、严肃游戏等教学环节，引导学生对"红—黄—绿—黑"体系标准以及院内反向检伤条件的思考。

②坚持问题导向探究，以"现场油罐车车祸救援"为背景贯穿"检什么—如何检—如何完美检"的问题架构，加强学生对检伤分类要素（呼吸、呼吸频率、循环灌注、意识）的理解。

（2）教学难点：START 检伤分类方法、检伤分类的原则和人文关怀、检伤分类过程中的急救方法

应对措施：

①改变传统教学模式，采用小班化教学和线上线下混合式教学模式，增强师生、生生互动，促进学生对难点知识的理解；引入虚拟现实技术，实现灾难场景的即时复现，从"检伤—决策—处置"复刻现场救护要点，增强学习难点内容的趣味性。

②引导学生以团队合作探究为决策手段，以严肃游戏为决策背景，情景串联检伤分类、合理决策、科学施救、人文关怀的教学主题，形成尊重生命、尊重科学的顶层大局观念，启发学生对难点知识的深入挖掘，体现难点内容的高阶性。

### 4. 教学计划

| 教学环节 | 教学内容 | 教学方法 | 计划用时（分钟） |
| --- | --- | --- | --- |
| 课前准备 | 学习在线课程"认识灾难，险中求生"第三章第一节"当灾难发生时，我们与你同在"。 | 提前1周发布线上学习内容与导学案，学生根据导学案自学在线课程相关内容。 | |

认识灾难，险中求生

| 教学环节 | 教学内容 | 教学方法 | 计划用时（分钟） |
|---|---|---|---|
| 课程导入 | 导入，引出本课知识点。 | 利用真实灾难场景给学生制造心理冲突，从灾难发生和培养紧急医学救援预备役的角度强调检伤分类的重大意义与紧急救援的责任感、使命感，引入本课的重难点知识。 | 4 |
| 本课知识讲解 | （1）线上学习内容知识回顾<br>①什么是检伤分类？<br>②如何进行检伤分类？ | 结合真实案例启发学生总结验伤分类的定义，引导学生思考如何快速进行验伤分类，如何在验伤分类中实现整体利益最大化，启发学生形成尊重生命、尊重科学的逻辑思维和大局观。 | 20 |
| | （2）检伤分类操作要点与延伸<br>①为什么要进行检伤分类？<br>②检伤分类原则。<br>③START检伤分类方法要点。<br>④检伤分类中常见的急救操作。<br>⑤二次检伤与反向检伤的应用。 | ①借助医用模拟人展示现场检伤分类中所需急救技术的操作方法（START检伤分类方法），帮助学生直观理解开放气道、胸腔穿刺减压、毛细血管充盈试验等操作的必要性。<br>②借助电影片段，让学生整体性、框架性地学习检伤分类，启发学生对"检伤—二次检伤—反向检伤"的认识，实现对教学内容的高阶性转化。<br>③师生共同总结START检伤分类的操作要点，绘制技术路线图，通过雨课堂软件检测学生对重点内容的熟悉程度。 | 21 |

157

| 教学环节 | 教学内容 | 教学方法 | 计划用时（分钟） |
|---|---|---|---|
| 本课知识讲解 | （3）检伤分类实践—小组合作探究<br>①线上游戏决策。<br>②虚拟仿真现场救援。 | ①学生以小组为单位通过线上游戏决策对30个伤员进行检伤分类和急救处理。<br>②组织学生讨论，对本组在游戏中的表现进行评价；开展组间互评，探讨有无更合理的检伤和急救策略；根据讨论结果制定小组检伤分类的行动方案，开展虚拟仿真现场救援。<br>③教师总结各组学生的表现，强调在检伤分类过程中要坚持尊重科学、尊重生命的整体大局观。 | 38 |
| 课堂总结 | 总结本课所学知识点。 | 引导学生进一步探索讨论中出现的有争议的问题，鼓励学生提出新的检伤思路，在今后的工作生活中，将风险意识和防灾备灾意识融入专业发展中，为人类健康服务。 | 7 |

### 5. 教学小结

本课为"认识灾难，险中求生"课程"应对灾难"部分的第一节内容。授课对象为全校本科生，他们通过对前面课程的学习，已对本课程产生浓厚的学习兴趣，熟悉本课程所采用的教学互动模式。但大多数学生不具备医学背景知识，对于伤情、救治措施理解困难；没有面临过灾难导致的批量伤员亟待救治的情况，在情景模拟时可能会出现恐惧、抗拒等心理，很难理解检伤分类的意义和逻辑。

在教学创新性上，为克服学生的畏难情绪，让学生直观通俗地理解检伤分类的细节与框架，本课在教学方法和手段的创新性上进行了一定的突破，引入"课前自学—课堂讨论解决问题—情景模拟—虚拟仿真—前沿拓展"这一闭环式教学方式，采用融入了信息技术的体验式、游戏化、自主探究式的教学方法，创造了一个安全但真实的灾难模拟环境，实现了在仿真模拟场景下培养学生从知识整合走向临床决策的过程，并鼓励学生运用批判性思维认识检伤分类，思考检伤分类新策略。在之后的教学中，教师可以优化教学环节，使之更为流畅。

此外，在具体教学实践中，教师发现本课在教学内容的难度解构上还存在一些问题，造成学生在学习START检伤分类方法时，对相关医学专有名词理解困难。这一点在学生的课后评价中也有所体现。在之后的教学中，教师可以尝试通过增加模拟教具、培训小组长的方式解决此问题。

认识灾难，险中求生

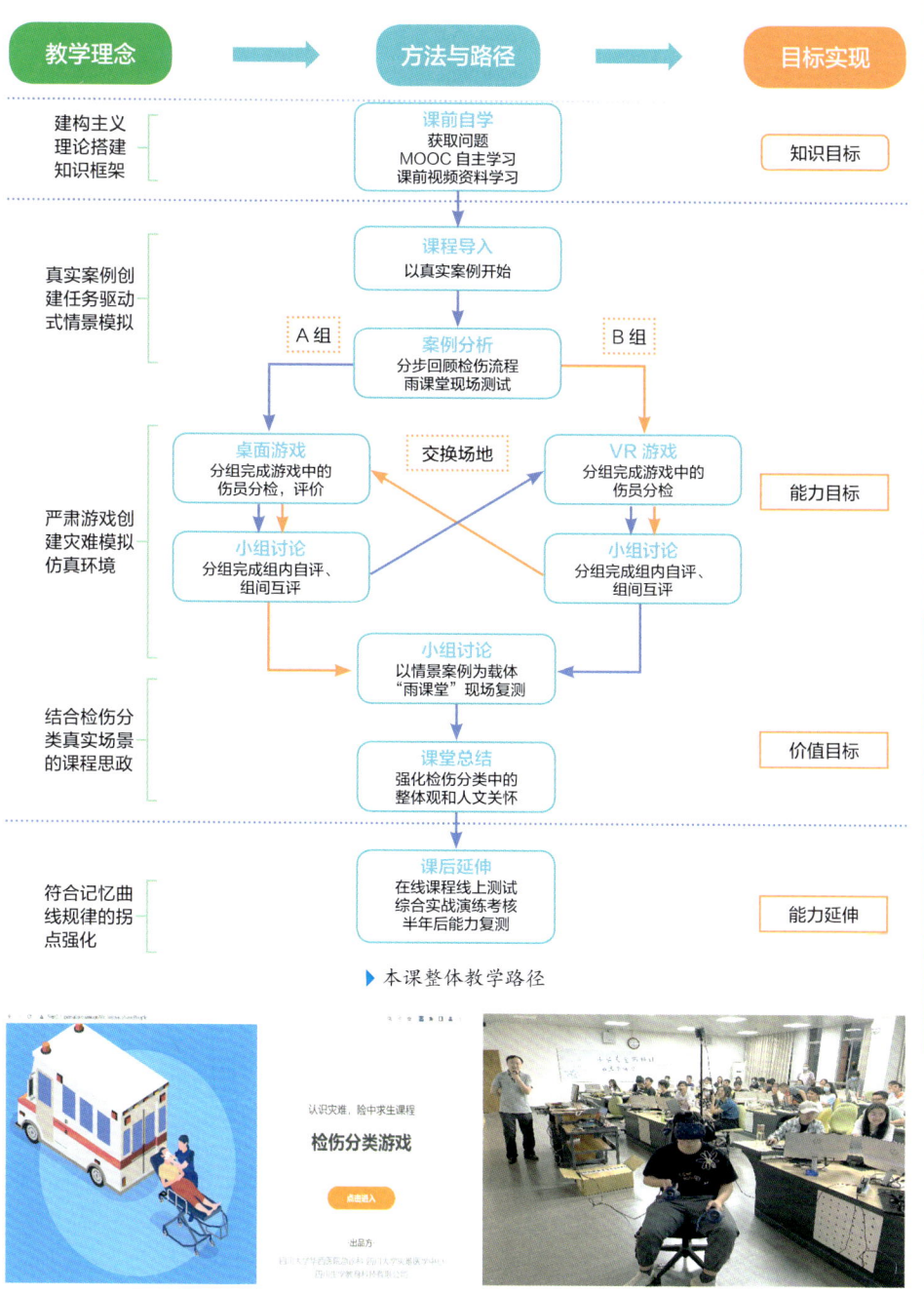

▶ 本课整体教学路径

▶ 检伤分类线上游戏　　　　　　　　▶ 检伤分类 VR 游戏

## （三）防灾策略与个人防灾物资准备

防灾策略与个人防灾物资准备

### 1. 教学目标

**知识目标**：帮助学生了解家庭灾难应急物资储备现状；掌握突发公共卫生事件应急物资储备概念、原则以及分类，家庭应急物资储备清单和常见应急包分类；熟悉家庭应急物资储备总体策略和具体措施。

**技能目标**：培养学生具备制作应急救援包以应对突发公共卫生事件（地震、火灾和水灾等）的能力、制定家庭物资储备策略的能力。

**思政目标**：引导学生在各种灾难情景模拟讨论中形成防微杜渐的安全意识，将居安思危的危机意识融入今后的学习和职业生涯中；通过防灾物资的储备培养学生对家庭、社会、国家的责任感，树立学生在实现中华民族伟大复兴的中国梦征程中的主人翁意识。

### 2. 学情分析

本课程面向全校本科生开设，以各学院一二年级本科生为主。在前几堂课的学习中，学生对灾难的识别、自救、互救等知识进行了较为系统全面的学习，但由于对日常防灾备灾认识不足，普遍缺乏居安思危、防微杜渐的意识。因此，教师在教授本课知识点时重在引导与启发，旨在提高学生防灾能力与安全意识。一方面，引入主观考核方式，如通过课前测试了解学生对线上课程的掌握程度，并将课后测试改为完成"小组防灾计划书"，以实现对不同专业学生的进阶式、差异性教学，通过发散性思考与交流，培养学生形成合作观、责任观、安全观。另一方面，丰富教学手段，如桌面推演等，引导学生将理论内容有机融入实际备灾场景中，促进小组内不同专业学生的交流合作，同时活跃课堂氛围，调节课堂进度。

### 3. 教学重难点分析与应对措施

（1）**教学重点**：突发公共卫生事件应急物资储备概念、原则以及分类，家庭应急物资储备清单和常见应急包分类

应对措施：

①优化教学方式，课前检测学生线上学习效果，考察其对应灾、备灾相关知

识的掌握程度以及应用能力；将课堂时间还给学生，引导其讨论不同人群（家庭）在不同灾难下的应对措施，启发学生思考。

②设置场景教学，选择水灾、火灾、地震作为典型灾难场景，复现现场细节，让学生站在家庭和社会的不同角度思考如何防微杜渐、制订应急方案和物资清单，在巩固知识的同时加强职业生涯安全教育。

（2）教学难点：家庭应急物资储备总体策略和具体措施、家庭物资储备策略的制定

应对措施：

①转变教学手段，引入家庭应急物资储备桌面推演。教师自制家庭常见物品卡牌，让学生以小组为单位，针对不同的灾情特点制订不同备灾策略，从"物资挑选—应急包准备—策略制订"等方面综合评价学生对难点知识的理解程度，同时增强难点内容的趣味性。

②转变评价方式，在课堂评价环节，以"制订防灾计划书"替代以往的客观题考察，要求各小组利用所学自制一份其生活或工作场所应对某种类型灾难的策略计划书，引导学生学以致用，在深入挖掘难点知识的同时树立学生的团队主人翁意识。

### 4. 教学设计

| 教学环节 | 教学内容 | 教学方法 | 计划用时（分钟） |
| --- | --- | --- | --- |
| 课前准备 | 学习在线课程"认识灾难，险中求生"第四章前五节内容。 | 提前1周发布线上学习内容与导学案，让学生自学在线课程，同时完成理论测试；3位教师分别带领3组学生进行学习。 | |
| 课程导入 | 导入，引出本课知识点。 | 以真实案例论证防灾和备灾的必要性，引出本课的教学重难点。 | 5 |
| 思政教育 | 帮助学生树立主人翁意识。 | 从国家、社会、家庭3个层面引导学生思考国家防灾应急现状，论证不同职业和领域共同参与防灾应急工作的重要性，引导学生树立在实现伟大复兴的中国梦征程中的主人翁意识。 | 10 |

| 教学环节 | 教学内容 | 教学方法 | 计划用时（分钟） |
|---|---|---|---|
| 本课知识讲解 | （1）理论内容概述——线上学习内容回顾<br>①家庭灾难应急物资储备现状。<br>②家庭灾难应急物资储备策略。<br>③家庭灾难应急物资储备清单。 | 以真实案例为引，介绍不同灾难的特点，引导学生把握应急策略制订整体框架和细节要点，尝试制订储备策略、准备应急包。 | 15 |
| | （2）防灾备灾桌面推演与演练<br>①制作应急响应救援包。<br>②制定家庭（社会）物资储备策略。 | ①采用桌面推演与小组合作探究的方式，让各小组成员针对3种不同灾难场景，从不同角度思考如何制订防灾策略，尝试制作应急响应救援包，并分组汇报，其他小组点评。<br>②以问题引导学生完善应急响应救援包，以任务实现学生防灾备灾能力的进阶式培养。 | 50 |
| 课堂总结 | 总结本课所学知识点。 | 总结各组在桌面推演中的表现，让学生树立防微杜渐、居安思危的意识，将安全意识融入学生日常生活。 | 4 |
| 课后作业布置、答疑 | 课后作业：撰写"防灾计划书"。 | 答疑，介绍课后作业"防灾计划书"撰写要求。 | 6 |

#### 5. 教学小结

本课为"认识灾难，险中求生"课程"应对灾难"部分第一节内容。授课对象为全校本科生。学生在前几堂课的学习中，对灾难的识别、自救、互救进行了系统全面的学习与训练，但对于日常防灾备灾认识不足，普遍缺乏居安思危、防微杜渐的意识。因此，本课中，教师重在培养学生的安全意识，以意识驱动能力，以能力锻炼技能，以技能巩固知识。

在教学创新性上，教师一改之前以讲授为主的教学方式，将课堂时间还给学生，以小组合作探究为课堂主体，通过启发式答疑，引导学生思考。在之后的教学中，教师可尝试通过雨课堂软件等收集学生反馈，及时调整课堂进度。

在教学高阶性上，本课重在培养学生提高思辨性，通过模拟灾难场景，将居安思危、防微杜渐的理念融入学生的职业生涯规划，培养学生形成主人翁意识，加强参与家庭、社会、国家应灾应急的使命感，为实现中华民族伟大复兴的中国梦贡献力量。为进一步体现本课教学内核的高阶性，在之后的教学实践中，教师可进一步丰富教学手段，创新教学模式，使教学各环节更加紧凑。

在教学挑战度上，本课对于学生理论知识要求的门槛较低。来自不同专业的学生通过交流决策，可以创造更多的观点和想法，以任务导向决策，实现自身从"做什么"到"做得好"的转变，对教师教学和学生学习均具有一定挑战性。在之后的教学实践中，教师应该思考如何实现学生在课堂上进行任务决策的普遍均衡性。

### （四）逃生演练

逃生演练

#### 1. 教学目标

**知识目标**：帮助学生掌握灾难现场自救与互救的行动准则，熟悉灾难现场管理方法，熟练应用检伤分类与现场急救技术。

**技能目标**：让学生在熟悉灾难现场管理方法的基础上，应用检伤分类与现场急救技术，在灾难现场实施自救与互救，实现从管理能力、专业技术到人文素养的综合应用。

**思政目标**：帮助学生将所学的管理方法、专业技能及人文素养融会贯通，综合应用于解决灾难现场的实际问题，最大程度地发挥防灾、应灾、减灾、备灾的社会价值。

### 2. 学情分析

本课程面向全校本科生开设，以各学院一二年级本科生为主。通过前面的学习，学生对识别灾难、现场应对灾难（检伤分类和急救措施）、应灾备灾等积累了一定的理论基础，但仍旧缺乏实践。因此，教师在本课应重点引导学生综合应用此前所学的各个知识点，以"知识回顾—情景模拟—实景演练—沉浸式体验—讨论总结—能力提升"这一闭环式教学设计，结合融入信息技术的体验式、游戏化、自主探究式的教学方法，通过模拟安全、真实、可重复的灾难环境，实现学生在"高仿真—实时互动"场景下从专业知识整合到现场实际应用、从灾难管理理论知识巩固到现场决策、从人文关怀到舆情管理等各个方面能力的培养，引导学生运用批判性思维认识自身在知识储备和实际应用能力方面的局限性。

### 3. 教学重难点与应对措施

（1）**教学重点**：灾难现场管理的重要性、检伤分类及现场急救技术在灾难医学救援中的重要意义、灾难现场突发情况处置的应变力、舆论信息掌控的重要性

应对措施：

整合教学方式，通过"高仿真—实时互动"的灾难情景模拟、沉浸式体验、理论知识实践应用、课堂测验等方式，帮助学生主动逐步建构灾难现场救援的知识框架，引导学生将碎片化知识整合应用于实践，解决相关实际问题。

（2）**教学难点**：让非医学专业的学生克服心理障碍，在"高仿真—实时互动"的场景下进行准确的伤情评估并合理使用检伤方法、精准实施急救技术

应对措施：

复现真实场景。在本课开始时，先进行知识回顾，并对救援人员、伤员扮演者进行充分的培训，配合妆造，力求逼真；接着借助"高仿真—实时互动"的灾难演练教室，重现灾难发生时的真实场景，帮助学生克服心理障碍。

### 4. 教学计划

| 教学环节 | 教学内容 | 教学方法 | 计划用时（分钟） |
|---|---|---|---|
| 课前准备 | 将学生分成伤员组与救援队组，为课堂上开展实战演练做准备。 | 将学生分成伤员组（20人左右）与救援队组（7~8人），对伤员组成员进行特效化妆，使用"问卷星"软件测试伤员对自我伤情的判断。 | |
| 课程导入 | 导入，引出本课知识点。 | 带领学生回顾相关知识，如灾难现场自救与互救的行动准则、检伤分类与现场急救的方法、灾难现场舆情管理等，为后续开展综合实战演练做好理论准备。 | 10 |
| 综合实战演练 | 伤员与救援队培训 | ①培训伤员，对各伤员情况进行解读，使各伤员熟悉自己的伤情特点，能够自我判断病情变化以备评价救援队的检伤分类是否正确，急救措施是否及时、得当。<br>②培训救援队队员，使之明确救援演练规则、流程，同时熟悉目前救援队人员、物资情况。 | 11 |
| 综合实战演练 | 以任务为驱动的"高仿真—实时互动"模拟演练 | ①要求伤员根据时间进程准确演绎病情变化；每位教师负责跟踪观察1~2名救援队员的行为（或定点观察一个区域内的4名伤员被救治的情况），从检伤分类、急救技术、人文关怀、灾害现场管理能力等评价救援队队员表现。<br>②增设灾难场景（化学品燃烧产生大量白色气体），观察救援队队员及伤员的应急措施。 | 50 |

| 教学环节 | 教学内容 | 教学方法 | 计划用时（分钟） |
|---|---|---|---|
| 综合实战演练 | 组织灾难救援新闻发布会 | 要求救援队召开新闻发布会，对灾难类型、程度，伤员人数、伤情评估及处理结果等整体情况及救援队自身情况进行介绍，正向引导舆论，发动资源进一步跟进救援。具体环节如下：①救援队信息汇总。②救援队信息发布。③回答记者、群众提问。 | 34 |
| | 组织伤员、救援队队员展开讨论并做总结发言 | ①请救援队代表分享本次救援中的得与失。②请2~3名伤员分享感受。③请课程导师对本次演练做总结发言。 | 22 |
| 课堂总结 | 梳理整合知识，加强记忆。 | 引导学生梳理知识点，如灾情分析、团队协作、人文关怀、现场控制、检伤分类、急救技术等，帮助学生记忆。 | 5 |
| 布置课后作业 | 课后作业：完成课后测试、在线评教及追踪评价。 | 布置课后作业，明确完成时间。 | 3 |

### 5. 教学小结

本课为"认识灾难，险中求生"课程的最后一次课，旨在加深学生对之前所学理论知识的理解、掌握和运用。

在教学创新性上，教师引入"高仿真 — 实时互动"的灾难模拟演练、伤情特效化妆、角色扮演与救援队伤员自评互评等教学手段，为学生创建了一个安全、真实、可重复的灾难模拟环境，具有一定的创新性。

在教学高阶性上，本课重在开展生命教育，通过灾难现场的沉浸式体验，培养学生在灾难现场救援时的团队合作精神，同时引导学生认识到科学合理的分工合作能够将整体利益最大化。在实景演练中，引导学生形成灾难面前人人平等，无论伤情如何都要给予关怀的理念，体现出教学内核的高阶性。

在教学挑战度上，本课是对学生前期学习效果的综合检验，通过"知识回顾—情景模拟—实景演练—沉浸式体验—讨论总结—能力提升"的闭环式教学设计，让学生沉浸式巩固前期所学知识，具有一定的挑战性。

然而，在课堂中，教师发现，扮演救援队队员的学生在模拟召开新闻发布会时，体现出缺乏应变能力和基本知识储备的问题，导致发布会效果低于预期。在之后的教学实践中，教师应该加强对救援队队员的培训。

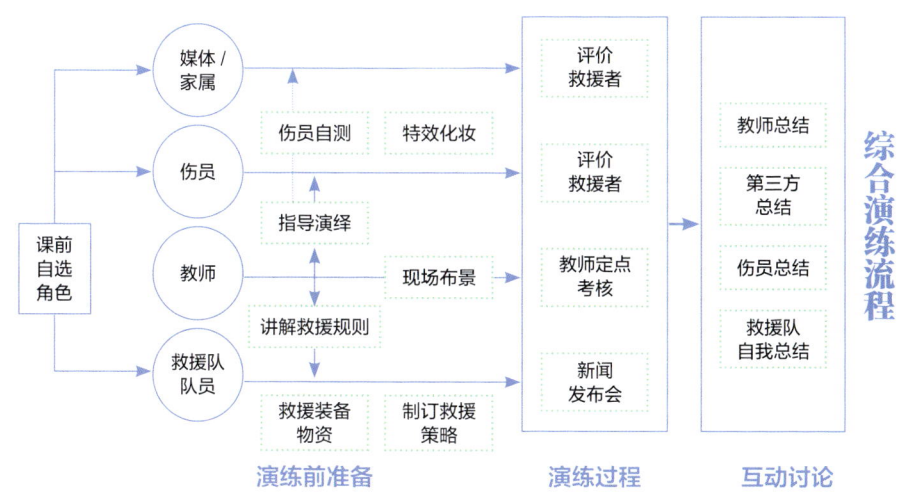

▶ 整体教学路径

▶ 灾难救援现场

▶ 新闻发布会现场

# 物理化学（Ⅰ）-1

# 童冬梅

## 教师简介

童冬梅，副教授、美国华盛顿州立大学访问学者、四川省级一流本科混合式课程"物理化学（Ⅰ）-1"负责人。长年从事"物理化学"理论课程和实验课程教学工作，热爱教育，积极投身教学体系改革创新和课程建设；注重将学科前沿知识引入教学，创新教学内容，拓展知识体系的深度和广度；致力于开展以问题和任务为导向的启发式教学，给予学生实践机会和协作环境，深化以学生为中心的教学改革，重视学生综合应用解决问题等高阶能力培养；将信息技术与教育教学深度融合，积极进行教学方法改革和教学手段创新。曾获得四川省高校青年教师教学竞赛（理科）三等奖、四川大学"探究式—小班化"教学竞赛二等奖、四川大学"五粮春"青年教师优秀教学奖、四川大学十佳青年教师教学奖等教学奖励，并多次获得四川大学课堂教学质量优秀奖。

# 课程信息

### 1. 课程简介

物理化学从单个微粒的微观运动出发，阐述宏观物质体系的物理、化学性质，说明化学反应体系的宏观平衡规律和速率规律，并最终解决科研和生产实践问题。本课程旨在帮助学生系统掌握物理化学的基本理论和方法，从微观分子结构到宏观体系应用等多个层面掌握研究和表达化学反应的基本方法，为学生后续学习及科研和生产实践打下坚实的基础。本课程注重培养学生的质疑精神、创新意识以及分析、应用、解决问题等方面的高阶能力，实现学生综合能力素质的协调发展。

四川大学"物理化学"课程开设已久，始于20世纪40年代。课程依据国家"强基础、重能力、重创新"的人才需求，重塑课程目标，重构教学内容，积极进行课程建设，2003年成为四川大学精品课程，2005年成为四川省精品课程，2015年成为四川省精品资源共享课，2019年成为四川大学"探究式—小班化"示范课程，2020年成为四川大学课程思政榜样课程。为了响应教育现代化和信息化发展需求，"物理化学（Ⅰ）-1"课程于2020年建成四川大学SPOC专有课程，2022年建成四川省级一流本科混合式课程。

### 2. 授课类型：必修课

### 3. 学时：51学时（12个线上学时+39个线下学时）

### 4. 学分：3学分

### 5. 授课对象：化学类专业大学二年级学生

### 6. 课程教材

何玉萼，袁永明，薛英. 物理化学（上册）[M]. 北京：化学工业出版社，2006.

### 7. 参考资料

- 傅献彩，侯文华. 物理化学（上册）[M]. 北京：高等教育出版社，2012.
- 彭笑刚. 物理化学讲义 [M]. 北京：高等教育出版社，2012.
- Atkins P.W. Physical Chemistry [M]. London: Oxford University Press，2017.
- 袁永明，万家义，胡常伟. 物理化学学习指导 [M]. 北京：中国石化出版社，2008.

● 孙德坤，沈文霞，姚天扬，等. 物理化学学习指导[M]. 北京：高等教育出版社，2007.

### 8. 教学目标

本课程基于四川大学"建设具有中国特色、川大风格的世界一流大学"的办学定位，落实化学专业（首批国家级一流本科专业）"具有深厚人文底蕴、扎实专业知识与化学智慧、强烈创新意识、宽广国际视野"的人才培养要求，针对化学类专业大学二年级学生开设。为保持课程体系的高阶性和创新性，提升挑战度，本课程制定了如下目标。

**知识目标**：帮助学生掌握化学系统和变化过程的基本理论、知识架构、研究思路和方法，掌握各种变化过程（物理变化、化学变化）的平衡规律和速率规律，了解物理化学学科研究前沿领域和发展规律。

**能力目标**：让学生能够综合运用所学知识创新性地解决科研和生产实践问题，具备国际视野和前瞻能力。

**素质目标**：培养具备扎实的物理化学理论基础、积极的创新意识、科学的学习方法和思维习惯，以及强烈爱国热情和投身国家重大战略需求使命感的高素质物理化学人才。

### 9. 教学重点及难点

#### （1）教学重点

---

**第一章 热力学第一定律与热化学**

①掌握热力学的重要基本概念，如体系、环境、状态、状态函数、过程、平衡态、热和功、内能等，重点掌握状态函数及其基本的数学特征。

②掌握内能 $U$ 及焓 $H$ 的物理意义，能够熟练地计算理想气体恒温、恒压、恒容以及绝热等各种过程的 $\Delta U$、$\Delta H$、$Q$ 和 $W$。掌握体积功的准确定义，能够熟练计算各种过程的体积功 $W$。掌握相变化过程 $\Delta U$、$\Delta H$、$Q$、$W$ 的计算。

③掌握标准摩尔生成焓、标准摩尔燃烧焓的定义，能够熟练地用 $\Delta_f H_m^\ominus(B)$、$\Delta_c H_m^\ominus(B)$、$\Delta_b H_m^\ominus(B)$、摩尔热容等数据和基尔霍夫定律计算反应的标准摩尔反应焓 $\Delta_r H_m^\ominus$。

## 第二章 热力学第二定律

①了解自发过程的共同特征、可逆和不可逆过程的概念和热力学第二定律的两种表述。

②了解由卡诺循环、卡诺定理及推论，可逆及不可逆循环（过程）热温商总和引出熵函数的思路。重点掌握熵变的定义、克劳修斯不等式、熵增原理以及用熵判据作为过程自发进行方向和限度判据的严格条件。掌握过程熵变计算的原则和可逆过程的设计，能够熟练地计算简单状态变化过程、相变化过程的 $\Delta S$。了解热力学第三定律，掌握物质标准熵的定义及化学变化过程 $\Delta_r S_m^\ominus$ 的计算方法。

③掌握亥姆霍兹函数 $A$、吉布斯函数 $G$ 的定义，重点掌握 $\Delta G$ 作为过程自发方向判据的严格条件，能够熟练地计算简单状态变化过程、相变化过程和化学变化过程的 $\Delta G$。

④掌握热力函数之间的关系及应用。

⑤逐步掌握热力学方法——状态函数法的特点及应用。

## 第三章 统计热力学基础

①了解统计热力学方法和热力学方法的异同及相互关系。

②了解玻尔兹曼统计的适用范围及玻尔兹曼统计的物理意义。

③掌握配分函数的物理意义和性质，熟练掌握配分函数与热力学函数之间的关系，分清定位粒子体系与非定位粒子体系的不同。

④掌握各种运动形式配分函数的计算公式，重点掌握双原子分子平动、转动、振动配分函数的计算公式，并能够计算各种运动形式对理想气体热力学函数 $U$、$H$、$G$、$S$、$A$、$C_V$ 的贡献。

## 第四章 多组分体系热力学

①熟练掌握多组分体系组成的各种表示方法及相互换算。

②掌握拉乌尔定律、亨利定律及其适用条件。

③掌握偏摩尔量和化学势的定义，多组分体系的基本热力学关系式。

④重点掌握气体、溶液（包括理想液体混合物、理想稀溶液、非理想溶液）中各组分的化学势的表示方法、标准态的概念及其规定。

⑤掌握理想液体混合物的定义及理想液体混合物的通性。

⑥掌握用化学势处理平衡问题的一般步骤，稀溶液依数性公式的热力学推导方法以及应用。

⑦掌握逸度、活度的准确定义，掌握气体逸度的计算方法及用蒸气压法、凝固点降低及吉布斯—杜亥姆方程求算非理想溶液中各组分活度、活度系数的方法。

### 第五章 相平衡

①掌握相、组分、自由度的概念，了解相律的推导过程，能够熟练地应用相律分析多相体系平衡的相变化规律。

②了解克拉佩龙方程和克劳修斯—克拉佩龙方程的推导过程，能够熟练计算单组分体系两相平衡的 $p$、$T$ 关系。

③重点掌握二组分气—液、固—液平衡体系的各种典型相图，包括相图中点、线、面的物理意义，相图的绘制方法及相图分析，并能够根据相图设计蒸馏、结晶、溶解等分离提纯操作工艺。

④掌握杠杆规则，能够用此规则进行平衡共存相数量的计算。

### 第六章 化学平衡

①了解 $\Delta_r G^\ominus_m$ 的物理意义。掌握用 $\Delta_r G^\ominus_m$（或用 $K_a$ 与 $Q_a$ 比较）判别化学反应在指定条件下自发进行方向及平衡的条件。

②掌握标准平衡常数的热力学定义式 $\Delta_r G^\ominus_m = -RT \ln K^\ominus$ 及热力学意义。

③掌握理想气体反应 $K^\ominus$、$K_p$、$K_c$、$K_x$ 等之间的关系，并能够熟练进行相互换算。

④熟练掌握平衡常数的各种计算方法，包括由基本的热力学数据和标准摩尔生成吉布斯函数计算各类反应的平衡常数。

⑤掌握各种因素对化学平衡影响：包括温度、总压、浓度、惰性气体等对平衡的影响。重点掌握温度的影响。

⑥了解处理同时平衡的一般原则。

## （2）教学难点

### 第一章 热力学第一定律与热化学

①状态函数的数学特征。

②各种典型过程的关键特征，及其中各热力学函数变量计算式的区别。

③化学反应热效应的计算方法。

## 第二章　热力学第二定律

①热力学第二定律的应用，熵判据和吉布斯函数判据作为过程自发进行方向和限度判据的严格应用条件。

②各种典型过程的关键特征及过程中 $\Delta S$、$\Delta G$ 的计算。

③热力函数之间的关系及应用，状态函数法的特点及应用。

## 第三章　统计热力学基础

①玻尔兹曼统计的适用范围及玻兹曼统计的物理意义。

②配分函数的物理意义和性质，配分函数与热力学函数的关系。定位粒子体系与非定位粒子体系的异同。

③各种运动形式配分函数的计算公式及其对理想气体各热力学函数的贡献。

## 第四章　多组分体系热力学

①偏摩尔量和化学势的定义、关联和区别。

②气体、溶液（包括理想液体混合物、理想稀溶液、非理想溶液）中各组分的化学势的表示方法，标准态的概念及选择。

③化学势处理平衡问题的一般步骤，稀溶液依数性公式的热力学推导以及应用。

④逸度、活度的准确定义，不同体系计算逸度、活度的方法。

## 第五章　相平衡

①应用相律分析多相平衡体系的相变化规律。

②克拉佩龙方程和克劳修斯—克拉佩龙方程的推导及应用。

③二组分体系各种典型相图中点、线、面的物理意义，相图的绘制方法及相图分析，利用相图设计分离提纯操作工艺。

## 第六章　化学平衡

① $\Delta_r G_m$ 与 $\Delta_r G^{\ominus}_m$ 的物理意义和应用区别。

②各类反应的标准平衡常数与经验平衡常数的区别与联系、平衡常数的计算方法。

③各种因素对化学平衡的影响。

## 10. 教学计划

| 讲次 | 学时 | 教学内容（要点） | | 教学形式 |
|---|---|---|---|---|
| 1 | 3 | 绪论 | 1. 物理化学及其主要任务<br>2. 物理化学的研究方法<br>3. 物理化学的形成与发展<br>4. 物理化学的学习方法 | 线下课堂<br><br>（利用慕课堂小程序、问卷星、课件幻灯片等工具开展教学） |
| | | 第一章<br>热力学<br>第一定律与<br>热化学 | 1.1 基本概念<br>1.2 热力学第一定律 | |
| 2 | 3 | 第一章<br>热力学<br>第一定律与<br>热化学 | 1.3 热容量、关于热的计算<br>1.4 热力学第一定律对理想气体的应用<br>1.5 实际气体<br>1.6 相变化过程<br>1.7 化学反应的热效应——热化学 | 线下课堂<br><br>（利用慕课堂小程序、问卷星、课件幻灯片等工具开展教学） |
| 3 | 3 | 第一章<br>热力学<br>第一定律与<br>热化学 | 1.8 反应焓的计算<br>1.9 反应焓和温度的关系——基尔霍夫定律<br>1.10 非等温反应——绝热反应 | 线下课堂<br><br>（利用慕课堂小程序、问卷星、课件幻灯片等工具开展教学） |
| | | 第二章<br>热力学第二<br>定律 | 2.1 热力学第二定律<br>2.2 卡诺循环与卡诺定理<br>2.3 熵函数 | |
| 4 | 3 | 第二章<br>热力学第二<br>定律 | 2.4 熵变的计算<br>2.5 热力学第三定律、化学反应的熵变<br>2.6 亥姆霍兹函数和吉布斯函数 | 线上课堂<br><br>[利用爱课程（中国大学MOOC）、问卷星等工具开展教学] |

| 讲次 | 学时 | 教学内容（要点） | | 教学形式 |
|---|---|---|---|---|
| 5 | 3 | 复习 | 开展翻转课堂，复习总结第二章的知识要点。 | 线下课堂<br><br>（利用慕课堂小程序、问卷星、课件幻灯片等工具开展教学） |
| | | 第二章<br>热力学第二定律 | 2.7 封闭体系的热力学关系式 | |
| 6 | 3 | 第三章<br>统计热力学基础 | 3.1 一些基本概念和数学准备 | 线下课堂<br><br>（利用慕课堂小程序、问卷星、课件幻灯片等工具开展教学） |
| 7 | 3 | 第三章<br>统计热力学基础 | 3.2 波尔兹曼分布定律<br>3.3 粒子配分函数 | 线上课堂<br><br>[利用爱课程（中国大学MOOC）、问卷星等工具开展教学] |
| 8 | 3（线下课堂） | 复习 | 开展翻转课堂，归纳总结第三章知识。 | 线下课堂＋线上课堂<br><br>[利用爱课程（中国大学MOOC）、问卷星等工具开展教学] |
| | | 第三章<br>统计热力学基础 | 3.4 配分函数的计算及其对热力学函数的贡献 | |
| | 1（线上课堂） | 课后自主学习 | 3.5 晶体热容理论<br>3.6 热力学定律的统计解释 | |

| 讲次 | 学时 | 教学内容（要点） | | 教学形式 |
|---|---|---|---|---|
| 9 | 3 | 复习 | 开展翻转课堂，归纳总结第三章知识。 | 线下课堂<br><br>（利用慕课堂小程序、问卷星、课件幻灯片等工具开展教学） |
| | | 第四章<br>多组分体系热力学 | 4.1 混合物和溶液<br>4.2 多组分体系组成的表示法 | |
| 10 | 3（线下课堂） | 第四章<br>多组分体系热力学 | 4.3 多组分体系中物质的偏摩尔量和化学势 | 线下课堂 +<br>线上课堂<br><br>[利用爱课程（中国大学MOOC）、问卷星等工具开展教学] |
| | 1(线上课堂） | 课后自主学习 | 4.4 对比状态和压缩因子图<br>4.5 气体的化学势 | |
| 11 | 3 | 第四章<br>多组分体系热力学 | 4.6 理想稀溶液<br>4.7 杜安—马居尔方程的应用<br>4.8 非理想溶液—活度 | 线上课堂<br><br>[利用爱课程（中国大学MOOC）、问卷星等工具开展教学] |
| 12 | 3 | 复习 | 开展翻转课堂，归纳总结第四章知识。 | 线下课堂<br><br>（利用慕课堂小程序、问卷星、课件幻灯片等工具开展教学） |
| | | 第五章<br>相平衡 | 5.1 相、组分、自由度的概念<br>5.2 相律<br>5.3 单组分体系的相平衡 | |

物理化学（I）-1

| 讲次 | 学时 | 教学内容（要点） | | 教学形式 |
|---|---|---|---|---|
| 13 | 3 | 第五章 相平衡 | 5.4 完全互溶二组分体系的气—液平衡<br>5.5 二组分部分互溶和完全不互溶的双液体系 | 线下课堂<br>（利用慕课堂小程序、问卷星、课件幻灯片等工具开展教学） |
| 14 | 3 | 第五章 相平衡 | 5.6 二组分体系固—液平衡体系（凝聚体系） | 线下课堂<br>（利用慕课堂小程序、问卷星、课件幻灯片等工具开展教学） |
| 15 | 3（线下课堂） | 第六章 化学平衡 | 6.1 化学反应的方向和限度<br>6.2 平衡常数的表达式<br>6.3 标准平衡常数的热力学计算 | 线下课堂＋线上课堂<br>[利用爱课程（中国大学MOOC）、问卷星等工具开展教学] |
| | 1（线上课堂） | 课后自主学习 | 6.4 平衡常数的实验测定及平衡组成的计算<br>6.5 平衡常数的统计热力学计算 | |
| 16 | 3 | 复习 | 开展翻转课堂，复习总结第六章知识。 | 线下课堂<br>（利用慕课堂小程序、问卷星、课件幻灯片等工具开展教学） |
| | | 第六章 化学平衡 | 6.6 各种因素对化学平衡的影响<br>6.7 同时平衡 | |

179

# 教案展示
## （第五章"相平衡"）

相平衡

### （一）课程教学设计方案

| 节次 | | 第12次课 | 学时 | 3 |
|---|---|---|---|---|
| 教学内容 | 复习 | 开展翻转课堂，归纳总结第四章知识。 | | |
| | 第五章 相平衡 | 5.1 相、组分、自由度的概念<br>5.2 相律<br>5.3 单组分体系的相平衡 | | |
| 教学目标 | | 认知目标：<br>①让学生掌握线上课程相关知识。<br>②让学生掌握相、组分、自由度的概念。<br>③让学生了解相律的推导过程，熟练应用相律分析多相平衡体系的相变化规律。<br>④让学生掌握单组分体系水的相图，了解克拉佩龙方程和克拉佩龙—克劳修斯方程的推导过程，能够熟练计算单组分体系两相平衡的 $p$、$T$ 关系。 | | |
| | | 技能目标：<br>①让学生掌握不同体系选择标准态的基本准则。<br>②让学生掌握相平衡过程的基本规律，掌握探索多相平衡体系的基本数学方法。<br>③能够使用通用数学方法建立前后知识点的关联。 | | |
| | | 情感目标：<br>①认识描述物质状态所选参考标准的相对性与物质状态本身的绝对性的辩证思想。<br>②深刻理解数学为物理、化学等自然学科提供语言和描述框架的作用，发现同一套数学语言可以用来解释不同的自然现象，扎实的数学基础帮助人类深入认识自然。 | | |

| 节次 | | 第 12 次课 | 学时 | 3 |
|---|---|---|---|---|
| 课前准备 | \multicolumn{4}{l\|}{要求学生在课前完成以下学习任务,做好准备。<br>①完成中国大学 MOOC 平台上本课程第四章第六节至第八节的学习,自学对应教材和课件(已上传至 QQ 群文件)内容。<br>②完成【第四章 线上学习检测 2022(理想稀溶液、杜亥姆—马居尔公式、非理想溶液—活度)】。<br>③完成【本章线下作业】第 9、13、17、18、22、23、25、33、35 题,上交纸质版作业。<br>④完成【THINK, PAIR, SHARE】,在上课之前以小组为单位提交至问卷星。} | | | |
| 教学重点与难点 | \multicolumn{4}{l\|}{教学重点:<br>①理想稀溶液中溶剂和溶质的化学势的表达式及标准态的选择。<br>②稀溶液的依数性、活度和活度系数的定义及实验测定方法。<br>③水的相图和单组分体系的两相平衡所遵循的基本规律。<br>教学难点:<br>①理解溶质不同标准态的物理意义。<br>②不同溶质化学势表达式的异同。<br>③克拉佩龙方程和克劳修斯—克拉佩龙方程应用条件的差异。} | | | |
| 教学工具 | \multicolumn{4}{l\|}{智慧教室、智能手机、中国大学 MOOC 平台、QQ 群、问卷星、哔哩哔哩网站(B 站)等。} | | | |
| 教学手段 | \multicolumn{4}{l\|}{课前:通过 QQ 群分享课件,通过中国大学 MOOC 平台发布课前学习公告和课前预习视频。<br>课中:以多媒体课件为教学载体,借助问卷星进行学情问卷调查和小组讨论任务提交,通过"慕课堂"小程序进行课堂签到、课堂互动、课堂任务发布,通过"Kahoot!"软件开展课堂游戏,提升学生的学习兴趣。<br>课后:借助问卷星、中国大学 MOOC 平台等工具提交课后作业和小组讨论结果,在慕课堂小程序发布课后学习公告。} | | | |

## （二）教学过程

| 教学环节 | 教学内容 | 时间（分钟） | 学习目标与要求 | 学习成果 |
|---|---|---|---|---|
| 复习 | 抽选 1-2 名学生归纳复习 | 4 | 引导学生复习巩固前期所学知识点。 | 帮助学生建立起了知识逻辑树。 |
| 本课知识讲解 | 小组讨论：理想液体混合物的通性。 | 10 | 鼓励学生积极思考，通过交流分享，拓展思路。 | 激发了学生主动学习、勇于分享的意识。 |
| 本课知识讲解 | 翻转课堂：回顾线上课堂所学知识，总结线上学习要点。 | 12 | 帮助学生掌握理想稀溶液中各组分的化学势的表达式、标准态的规定，用化学势处理平衡问题的一般步骤，稀溶液依数性公式的推导方法以及应用，杜安—马居尔公式的应用，活度的定义，用蒸气压法、凝固点降低及 G-D 公式求算活度、活度系数的方法等。 | 帮助学生形成认识描述物质状态所选参考标准的相对性与物质状态本身的绝对性的辩证思想。 |
| 本课知识讲解 | 总结第四章知识点。 | 2 | | |
| 本课知识讲解 | 巩固练习，强化凝固点降低公式的应用。 | 12 | | |

| 教学环节 | 教学内容 | 时间（分钟） | 学习目标与要求 | 学习成果 |
|---|---|---|---|---|
| | 借助问卷星开展期中学习情况调查。 | 3 | 了解学生的困惑和需求，及时调整教学方法。 | 建立起了有效教学反馈机制。 |
| 本课知识讲解 | 第五章课程导入：以电影《冰雪奇缘》主题音乐竞猜游戏和视频"美丽化学——气体"引出多相平衡概念。 | 8 | 帮助学生掌握相、独立组分数、自由度的概念以及单组分体系水的相图；了解相律的推导过程；能够熟练地应用相律分析多相平衡体系的相变化规律。 | 学生通过此环节的学习，深刻认识到了数学在帮助人类深入认识自然基本思想上所起到的作用。 |
| | 5.1 相、组分、自由度的概念<br>以引导式提问引出独立组分数的概念，并以实例讲解化学物种数与独立组分数的区别。<br>抽问学生，让其解释上述区别。<br>介绍自由度的概念。 | 16 | | |
| | 巩固练习：【慕课堂练习1】强化独立组分数的计算。 | 4 | | |
| | 5.2 相律<br>讲解多相平衡的热力学条件，导出吉布斯相律。 | 10 | | |
| | 巩固练习：【慕课堂练习2】强化相律的应用。 | 3 | | |

| 教学环节 | 教学内容 | 时间（分钟） | 学习目标与要求 | 学习成果 |
|---|---|---|---|---|
| 本课知识讲解 | 5.3 单组分体系的相平衡<br>①水的相图。<br>②单组分体系的两相平衡。 | 12 | 了解克拉佩龙方程和克拉佩龙—克劳修斯方程的推导过程，熟练应用克劳修斯—克拉伯龙方程计算单组分体系两相平衡的 $p$、$T$ 关系。 | 帮助学生用通用数学方法建立起了前后知识点关联的深层逻辑。 |
| | | 16 | | |
| | 巩固练习：【课堂动脑思考】强化克拉佩龙—克劳修斯方程的应用条件、【慕课堂讨论1】巩固强化克劳修斯—克拉伯龙方程涉及计算及单组分体系相图的绘制。 | 14 | | |
| | 课外拓展：新型过冷液体材料、"蒸发发动机"——让蒸发变为动力。 | 6 | 以有趣的科研前沿激发学生学习兴趣和热情。 | 激励学生生发了对专业的热爱之情。（课程思政） |
| 总结 | ①课堂总结、释疑。<br>②布置作业。<br>③布置下次课预习内容。 | 3 | 梳理课程重难点。 | 让学生及时进行了知识内化，巩固知识要点。 |

物理化学（Ⅰ）-1

**教学内容**
教案上传将默认上传到教案库中。

10.课堂实录PPT-2.pptx

添加教案

**教学活动**
为保证签到及点名任务的时效性，仅支持小程序创建签到及点名，不支持后台创建，以下活动建议按预计发布时间顺序创建。
- 当课堂上课中需要让学生参与及完成对应知识点的任务时，可使用练习巩固教学效果。
- 当上课中需要收集学生反馈时，可使用问卷收集。
- 对于本次课下课后的课后作业或复习内容，及下次上课前学生需要预习或感知的教学目标，可通过公告形式告知学生。

慕课堂讨论

添加练习　　添加问卷　　添加公告　　添加讨论

---

中国大学MOOC（慕课）

4/8

单选题　2分

298 K、p$\ominus$下，将浓度均为1 mol·dm^-3 萘的苯溶液50 mL溶液（μ1）与100 mL溶液（μ2）混合，混合液的化学势μ（　）。

A. μ = μ1 = μ2
88%　46人

B. μ = μ1 + μ2
2%　1人

C. μ = μ1 + 2μ2
8%　4人

D. μ = 2μ1 + μ2
0%　0人

参考答案：
正确答案：A　正确率：88.5%

---

中国大学MOOC（慕课）

5/8

多选题　3分

由A及B二种液体组成理想溶液，A、B的饱和蒸气压分别为p*(A)、p*(B)，x为液相组成，y为气相组成，若p*(A) > p*(B)，则（　）。

A. x(B) > y(B)
85%　44人

B. x(A) < y(A)
85%　44人

C. x(A) > x(B)
12%　6人

D. x(A) > y(A)
10%　5人

参考答案：
正确答案：A、B　正确率：75.0%

▶ 利用中国大学MOOC平台掌握学生自测情况

▶ 课堂讲授

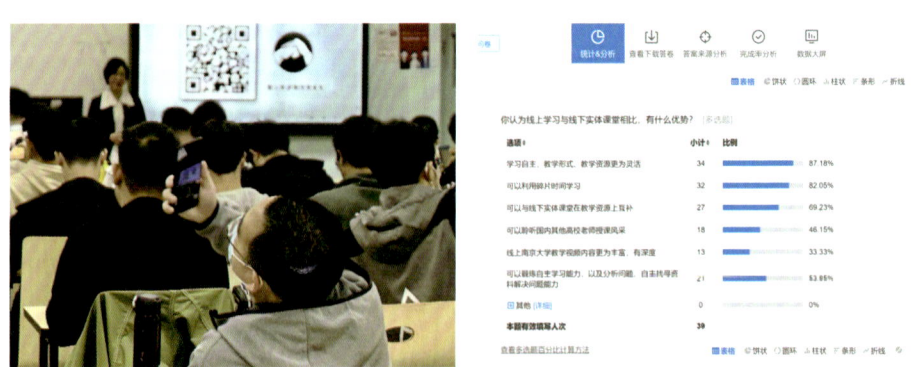

▶ 获取学生反馈

# 教学小结

"物理化学"研究的是化学体系和变化过程的物理基础，它不仅是一门基础学科，更是一门关系国家重大发展方向的应用性学科。随着现代化学的高速发展，教师在教学过程中普遍存在教学内容与学科前沿脱节的问题。"物理化学"课程学习难度大，教学时间有限，导致了学生综合、分析、解决问题等高阶能力培养需求与课程难度大、学时有限的现状之间的矛盾。此外，"物理化学"课程偏重于专业知识教育，课程思政环节相对薄弱。

为解决上述问题，本课程教学团队创新性地进行了课程体系设计，形成了在线学习时空、课堂学习时空、教学模型指导相结合的"三位一体"混合式课程体系，通过线上线下资源互补，分级施教，精准教学。

### （1）在线学习时空

本课程以国家线上一流课程"物理化学（上）"（南京大学）为基础，依据本校人才培养需求，重构面向校内学生的 SPOC 平台，以 QQ 群、问卷星、B 站等多平台互补在线资源，构建了视频库、课件库、题库三大资源库，为学生课前、课后的自主学习和自我检测提供支撑。

### （2）课堂学习时空

本课程以教学幻灯片为基础，分级施教，精准教学。针对基础知识，采用慕课堂小程序发送个人练习和讨论题的方式了解学生的掌握程度，依据学生回答的正确率评讲重难点，提升课堂效率；针对综合应用性问题，积极为学生创设协作和实践环境，通过小组讨论激发思维碰撞，以问卷星辅助学生分享，提升其学业成就感。此外，本课程还借助"Kahoot！"软件开展调查游戏，活跃课堂氛围，创新知识内化方式。

### （3）教学模型指导

本课程以任务驱动模型开展教学，为学生设置了个人练习讨论、小组讨论分享等多级学习任务，在强烈问题动机驱动下，促使学生进行自主探索和协作学习，建构探究、思考、运用和解决的学习体系。抓好课前、课中、课后全过程教学引导，实时交流反馈，实现"任务驱动、教师主导、学生主体"的教学过程。

本课程教学团队同时进行了教学方法上的改革与创新，具体如下。

任务驱动模式指导教学：本课程设置了多级任务，给予学生实践机会，培养学生形成自主探索意识，训练其提高综合应用协作创新等高阶能力。

多元化互动教学方法实现全过程精准指导：本课程综合运用了多种互动教学方法，其中问题式教学可以让学生紧张起来，给予学生独立思考的空间，激活其思维。小组合作教学可以让学生的思想火花得以碰撞，训练协作创新能力和表达能力，提升学业成就感。探究式教学可以将学科前沿引入教学，引导学生查阅文献、积极思考，帮助学生提高英文阅读能力，拓展国际视野。翻转课堂可以拓展学习时空，增强学生自主探索和综合应用能力。

专业课有机融入课程思政：本课程作为"四川大学课程思政榜样课程"，通过案例教学融入社会主义核心价值观，激发学生的爱国热情，引领学生投身国家战略需求的价值塑造。

为了对学生的学习效果进行科学评价，本课程教学团队建立了全过程评价与总结性评价结合的考核体系。课程成绩由全过程考核（30分）、半期考试（20分）和期末考试（50分）组成。其中全过程考核从线上、线下两个层面，从作业完成度、参与度、活跃贡献度三个维度，从知识掌握、能力发展两个水平对学生进行全面综合评价，实践了知识与能力并重的教学理念，提升了学生的参与度和学业挑战度，有利于培养高素质化学人才。

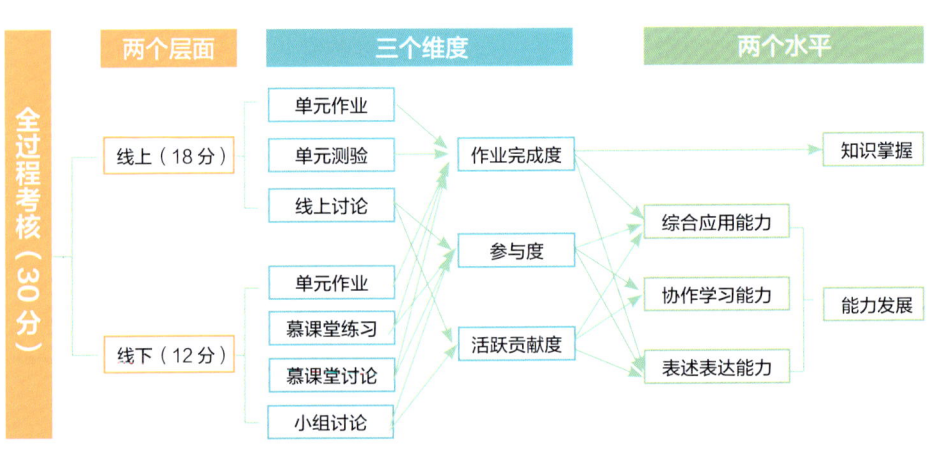

▶ "物理化学（Ⅰ）-1"全过程考核示意图

通过多轮混合式教学实践,学生普遍认为本课程的学习资源丰富,学习压力不大。其中,课程考核方式和课堂互动对他们帮助很大,小组讨论则帮助他们激发了学习兴趣,碰撞了思维,翻转课堂、互动教学帮他们实现了主动学习和知识拓展,锻炼了他们的表达能力。

在今后的教学实践中,本课程教学团队会进一步丰富教学资源,深化课程体系改革,探索现代信息技术背景下的教学新模式,切实提高化学人才的培养质量。

# 遗传学

## 教学团队简介

四川大学"遗传学"课程开设已久,建设成效突出,于 2000 年和 2002 年两次入选国家理科基地创建名牌课程项目,于 2005 年入选四川省精品课程,于 2013 年入选四川省精品资源共享课,于 2017 年入选四川省精品在线开放课程,于 2020 年入选国家一流本科课程线下一流课程,于 2022 年入选四川省课程思政示范课程。

本课程教学团队目前由 7 位教师组成:王海燕、赵云、宋旭、周颂东、刘志斌、赵永云、谭雪梅。上述教师均获得博士学位,包括教授 3 人、副教授 3 人、讲师 1 人。共开设 6 个平行教学班。课程负责人王海燕教授主讲"遗传学"课程 20 多年,曾获国家教学成果二等奖、四川大学教学成果一等奖、四川大学卓越教学奖三等奖等多项教学奖励。

# 课程信息

### 1. 课程简介

遗传学是生命科学领域的一门核心学科，主要研究遗传物质的结构与功能以及遗传信息的传递与表达。遗传学研究成果不仅对探索生命本质、推动整个生物科学发展起着巨大的作用，也影响着社会生产生活的各个层面，与人类生存和健康有着紧密的联系，处处体现了"源于实践、造福人类"的特质。鉴于遗传学在生命科学中所处的重要地位，"遗传学"课程已被列为生命科学及相关专业的主干基础课程之一。

"遗传学"课程既要介绍遗传学的基本概念、基本理论、基本规律，又要紧跟国内外研究前沿及发展动态，从基因入手探讨基因表达对生物体发育建成及其行为的决定性影响；既要突出遗传学在生命科学中的核心地位，又要重视与相关学科的内在联系；既要体现遗传学与自然及人类社会发展的密切联系，也要体现遗传学中蕴含的辩证唯物主义思想内涵与人文精神。

### 2. 授课类型：必修课

### 3. 学时：48 学时

### 4. 学分：3 学分

### 5. 授课对象：生命科学及相关专业本科生

### 6. 课程教材：

- 刘祖洞，吴燕华，乔守怡，等. 遗传学[M]. 第 4 版. 北京：高等教育出版社，2021.
- 戴灼华，王亚馥，等. 遗传学[M]. 第 3 版. 北京：高等教育出版社，2016.

### 7. 参考资料

- Leland H. Hartwell, Michael L. Goldberg, Janice A. Fischer, Leroy Hood. Genetics: From Genes to Genomes[M]. 6th edition. New York：McGraw-Hill Education, 2017.
- Anthony J.F. Griffiths, John Doebley, Catherine Peichel, David A. Wassarman. An introduction to Genetic Analysis[M]. 12th edition. San Francisco: W. H. Freeman & Company, 2020.

- D. Peter Snustad, Michael J. Simmons. Principles of Genetics[M]. 7th edition. New Jersey: John Wiley & Sons Inc. 2015.
- William S. Klug, Michael R. Cummings, Charlotte A. Spencer, Michael A. Palladino，Darrell Killian.Concepts of Genetics[M]. 12th edition.San Francisco: Pearson,2019.
- Benjamin A Pierce. Genetics: A Conceptual Approach [M]. 7th edition. New York：W. H. Freeman and Company，2019.
- Jocelyn E. Krebs, Elliott S. Goldstein，Stephen T. Kilpatrick. Lewin's GENES XII[M].12th edition.Burlington：Jones & Bartlett Learning，2017.
- 贺竹梅. 现代遗传学教程 [M]. 第 3 版 . 北京：高等教育出版社，2017.

### 8. 教学目的及教学要求

#### （1）教学目的

在知识层面，帮助学生掌握遗传学的基本概念、基本原理和基本分析方法，了解遗传学的发展趋势；在能力层面，引导学生形成对遗传学、生命科学乃至相关社会问题的独立思考和判断能力，具有运用遗传学知识及技能解决生物科学及生物技术实践中实际问题的能力；在素质层面，培养学生掌握辩证唯物主义的世界观和方法论，以及认知世界探索未知的科学视角、思维方式与研究方法，遵守学术道德和科学伦理；在价值层面，培养学生形成敢于探索、勇于创新的科学精神，树立敬畏自然、热爱生命、尊重生命的健康意识，增强学生的民族自豪感以及对人类社会发展的责任感和使命感。

#### （2）教学要求

首先，本课程要求学生对遗传物质的本质、遗传物质的传递、遗传物质的变异以及遗传信息的表达与调控有一个较为全面和深入的认识和了解，为进一步学习有关专业课程和遗传学的各分支学科奠定较好的基础。其次，希望学生通过本课程学习，形成遗传学的科学思维方式及解决复杂问题的综合能力，并在此基础上发展自己对遗传学、生命科学及客观世界的独立认识。

### 9. 教学重点及难点

#### （1）教学重点

基于"知识、能力、成长"三位一体的课程目标，"遗传学"课程教学要解决的重点问题是在传授专业知识的基础上,如何利用遗传学思想与方法,调动学生的思维积极性,培养学生剖析问题的眼光、解决复杂问题的能力、科学素养和创新精神,进而帮助学生成长。

(2)教学难点

本课程的教学难点是在课程内容的组织及教学活动中,如何将辩证唯物主义立场、观点和方法贯穿于教学实践,对学生进行逻辑思维、系统思维、批判思维的训练,培养其树立辩证唯物主义的世界观,以及正确的遗传学观、生物学观,最终构建正确的世界观和人生观。

### 10. 教学计划

| 章节 | 计划学时 | 教学内容 |
| --- | --- | --- |
| 绪论 | 3 | (1) 遗传学的基本概念<br>(2) 遗传学的研究内容<br>(3) 遗传学的分支学科<br>(4) 遗传学的发展历史<br>(5) 遗传学的应用<br>(6) 课程的要求及考核方式 |
| 第一章 孟德尔遗传学及孟德尔定律的延伸 | 3 | (1) 孟德尔的实验材料、方法及单因子和双因子杂交<br>(2) 遗传研究中的统计分析方法<br>(3) 人类孟德尔遗传<br>(4) 孟德尔定律的延伸 |

| 章节 | 计划学时 | 教学内容 |
| --- | --- | --- |
| 第二章 连锁分析与染色体作图 | 6 | 第一节 伴性遗传<br>(1) 性染色体与常染色体<br>(2) 伴性遗传<br>(3) 限性遗传与从性遗传<br>(4) 剂量补偿效应<br>第二节 连锁与交换<br>(1) 连锁现象的发现<br>(2) 连锁<br>(3) 交换<br>(4) 重组<br>第三节 染色体作图<br>(1) 两点测交<br>(2) 三点测交<br>(3) 干涉与并发系数<br>第四节 顺序四分子分析<br>(1) 粗糙脉胞菌<br>(2) 顺序四分子分析<br>(3) 非顺序四分子分析<br>第五节 同源重组的分子机制<br>(1) 双链断裂模型<br>(2) 单链断裂模型<br>(3) 基因转变 |
| 第三章 细菌和噬菌体遗传学 | 4 | 第一节 细菌的遗传学分析与作图<br>(1) 细菌的接合与中断杂交作图<br>(2) 细菌的转化与转化作图<br>(3) 细菌的转导与转导作图<br>(4) 细菌基因组测序及比较基因组分析<br>(5) 细菌耐药性的产生、传播及防治<br>第二节 噬菌体的遗传分析<br>(1) 噬菌体突变型<br>(2) 噬菌体的重组作图<br>(3) 互补实验与噬菌体 T4 rII 基因结构分析<br>(4) 噬菌体 T4 rII 的缺失突变与作图 |

| 章节 | 计划学时 | 教学内容 |
|---|---|---|
| 第四章 遗传物质的变异及修复机制 | 5 | 第一节 染色体结构变异<br>(1) 染色体结构变异的检测方法<br>(2) 缺失的细胞及遗传学效应<br>(3) 重复的细胞及遗传学效应<br>(4) 倒位的细胞及遗传学效应<br>(5) 易位的细胞及遗传学效应<br>第二节 染色体数目的变异<br>(1) 整倍体<br>(2) 非整倍体<br>第三节 基因突变<br>(1) 基因突变的类型<br>(2) 突变的特点<br>(3) 突变的分子基础<br>(4) 定点诱变<br>第四节 DNA 的修复机制（自学）<br>(1) 错配修复<br>(2) 突变的回复修复<br>(3) 碱基和核苷酸的切除修复<br>(4) 双链断裂的修复<br>(5) SOS 修复系统 |
| 第五章 动态基因组 | 3 | 第一节 细菌的转座因子<br>(1) IS 序列<br>(2) 复合转座子<br>(3) 非复合转座子<br>(4) 转座机制<br>第二节 真核生物的转座因子<br>(1) 玉米的 Ac/Ds 转座系统<br>(2) 果蝇的 P 因子<br>(3) 逆转录病毒与逆转座子<br>第三节 转座的遗传学效应<br>(1) 转座因子是真核基因组的重要结构组分<br>(2) 影响基因及基因组<br>(3) 进化为新基因 |

| 章节 | 计划学时 | 教学内容 |
|---|---|---|
| 第六章 核外遗传 | 3 | 第一节 细胞器遗传<br>(1) 叶绿体 DNA 及叶绿体遗传<br>(2) 线粒体 DNA 及线粒体遗传<br>(3) 线粒体与人类疾病、衰老<br>第二节 母性影响<br>(1) 欧洲麦蛾幼虫色素的遗传<br>(2) 椎实螺外壳螺旋的遗传控制<br>(3) 果蝇胚胎发育中的母性影响<br>第三节 植物细胞质雄性不育 |
| 第七章 基因工程原理 | 3 | 第一节 重组 DNA 分子的构建<br>(1) 限制性内切酶及重要工具酶<br>(2) 构建重组 DNA 分子<br>第二节 DNA 文库<br>(1) 基因组文库<br>(2)cDNA 文库<br>第三节 目的 DNA 的分离<br>(1) 利用功能互补进行筛选<br>(2) 利用探针进行筛选<br>(3) 利用 PCR 克隆基因<br>(4) 定位克隆<br>第四节 基因功能研究 |

| 章节 | 计划学时 | 教学内容 |
|---|---|---|
| 第八章 基因组学 | 3 | 第一节 真核生物基因组组成<br>(1) C 值悖理与进化的复杂性<br>(2) 人类基因组组成<br>第二节 结构基因组学<br>(1) 全基因组测序策略<br>(2) 人类基因组作图<br>(3) 基因组序列的解读<br>第三节 功能基因组学<br>(1) 基因功能预测<br>(2) 基因表达分析<br>(3) 突变分析 |
| 第九章 基因表达调控及表观遗传学 | 3 | 第一节 原核生物基因表达调控<br>(1) 乳糖操纵子及色氨酸操纵子<br>(2) 非编码 RNA 的调节<br>第二节 真核生物基因表达调控<br>(1) 染色质结构的变化<br>(2) 转录起始的控制<br>(3) RNA 加工及降解的控制<br>(4) 非编码 RNA 的调节<br>(5) 翻译的调节<br>第三节 表观遗传学<br>(1) 表观遗传的方式及特点<br>(2) 表观遗传与行为<br>(3) 表观遗传变化与环境<br>(4) 表观遗传与癌症 |

| 章节 | 计划学时 | 教学内容 |
|---|---|---|
| 第十章 发育遗传学 | 3 | 第一节 果蝇的胚胎发育<br>(1) 果蝇胚胎发育概况<br>(2) 母体效应基因与合子基因相互作用决定最初的躯体规划<br>(3) 母体效应基因<br>(4) 合子基因决定体节形成<br>(5) 同源异型基因<br>第二节 拟南芥花发育的 ABC 模型<br>第三节 B 细胞发育及 DNA 重排（可选） |
| 第十一章 数量性状的遗传 | 3 | 第一节 数量性状的特征及多基因假说<br>(1) 相关概念<br>(2) 数量性状与质量性状的区别<br>(3) 数量性状的多基因假说<br>第二节 数量性状遗传分析的基本方法<br>第三节 遗传力的分析方法<br>第四节 数量性状基因座 |

| 章节 | 计划学时 | 教学内容 |
|---|---|---|
| 第十二章 群体遗传与进化 | 3 | 第一节 Hardy-Weinberg 定律<br>(1) 基因型频率与基因频率<br>(2) Hardy-Weinberg 定律<br>(3) Hardy-Weinberg 平衡的检测<br>(4) 利用 Hardy-Weinberg 定律计算群体中杂合体的基因型频率<br>第二节 改变群体基因频率的因素<br>(1) 自然选择是进化的潜在动力<br>(2) 突变是新基因产生的源泉，但对改变基因频率影响甚微<br>(3) 迁移使不同群体的基因频率趋于一致<br>(4) 遗传漂变是基因频率的随机改变，对于小群体特别有效<br>(5) 非随机交配改变基因型频率，但不改变基因频率<br>(6) 人类的行为如何影响病原菌和作物害虫的进化<br>第三节 分子进化<br>(1) 地球上生命的起源<br>(2) 生命的进化<br>(3) 基因组的进化<br>(4) 分子种系发生树<br>第四节 现代人类的起源与进化 |

## 11. 教学设计理念

### （1）专题研讨课的设计理念

研讨式教学是在教师的指导下，以学生为主体来进行研究、讨论的一种综合式教学活动，具有探究性、互动性、灵活性、自主性等特点，可以充分发挥学生的主观能动性，在探究和讨论过程中培养学生兴趣，达到拓展知识、培养能力的目的。

遗传学是阐述生物遗传和变异规律的学科，主要研究内容为基因的功能及其变异、传递和表达规律，涉及生命最本质的决定因素。遗传学也是生命科学研究领域发展最快的学科。随着遗传学研究成果的不断丰富和更新，许多值得研讨的主题纷纷出现。教师可以在课堂教学中围绕教学内容的某一主题，设计专题研讨课，开展研讨式教学，培养学生养成主动学习的习惯，提高学生的思考表达能力与交流沟通能力。研讨式教学的方式是灵活多样的，可以是在课前先抛出一个主题，引导学生围绕主题查询、阅读资料，了解研究前沿，拓展相关专业知识，然后开展课堂讨论；也可以是在课堂讲授中实时提出某个讨论主题，让学生临场发挥，迅速整合所学知识，分析思考相关问题并阐述自己的观点；还可以是留下开放式问题，让学生以课程论文或课堂辩论的形式完成解答。研讨式教学可以很好地调动学生的积极性，帮助学生加深对课堂知识的理解，让学生在思考开放性问题的过程中得到新的收获。

研讨式教学的选题是影响教学效果的重要因素。教师在确定研讨主题时，首先应考虑主题与课程内容的关联性，以学生的兴趣为出发点，结合学科前沿领域的焦点话题，从多角度引导和激发学生的探究热情与兴趣。设置的开放性问题在类型上要做到多角度化，尽可能兼顾争议性、假说性和综合性，答案不应局限于一种情况，以便吸引更多的学生参与讨论，从而活跃学生思维，提高学生多角度思考问题的能力。

专题研讨是师生共同进行的知识探索行为，因此，教师在设置开放性问题时要注意做到由易到难、由浅入深，引导学生循序渐进地思考问题。在讨论中，教师要有意识地帮助学生掌握辩证唯物主义的思想、观点和方法，引导学生科学地思考问题。例如，在第二章"连锁分析与染色体作图"的教学环节，设置的研讨主题是"孟德尔遇到连锁现象了吗？"，要求学生课前阅读文献，在课堂上对孟德尔的研究结论进行推测。在结束讨论后，教师进一步延伸，让学生思考如何对待实验数据的例外，如何评价别人的数据以及如何进行数据分析，等等。通过这一系列层层递进的问题及讨论，引导学生辩证、系统地看待科学及社会问题，逐步学习到科学的认识论、实践论和世界观，在信息爆炸时代明辨是非、去伪存真，树立正确的生命观和人生观。

在"遗传学"课程的教学中设计研讨式教学活动，通过层层递进的问题，引导学生参与讨论，可以集中学生注意力，让其跟随节奏参与讨论，从而培养创新思维，提高口头表达的能力。在教学过程中，教师需要注意鼓励学生参与课堂讨论，充分表达自己的观点，避免打断学生；要针对学生的发言，适时进行启发引导；要充分肯定学生的发言，总结其中的亮点，通过眼神、点头等鼓励学生参与讨论。

（2）贯穿式教学案例的设计理念

"遗传学"课程的教学内容涵盖了经典孟德尔遗传分析、分子遗传学、发育遗传学、数量遗传学、群体遗传学、基因组学等，每章介绍遗传学的一个分支学科，每个分支学科都有各自的研究对象、研究方法及经典案例，内容上相对独立。如何将各章节内容有机整合起来，共同体现本课程的整体性和连贯性，是教师在进行教学设计时需要重点考虑的。基因作为遗传信息的基本单位，是遗传学研究的核心，基因的发现、克隆及功能研究贯穿了从经典遗传学到现代分子遗传学研究的整个过程。因此，教师可以以基因为主线，选择一些在不同章节都能涉及的代表性案例，讲解遗传规律，探讨基因对生物体发育建成及其行为的决定性作用。这样既能展示本课程的整体性、连贯性和学术深度，又能帮助学生抓住主线，建立起由浅入深、由表及里的连贯思维。例如，可以将小鼠毛色遗传的案例贯穿于经典杂交分析、基因互作、基因表达调控、表观遗传、群体遗传等知识点的讲解中，帮助学生获得系统的遗传分析能力。

再如，番茄果重数量性状基因研究涉及经典的杂交实验、分子标记连锁图绘制、数量性状 QTL 分析、基因工程、基因组学等多个方面，是一个完整的定位和克隆 QTL 并深入到基因克隆及功能研究的成功案例，完美地体现了由浅入深、由表及里的遗传学研究过程，体现了遗传学研究的系统性和前沿性。教师可将该研究应用于数量性状遗传学章节的教学中，通过对这一经典科学实验过程的完整再现，使学生对数量性状的特点、研究方法、QTL 定位与克隆等问题产生清晰而直观的感受，弥补多数教科书中这一章节概念繁多、方法抽象、案例枯燥的不足。此外，借助这一案例，可以同时对其他章节中相关的理论与方法进行归纳总结，帮助学生回顾和思考遗传多样性、孟德尔遗传、器官发育与基因表达调控、系统进化、基因工程及基因组研究等相关知识，使学生对遗传学知识体系有一个系统的认知，从整体上把握遗传学的内容及发展方向。

# 教案展示

## （一）绪论

绪论

### 1. 教学目的

"遗传学"是一门存在已久而又发展持续迅猛的生物学分支学科，与社会发展、人类生活密切相关。作为本课程的开篇，本课以"遗传学，造福人类"为主题，主要通过大量生动有趣、贴近生活的案例，介绍遗传学是如何影响改变我们的生活、引领生命科学的发展的，能激发学生对本课程的学习兴趣以及探索遗传奥秘的热情，感受生命的美好，热爱生命，尊重生命。

### 2. 教学内容

本课的教学内容主要包括遗传学的基本概念、遗传学的研究内容、遗传学的分支学科、遗传学的发展历史及遗传学的应用。

### 3. 授课方式及学时

本课采用课堂讲授的方式，预计使用 3 个学时。

### 4. 课堂教学

（1）课程导入

本课以全家福照片为引，通过让学生思考家庭成员外貌异同的原因，导入绪论部分的知识点。以 Pax6 基因为例，说明基因作为遗传学核心研究对象的重要意义，突出基因在决定生物性状、表型中的作用。

（2）课堂讲授

本堂课的课堂讲授部分，主要分为以下板块。

遗传学的分支学科：遗传学从不同层面研究遗传信息的组成、表达、传递、变异等，研究对象丰富多样，因此衍生出了多个分支学科。大多数分支学科的研究内容在后续章节都有涉及，这里不做特别的介绍，仅单独介绍以下两个分支学科：一个是行为遗传学，主要研究基因对生物行为的影响以及在行为形成过程中遗传和环境之间相互作用的规律。关于这个分支学科，虽然后面的章节没有单独提及，但由于和我们生活密切相关，因此通过两个案例进行了特别讲解，一是蜜蜂的洁巢行为，二是 *Fru* 基因与雄性果蝇的求偶行为。另一个分支学科是光遗传学（Optogenetics）。该学科涉及近几年迅速发展的一项整合了光学、软件控制、基因操作技术、电生理等多学科的生物工程技术，通过遗传工程与光操控神经细胞的活性，为神经科学提供了革命性的研究手段，还可能在将来发展出一系列中枢神经系统疾病的新疗法。本课主要通过一个最新的临床实验——光遗传学可以让盲人重新"看见"，鼓励学生在相关领域进行探索。

遗传学的发展历史：简单梳理从史前时期动植物驯化中的人工选择到当今，特别是 19 世纪初遗传学知识萌芽开始以后，遗传学发展过程中的代表性研究，重点介绍遗传学发展中几个里程碑式的阶段——达尔文时期、孟德尔时期、分子遗传学时期和基因组时期。

遗传学的应用：介绍遗传学在农业、医学等方面的应用与成就，重点突出遗传病与人类健康的主题，提出"人类所有的疾病是否都与 DNA 有关""癌症是否也是一种遗传病"等问题，供学生讨论。

当今遗传学研究案例介绍：基于学生对遗传学研究的理解大多局限于中学及前期课程中学习的以经典杂交实验为代表的内容，本课中教师选择了几个在研究策略和研究方法上有代表性，同时又有趣味性的遗传学研究新案例，展示当今遗传学家如何开展遗传学研究，揭示遗传学在回答有关生命的关键问题方面的价值，体现遗传学知识在解决社会问题上的作用，向学生传递一个重要信息——遗传学不仅深刻地改变了我们对生命的理解，也是一个处于动态发展阶段的"年轻"领域，在这个领域开展研究，应该大有可为。

案例 1 讲述了人们从一种未知疾病入手，找到导致疾病的基因并开发相应治疗药物的完整历程，体现了经典遗传学和现代基因组学的完美整合对遗传病基因的鉴定及功能研究的促进作用。

案例 2 题为"如何让水稻更耐水淹？"。该案例介绍了水稻育种从经典杂交育种到精准育种转变的精彩过程，这一转变的关键是找到水稻的耐水淹基因。重要基因的发现及功能鉴定使育种学家能够通过分子标记辅助选育或者借助转基因手段有针对性地将有用基因从一种作物品种转移到其他品种，提高产量及品质，造福更多的人。

案例 3 题为"近期人类的进化"。该案例介绍了进化遗传学者利用基因组学研究人们如何适应高海拔环境的事例，让人们明白有益的基因变异是如何在种群中增加频率，并使种群中的个体更好地适应他们所生活的环境的。

案例4题为"如何创造无刺的鱼?"。这是华中农业大学高泽霞教授研究团队的最新成果,是一个有趣且贴近生活的研究案例。该案例介绍了科学家如何通过反向遗传学方法找到控制鱼刺形成的基因并利用基因编辑技术创造无刺鱼,展现了基因功能研究的重要意义以及新技术的应用在动植物品种改良方面的巨大潜力。

通过上述案例的介绍,提出重要观点:只有从基因入手,才能真正理解生命科学。

（3）总结与思考

根据真人真事改编的电影《叫我第一名》叙述的是患有妥瑞氏综合征的男孩在校长的关怀下努力实现成为教师的梦想并克服病症的故事。在总结与思考环节播放该电影的某个片段,不仅是让学生了解这种遗传病,更重要的是向他们传达一个理念:关爱弱势人群是每一个健全人的基本素质。

## （二）细菌耐药性的产生、传播及防治

细菌耐药性的产生、
传播及防治

### 1. 教学目的

在学习了"细菌及噬菌体的遗传分析"后,采用专题讨论课的形式,引导学生整合所学的遗传学知识,系统分析并讨论细菌耐药性这一问题,教师适时补充相关背景知识、最新研究进展及国家政策法规。通过组织讨论和加强引导,强化学生对相关知识点的理解,让他们认识到人类的行为是如何导致细菌耐药性快速进化的,了解国家对控制抗生素滥用的政策法规,明白控制细菌耐药性人人有责。

### 2. 授课方式及学时

本课为专题讨论课,预计使用 1～1.5 个学时。

### 3. 课前准备

教师在上一次课结束前布置本次课要讨论的问题,要求学生提前思考相关问题,查询资料。

问题1:为什么会出现抗药性细菌?

问题2:细菌抗药的分子机制是什么?

问题3：敏感细菌如何快速获得抗药性？

问题4：细菌如何变成多药抗性？

问题5：耐药性细菌为什么能快速变为优势群体？

问题6：采取什么措施对待超级耐药菌？

#### 4. 课堂教学流程

**(1) 课程导入**

首先回顾上节课学习过的关于细菌耐药性严重性的现状，然后导入本课将要逐一讨论的问题。

**(2) 课堂讲授**

引导学生利用所学知识逐一讨论上述问题，适时补充相关背景知识、最新研究进展以及国家法规政策。

针对"为什么会出现抗药性细菌？"这一问题，学生都能认识到细菌对于抗生素的抗性突变是一个自发的过程，抗生素的使用将抗性细菌选择了出来。教师可以引导学生从另一个角度思考"如果没有人类的抗生素滥用，超级细菌还会不会出现？"，并向学生介绍一篇于2022年发表在《自然》杂志上的研究论文《甲氧西林耐药性的出现早于抗生素的临床应用》(*Emergence of methicillin resistance predates the clinical use of antibiotics*)。该论文指出，在抗生素未被发现和使用时，在刺猬身上已经出现了超级细菌。刺猬皮肤上同时携带着真菌和细菌，真菌分泌抗生素来杀死细菌，细菌则进化出了抗生素耐药性。由此看来，超级细菌的出现也可能是一个自然进化的生物过程。从不同角度思考同一个问题，可以让学生认识到，当我们认识这个世界的时候，不应该限于一隅，更不应该有思维定式，只有纵览整个系统，才能客观全面地认识世界。

针对"细菌抗药的分子机制是什么？"这一问题，教师结合学生的发言，以细菌的青霉素抗性为例，补充细菌产生抗药性的多种途径，让学生认识到抗药性的多样性和复杂性，学会辩证、系统、全面地看待问题。

针对"敏感细菌如何快速获得抗药性？"这一问题，教师可通过一篇2019年发表于《科学》杂志上的研究论文《多药外排泵在质粒转移获得耐药性中的作用》(*Role of AcrAB-TolC multidrug efflux pump in drug-resistance acquisition by plasmid transfer*)补充介绍最新的科学发现，不仅能让学生直观地"看"到抗性基因的转移过程，更能引导学生跟随研究者去追踪科学发现的原始过程。通过这样一篇文献的解读,让学生了解到相关领域的最新进展,感受科学研究在问题猜想、理论推测和实验论证中展现出的魅力,接受潜移默化的科学思维及方法熏陶。

针对"耐药性细菌为什么能快速变为优势群体?"这一问题,教师可通过强调人类的行为(如不正确使用抗生素、畜禽养殖业滥用抗生素)是如何导致细菌耐药性的快速进化的,突出控制细菌耐药性人人有责的主题。

针对"采取什么措施对待超级耐药菌?"这一问题,教师可重点介绍国家控制抗生素滥用的政策法规,突出我国政府对生物安全相关问题的重视。

(3) 总结与思考

讨论结束后,教师总结本次课程的相关内容,结合噬菌体治疗的案例,提出两个供学生课后思考的问题"噬菌体治疗有效的原因?""噬菌体疗法的问题及局限性是什么?",促进学生课后学习,学会辩证、客观地认识问题。

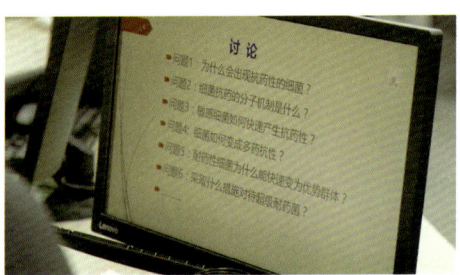

▶ 专题讨论课现场

## （三）番茄果实重量数量性状基因座（QTL）的定位与克隆

番茄果实重量数量性状基因座（QTL）的定位与克隆

### 1. 教学目的

数量遗传学主要研究个体间呈现连续变异的性状，数量性状在生物全部性状中占有很大的比重，动植物的许多极为重要的经济性状（如作物产量、生育期、籽粒重、奶牛泌乳量、棉花纤维长度等）都是数量性状。本课堂围绕数量性状的特征及与质量性状的区别、数量性状多基因假说、数量性状遗传分析的基本方法、遗传力的分析方法以及数量性状基因座等方面进行讲授。

数量性状基因座作图是本课教学的重点和难点，基因定位与克隆以及基因功能研究也是整个遗传学研究的核心内容。番茄果实重量数量性状基因座研究案例完美地展现了遗传学研究从表型入手到定位决定表型的基因座到最后克隆基因揭示基因功能的完整过程。通过这个案例可使学生对抽象的数量性状基因座研究产生清晰而直观的感受，并对前面章节所讲的遗传学知识体系有一个系统的回顾与总结，从而了解经典遗传学对于基因的定位及克隆研究的整体策略。

### 2. 授课方式及学时

本课采用课堂讲授方式，预计使用1个学时。

### 3. 课堂教学流程

教师首先对什么是数量性状、数量性状与质量性状的区别、数量性状的研究方法等进行介绍，最后通过番茄果实重量数量性状基因座（QTL）研究介绍数量性状基因座作图及基因功能研究。

（1）课程导入

介绍什么是数量性状基因座（QTL）及其作图的基本原理。

（2）课堂讲授

从"为什么番茄是遗传分析的好材料"这一问题入手，系统介绍番茄果实重量数量性状基因座的作图及精确定位、基因克隆及基因功能研究的完整过程。

### (3) 总结与思考

总结本课知识点，引导学生思考上述案例尚未解答的问题。例如，QTL 存在的问题在哪里？其研究难点在哪里？QTL 的普遍性和局限性是什么？果实重量定位还需要哪些补充研究？基因组研究对于 QTL 的帮助是什么？等等。通过这些问题使学生的科研和思维能力得到锻炼和提高。

# 教学小结

本课程教学团队经过多年探索与实践，在"遗传学"课程教学内容的组织及教案课件的设计上注重体现"教学内容与学科前沿紧密结合、与生命科学其他学科发展紧密结合、与社会生活密切结合、与学科发展的典型案例密切结合"的教学理念，在教学活动中强调以辩证唯物主义为指导的遗传学逻辑思维、系统思维及批判思维的熏陶和训练，使学生通过课程学习不仅掌握遗传学知识，而且能形成一种遗传学的科学思维方式，能够进行独立思考与判断，对学生在其他课程的学习甚至人生成长等方面产生积极影响。

# 科学进步与技术革命

罗懋康（本课程负责人），四川大学数学学院教授，国家重大人才计划入选者、国家杰出青年基金获得者、国家百千万人才工程第一二层次人选。现任国务院学科评议组成员、中国数学会副理事长、国际模糊系统协会副主席、四川国家应用数学中心主任。主持国家自然科学基金重大项目、国家国防科技重大项目等20余项。

——罗懋康

# 肖先勇

## 教学团队简介

肖先勇,四川大学电气工程学院教授、院长,宝钢优秀教师奖获得者,电气工程学科和电气工程及其自动化国家级一流专业负责人。从事能源电力系统领域研究,出版国家级规划教材等专(译)著、教材7种,发表学术论文近300篇,承担科研项目100余项,获科技类奖项10余项,授权专利50余项,起草国家、行业标准多项。担任《IEEE 电力传输汇刊》(*IEEE Transactions on Power Delivery*)、《电网技术》等期刊编委。

张彬,四川大学电子信息学院教授,博士生导师,物理电子学专业学科带头人,教育部新世纪优秀人才支持计划入选者。曾获得"作出突出贡献的四川省博士学位获得者"和四川省"三八红旗手"等荣誉称号。长期从事激光物理与技术、激光传输与控制、太赫兹技术及应用等方面研究,先后荣获国家及省部级科研奖励多项,发表SCI论文100余篇。

张彬

# 王海燕

王海燕，四川大学生命科学学院教授，长期为本科生讲授"遗传学""基因工程"等课程，负责的"遗传学"课程于2020年获批国家级线下一流本科课程。曾获国家级教学成果二等奖、四川省科学技术进步奖一等奖、四川大学教学成果一等奖、四川大学第八届卓越教学奖三等奖、四川大学优秀教学奖一等奖等多项荣誉。

梁中和，四川大学哲学系教授、西方古典哲学研究所所长，四川省哲学学会秘书长，国际新柏拉图主义学会中国分会长，四川大学通识教育专家小组成员，全国优秀博士论文奖获得者，四川省"天府万人计划"社科菁英人才。现任法国科学研究院"丕平研究中心"外籍合作研究员、都柏林大学圣三一学院"柏拉图传统研究中心"海外研究员、清华大学道德与宗教研究院特聘研究员。

——梁中和

# 赵德威

赵德威，四川大学材料科学与工程学院教授，博士生导师，四川省学术和技术带头人。2011年获新加坡南洋理工大学博士学位，长期从事薄膜光电材料与器件的研究。入选国家青年人才引进计划、四川省青年人才引进计划，被评为四川省杰出青年科技人才。参与讲授"太阳电池原理与设计"等课程。

——罗阳

罗阳，四川大学机械工程学院教授，教育部机械基础课程教学指导分委员会委员，四川省精品在线开放课程"机械制造基础"负责人。1997年至2019年连续6届获得四川省优秀教学成果奖，其中2010年作为项目负责人获四川省优秀教学成果一等奖。2019年和2023年两次获得国家级教学成果奖，2013年获得教育部国家科学技术进步一等奖。

唐庆粦，四川大学数学学院教授，博士生导师，国家重要人才计划入选者。2013年获新加坡国立大学博士学位，师从国际著名数值专家包维柱教授。曾先后在维也纳大学、洛林大学等海外知名院校从事博士后研究，主要研究方向为量子物理学中的数学模型的计算方法及理论分析，已在国内外知名期刊上发表多篇论文。

## 唐庆粦

季袁冬，硕士生导师，教育部"全国万名优秀创新创业导师"入选者，四川省首批一流本科课程负责人，四川大学空天科学与工程学院党总支副书记兼副院长。主要研究方向为飞行器动力学与控制，无人集群智能感知、决策与控制。主持国家重点项目子课题、国家自然科学基金等纵横向项目10余项；指导学生参加中国国际飞行器设计挑战赛、中国研究生未来飞行器创新大赛等重大赛事并获国家级、省部级奖励10余项。

——季袁冬

# 李涛

李涛，博士，四川大学华西药学院副教授，长期从事中医药现代技术和方法的研究与应用。主持教育部国家级一流本科课程、教育部首批国家级精品在线开放课程、四川大学通识教育核心课程、四川省一流本科课程、四川省精品在线开放课程和精品资源共享课程建设。荣获四川大学"五粮春"优秀青年教师奖、唐立新教学名师奖、课程建设突出贡献奖、十佳师德奖、四川大学教学成果奖等荣誉。

张霄，四川大学数学学院副教授，硕士生导师，首批国家级一流本科课程"高等代数-2"，主要参与人，主要研究方向为量子物理中的数学方法、图像及信号处理，在领域内重要期刊发表论文多篇。主持相关项目5项，其中2项为国家级项目。

张霄 ——

# 周加贝

周加贝，副教授，专注于信息化教学技术的应用研究以及大班授课与小班研讨相结合的教学模式探索。曾获得第二十五届全国教师教育教学信息化交流活动典型作品奖、第二届全国高校混合式教学设计创新大赛一等奖、四川省教学创新大赛二等奖等荣誉。主持四川省教改项目 2 项，主持建设国家级线上线下混合式一流课程 1 门（排名第 2）、四川省线上线下混合式一流课程 1 门（排名第 1）、线上一流课程 1 门（排名第 1）。作为团队成员获国家级教学成果二等奖、四川省教学成果一等奖。教学成果得到《光明日报》、新华社等媒体的报道，并在校内外主讲课程改革经验分享讲座 160 余场。

　　王烨，四川大学化学工程学院副教授，硕士生导师，四川省学术和技术带头人后备人选。2015年毕业于日本东京大学，长期坚持以绿色环保发展和建设新能源新材料美丽世界为教学和科研理念，主要从事高温功能材料利用、新能源太阳能级多晶硅精炼、废弃物循环利用回收等领域的研究，发表高水平论文40余篇，发明专利5项，获项目经费近500万。

——王烨

——赵辉

    赵辉，博士，四川大学网络空间安全学院副教授，美国匹兹堡大学访问学者。研究方向为信息和网络安全。负责"程序设计基础""操作系统"和四川大学核心通识课"碳基到硅基：信息技术和文明再造"等的教学工作。获四川大学首届"探究式—小班化"教学比赛一等奖（工科组）及省部级科技进步一等奖（3次）。

# 赖莉

赖莉，博士，四川大学数学学院副研究员，硕士生导师。主要研究方向包括信号处理、随机动力系统及人工智能。主持和参与多项国家级科研项目，在 Communications in Nonlinear Science and Numerical Simulation 等国内外期刊发表论文 10 余篇，参编专著 1 部。从教以来一直承担本科生公共基础课程"微积分"的教学任务，主持和参与教改项目多项，发表教改论文多篇，多次获得四川大学本科教学质量优秀奖。

邓科,四川大学数学学院副教授,四川国家应用数学中心管理办公室主任,先后承担国家自然科学基金重大项目2项、国家国防科技重大项目多项。

——邓科

卢红雁,四川大学建筑与环境学院环境科学与工程系讲师,德国萨尔州立大学循环经济方向博士。主讲"中外低碳经济实践""气候变化与碳中和""可持续商业"和"批判性思维"等4门全英文课程。获四川大学"五粮春"优秀青年教师奖、第三届西浦全国大学教学创新大赛二等奖(排名第一)等。热爱并从事大学生通识教育20余年,荣获四川省生态环境厅等多部门联合授予的四川省"绿色先锋"称号。

——卢红雁

# 课程信息

### 1. 课程简介

"沿科技与自然、社会的互动,凸显科技本质;以思维、思想与科技的互激,透视科技内涵。"

本课程通过对科技发展与自然、社会相互作用过程的源流、脉络的了解和把握,浮显科技发现和创造的内在逻辑和基本途径,启发和培养相应思维方式和思想方法的意识和能力,形成创新引领的延展视野和战略思维。

### 2. 授课类型:必修课
### 3. 学时:32 学时
### 4. 学分:2 学分
### 5. 授课对象:全校本科生
### 6. 本课程的设置背景

四川大学新时代通识教育体系以"一个目标、两条主线、两门先导课程、五大模块课程群、百门核心课"为主体,其中"两大先导课程"包含已开设的文学与新闻学院曹顺庆教授领衔的"中华文化(文史哲艺)",数学学院罗懋康教授担任课程首席负责人,整合校内外优质教学资源,组建跨学科教学团队,新打造的"科学进步与技术革命"。基于上述背景,本课程得以设置。

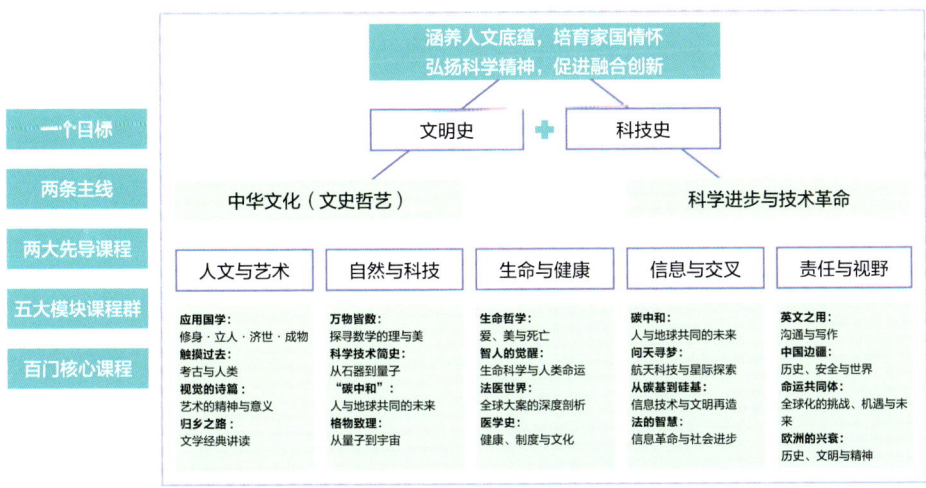

▶ 新时代川大特色通识教育新体系

### 7. 课程教材：
自编教材（拟于 2024 年在四川大学出版社正式出版）

### 8. 课程目标
具体来说，本课程的目标包括以下四点。

①以通识先导课程"科学进步与技术革命"为研究样本，探索和完善具有川大特色的创造性思维培养路径。进一步明确课程目标和要求，形成更加完善的课程体系，包括匹配的教案和教学资源。

②基于创造性思维与分析性思维培养的教学目标，在实践中整合线上线下混合式教学手段和信息化教学互动工具。通过增强师生互动和生生互动以及及时反馈，探索适用于跨领域思维的启发方式，并由此摸索出一种跨学科教师团队的组织形式和跨专业学生的教学方法，实现每年约 9000 生次的教学。

③在课程实践过程中，找到适用于各专业学生创造性思维培养的思路。摸索以学科特点为对象的教学策略，在未来实现学科交叉与融合，促进学生思维能力的全面提升。同时，与学校的拔尖人才培养计划形成协同合力，助力拔尖人才培养。

④建立有效的学生思维能力评估体系。采用多种方式和多个维度对学生的思维能力进行评估，并将评估结果反馈到培养路径和教学方法中，为加强培养路径和改进教学方法提供依据，形成螺旋式上升的闭环。

### 9. 教学重点及难点

随着人工智能程序如 ChatGPT 等的大量涌现，高校对大学生创造性思维等的培养有了更迫切的需求。人工智能程序具有完善的知识库和较高的经验概括能力，完成总结和陈述类工作的能力可能远超普通大学生。但由于其工作模式以知识的外延为主，缺乏基于内涵的创新能力。因此，培养学生的创造性思维，显得尤为重要。在此背景下，可总结出以下 4 个教学重点及难点。

①如何在双一流高校中探索创造性思维培养的路径？

②如何选择和实践符合创造性思维培养路径的教学方法？

③如何将各学科全体学生思维发展的广度与部分优秀学生思维提升的深度与厚度有机结合起来？

④如何有效评估学生的思维提升，并与培养路径和教学方法相互激励，形成协同闭环？

## 10. 教学计划

| 课程 | | 教学内容 |
| --- | --- | --- |
| 第一讲 | 导论 | 为了与这个世界的交互——科学技术的"究何"（What）"为何"（Why）与"如何"（How） |
| 第二讲 | 统览 | 由感知导向认知，由体能转为物能——古代科技追溯 |
| 第三讲 | 统览 | 由顺知导向逆知，由质能凝为智能——现代科技概观 |
| 第四讲 | 专题 | 物形程量何所寓——数学之于科学和技术 |
| 第五讲 | 专题 | 所寓天工蕴新机——经典物理与机械工程 |
| 第六讲 | 专题 | 分合化成孕万物——现代化学与化学工程 |
| 第七讲 | 专题 | 万物生荣一链系——生命科学与生物技术 |
| 第八讲 | 专题 | 纵横四维恒相对——电磁学：电气工程与电子技术 |
| 第九讲 | 专题 | 相对宏微无巨细——相对论、量子力学：航天、核能、量子技术 |
| 第十讲 | 专题 | 何用珠玑相映照——现代光学与激光技术 |
| 第十一讲 | 专题 | 映照机智两相契——计算机与人工智能 |
| 第十二讲 | 专题 | 八极九霄任扶摇　空气动力学与航空工程 |
| 第十三讲 | 专题 | 扶摇瀑雾渥人境——水利水电与环境工程 |
| 第十四讲 | 专题 | 物性可易有圣手——材料科学与技术 |
| 第十五讲 | 专题 | 圣手仁心暖杏林——现代医学与医药技术 |
| 第十六讲 | 透视 | 沛然于天地人世之演——人类发展中的科技与人文 |

# 教案展示

### 第一讲　导论

导论

#### 1. 教学目标

①宏观目标：通过对本课程进行概述，使学生了解本课程目标、内容总览和运行细则。

②微观目标：从数学逻辑的角度，帮助学生了解科学和技术的关系、人文和科技的贯穿等知识。

#### 2. 教学内容

本课的教学内容主要为以下 3 点。

①本课程目标、内容总览和运行细则介绍。

②科学技术的"究何"（what）"为何"（Why）"如何"（How）。

③中西方思维的对比和优缺点分析。

#### 3. 教学设计理念

本课的教学设计以 BOPPPS 教学设计模式[1]为基础，分为 3 个板块：课堂讲授、线上学习和课程考核。

（1）课堂讲授

①利用雨课堂进行互动。

②教师讲授和学生研讨。

---

1. BOPPPS 是一种教学设计模式，是加拿大教师技能培训机构（Instructional Skills Workshop，ISW）提出的。其中 B 即导言（Bridge-in）、O 即目标（Qutcome），PPP 分别指前测（Pre-test）、参与式学习（Participation）、后测（Post-test），S 即总结（Summary）。

（2）线上学习

①要求学生在规定时间内完成指定的课后作业，如选择题和思维导图等，练习巩固所学知识。

②组织在线讨论。

③提供参考书目，引导学生进行扩展阅读。

（3）课程考核

本板块包括三个内容，分别为讨论、测验和互动。

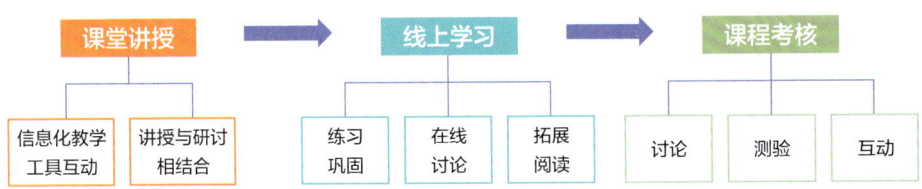

▶ 以 BOPPPS 为基础设计的教学模式

### 4. 教学手段

本课主要采用的教学手段有线上分层教学、混合式教学和启发式探讨式教学。

①通过构建线上分层教学体系，最大化地满足拥有不同基础和学习习惯的学生的学习需求。

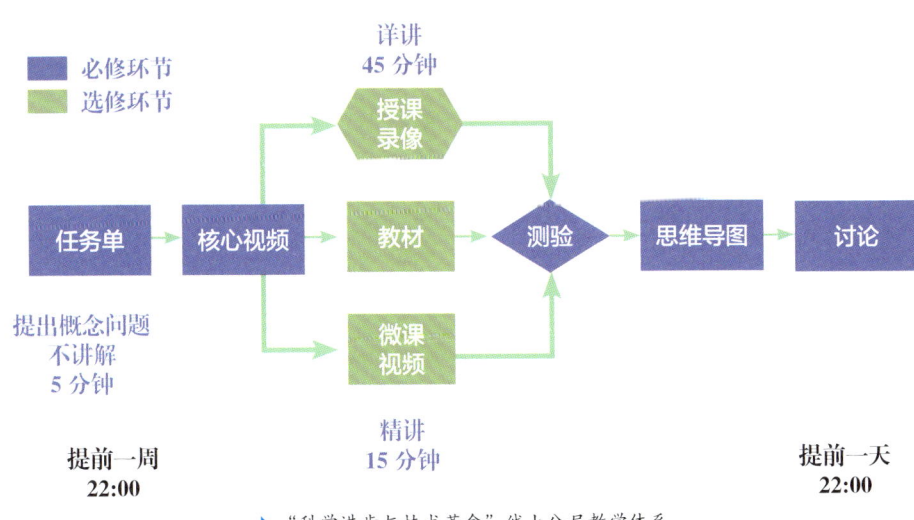

▶ "科学进步与技术革命"线上分层教学体系

②通过混合式教学,实现面对面授课与分组研讨式学习相融合,助力学生高阶思维养成。

③通过启发式探讨教学,鼓励学生积极参与课堂,共同构建知识体系,训练批判性思维。

### 5. 教学流程

| 教学环节 | 教学内容 |
| --- | --- |
| 课程导入 | 通过"我来,为了什么?"这一问题,引导学生思考选修本课程的动机,导入本课第一部分的内容。 |
| 本课知识讲解 | ①本课程目标、内容总览和运行细则介绍。 |
| | ②科学技术的"究何"(What)"为何"(Why)"如何"(How)。 |
| | ③中西方思维的对比和优缺点分析。 |
| 总结与回顾 | 总结本课所学知识,介绍学校设置这门通识先导课程的原因,提出对学生的期望——希望通过本课程的学习,提升自己对外对内"尽可能客观地认识"和"尽可能有效地改变"的能力。 |

## 教学小结

自 2022 年春季学期首次开设以来，截至 2023 年春季学期，本课程累计开设了 9 个班级，选课学生人数接近 1000 名。教学团队根据每一次课后所收集的学生反馈，及时调整教学方法，学生的课堂理解度、获得感不断提升，学习兴趣也日益增强，教学效果渐趋理想。

未来，本课程教学团队将进一步完善课程体系，继续探索具有川大特色的通识核心课程，与学校的人才培养计划，协同助力拔尖人才培养。